JOURNAL

D'UN

OFFICIER DE L'ARMÉE DU RHIN

OUVRAGES DU MÊME AUTEUR

publiés chez DUMAINE, à Paris.

SOUVENIRS DE LA GUERRE DE CRIMÉE (1854-1856). Paris, 1867 ; 1 volume in-8°, illustré de 12 figures teintées, portrait, fac-simile et 3 plans.

ÉTUDE SUR LA GUERRE D'ALLEMAGNE DE 1866, suivie d'un aperçu relatif à la réorganisation de l'armée française. Paris, 1867 ; 1 volume in-8°.

EXPOSÉ SOMMAIRE DE LA CAMPAGNE D'ALLEMAGNE EN 1866. In-18.

DE LA GÉOGRAPHIE DE L'ALLEMAGNE. In-18. 2e Edition, revue et corrigée.

DE L'ORGANISATION MILITAIRE DE L'ALLEMAGNE. In-18. 2e Edition, revue, corrigée et augmentée.

DE QUELQUES RÉCENTS TRAVAUX SUR LA TACTIQUE. In-18.

Conférences régimentaires 1868-1869.

ÉTUDE SUR LES OPÉRATIONS MILITAIRES EN BOHÊME EN 1866 (d'après les ouvrages des états-majors prussien et autrichien). Brochure in-8° extraite de la *Revue militaire*, février 1869.

A PROPOS DES IDÉES DE DÉSARMEMENT, projet de réorganisation (*Idem*, mars 1870.)

DE LA LOI MILITAIRE. (Brochure in-8°, parue en juin 1870, chez Tanera.)

PROJET DE RÉORGANISATION DE L'ARMÉE FRANÇAISE (2e Edition, revue et augmentée), Tours, 1871, chez A. Mame et fils ; une brochure, in-8°.

JOURNAL

D'UN

OFFICIER DE L'ARMÉE DU RHIN

PAR

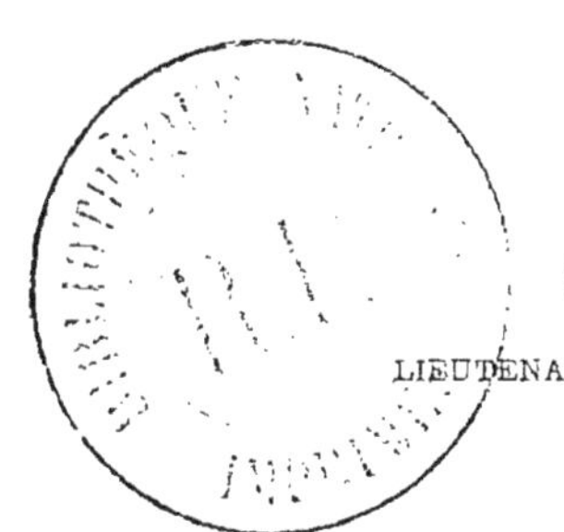

CH. FAY

LIEUTENANT-COLONEL D'ÉTAT-MAJOR

AVEC UNE CARTE DES OPÉRATIONS

QUATRIÈME ÉDITION
REVUE & AUGMENTÉE

BRUXELLES
C. MUQUARDT
HENRY MERZBACH, SUCCESSEUR
MÊME MAISON A GAND & A LEIPZIG

PARIS
J. DUMAINE
LIBRAIRE-ÉDITEUR
30, RUE & PASSAGE DAUPHINE, 30

1871

AVANT-PROPOS

En faisant cette publication, je me propose un double but :

Redresser bien des erreurs sur l'armée, qui a souffert à Metz ;

Montrer l'urgence d'une organisation militaire, qui nous mette à l'abri de catastrophes nouvelles.

Il faut que cette dure leçon nous profite ; il faut nous préparer sans retard à une lutte, qui doit fatalement recommencer un jour, si la modération de nos adversaires ne vient pas la conjurer.

Comme nous jadis, la Prusse a remporté en quelques années son Austerlitz et son Iena ; mais, comme nous aussi, elle semble ne pas pouvoir conserver la sagesse dans la fortune. Elle ne se contente pas d'avoir assuré l'unité de l'Allemagne et le triomphe d'une politique, que combattaient nos gouvernants. Étourdie par l'étendue de succès, que nos fautes ont préparés, elle veut entrer dans la voie des conquêtes, et, sous prétexte de nous enlever toute possibilité de nuire désormais à son œuvre, elle prétend ajouter aux ruines dont elle a couvert notre pays, aux difficultés de notre situation intérieure, l'humiliation d'une cession de territoire. Qu'elle réalise ses menaces, et, loin de consolider la paix, c'est la guerre, une guerre acharnée qu'elle prépare dans l'avenir ; elle court au devant d'un 1815.

Les enseignements de l'histoire ne serviront donc jamais aux peuples. La Prusse a-t-elle déjà oublié que vaincue, écrasée par Napoléon Ier, elle était, peu d'années après sa défaite, l'épée de l'Europe, liguée contre nous ? Ne devrait-elle pas craindre que les autres puissances, alarmées de sa grandeur, et se souvenant enfin des services, que nous avons généreusement rendus à plusieurs d'entre elles, ne profitent un jour aussi de notre haine contre les conquérants de nos vieilles provinces françaises, et ne nous invitent à la vengeance ?

A l'œuvre donc, dès que l'horrible tourmente sera passée. A l'œuvre, avec calme, avec méthode, avec patriotisme ; et puisse cette réforme, que nous demandons entière et radicale, contribuer à rendre à notre chère Patrie la sécurité et la grandeur.

Hambourg, 25 décembre 1870.

JOURNAL

D'UN

OFFICIER DE L'ARMÉE DU RHIN

MOIS DE JUILLET

Déclaration de M. de Gramont au Corps législatif. — « Nous n'avons de difficultés avec aucune nation ; « nous avons la paix, nous voulons la paix. » C'est en ces termes solennels, c'est par la voix de M. le ministre de la justice que le cabinet parlementaire français avait ainsi accentué depuis quelques jours sa politique pacifique, lorsque soudain, le 6 juillet, retentit à cette même tribune la déclaration de guerre de M. le duc de Gramont.

C'était bien une déclaration de guerre, car elle mettait l'une des deux puissances en cause dans l'alternative, ou de prendre immédiatement les armes, ou de faire des concessions, et de paraître ainsi reculer devant sa rivale. Aussi nous semble-t-il nécessaire de commencer par ce fatal document le récit d'une lutte dont les conséquences sont incalculables :

« Je viens répondre, disait le ministre des affaires « étrangères, à l'interpellation qui a été déposée hier « par l'honorable M. Cochery. Il est vrai que le ma- « réchal Prim a offert au prince Léopold de Hohen- « zollern la couronne d'Espagne, et que ce dernier « l'a acceptée. Mais le peuple espagnol ne s'est pas « encore prononcé, et nous ne connaissons point « encore les détails vrais d'une négociation, qui « nous a été cachée. Aussi, une discussion ne saurait- « elle aboutir maintenant à aucun résultat pratique. « Nous vous prions, Messieurs, de l'ajourner.

« Nous n'avons cessé de témoigner nos sympathies « à la nation espagnole, et d'éviter tout ce qui aurait « pu avoir les apparences d'une immixtion quel- « conque dans les affaires intérieures d'une grande « et noble nation, en plein exercice de sa souverai- « neté. Nous ne sommes pas sortis, à l'égard des « divers prétendants au trône, de la plus stricte neu- « tralité, et nous n'avons jamais témoigné pour aucun « d'eux ni préférence, ni éloignement. Nous persis- « terons dans cette conduite. Mais, nous ne croyons « pas que le respect des droits d'un peuple voisin nous « oblige à souffrir qu'une puissance étrangère, en « plaçant un de ses princes sur le trône de Charles- « Quint, puisse déranger à notre détriment l'équi- « libre actuel des forces en Europe, et mettre en « péril les intérêts et l'honneur de la France.

« Cette éventualité, nous en avons le ferme espoir, « ne se réalisera pas.

« Pour l'empêcher, nous comptons à la fois sur la « sagesse du peuple allemand et sur l'amitié du « peuple espagnol. S'il en était autrement, forts de « votre appui, Messieurs, et de celui de la nation, « nous saurions remplir notre devoir sans hésita- « tion, et sans faiblesse. » (*Longs applaudissements, acclamations répétées*).

De nombreux applaudissements, en effet, accueillent dans le Corps législatif cette espèce de défi, jeté à la Prusse du haut de la tribune française. Mais, après réflexion, chacun se demande si le cabinet, en agissant avec cet éclat, s'est bien conformé aux traditions parlementaires, qu'il prétend représenter ; s'il n'a pas eu tort de s'éloigner à ce point des formes habituelles de la diplomatie, qui seules peuvent sauvegarder la paix ; et l'on est bien obligé de convenir qu'il a plutôt pris modèle sur le gouvernement personnel, adressant, le 1er janvier 1859, à l'ambassadeur d'Autriche la célèbre mercuriale, qui précéda la guerre d'Italie.

Le public ne s'y trompe pas, car dès le soir même : « C'est la guerre avec toute l'Allemagne, probable- « ment avec l'Espagne, et peut-être avec l'Italie, à « cause de Rome, » dit-on de toutes parts, sans se faire illusion sur le résultat des efforts entrepris aussitôt par la diplomatie, pour conserver la paix à l'Europe.

Cependant, au milieu de ces négociations, le prince de Hohenzollern renonce tout à coup au trône d'Espagne, et la nouvelle nous en vient des Pyrénées. Le Roi de Prusse déclare alors à notre ambassadeur qu'il approuve cette résolution nouvelle de son parent, mais il refuse de prendre l'engagement, qu'exige le cabinet des Tuileries, de s'opposer dans l'avenir à l'acceptation de la couronne d'Espagne par un prince de la maison de Hohenzollern; puis, sur l'insistance de M. Benedetti, il fait répondre à notre ambassadeur que, n'ayant plus rien à lui dire, il ne le recevra plus désormais.

A la nouvelle de ce refus, que l'on considère comme une insulte, l'émotion est vive en France; le ministre des affaires étrangères, qui, le 13, avait dû demander aux Chambres encore un peu de patience, vient, dans la séance du vendredi 15 juillet, exposer les faits, et déclarer la guerre à la Prusse. Séance tenante, le Corps législatif la vote avec acclamations, et accorde au Cabinet tous les crédits jugés nécessaires.

Défauts de notre organisation militaire. — Il n'y a dès-lors plus de temps à perdre, car notre organisation militaire, chacun peut s'en rendre compte aujourd'hui, est très inférieure à celle de l'armée prussienne, surtout au point de vue de la mobilisation des réserves et de la concentration des forces constituées.

La mobilisation des réserves a bien été ordonnée dès le 14 au soir; mais c'est une opération, qui se fait chez nous avec la plus grande lenteur, parce que nos dépôts sont presque toujours éloignés de leurs régiments. Il peut arriver, par exemple, qu'un homme des Pyrénées orientales reçoive l'ordre de rejoindre un de ces dépôts en Bretagne, et, qu'ainsi, obligé de traverser toute la France, pour s'y faire habiller, équiper et armer, il soit ensuite dirigé sur la frontière, où se trouvent réunis les bataillons actifs de son corps. De là, des retards de toute espèce, qui ont été signalés bien souvent, mais toujours en vain.

Les Prussiens, au contraire, ayant sur un même point les soldats de réserve, les magasins des dépôts et les bataillons de guerre, exécutent, en neuf jours pour l'infanterie, cette importante réunion d'hommes, qui nous demande au moins deux fois plus de temps, pour les raisons que nous venons de dire. On n'ignore pas d'ailleurs que, chez nos voisins, le corps d'armée tout entier est prêt à entrer en ligne vingt à vingt-deux jours après l'ordre de mobilisation.

Quant à notre concentration, elle ne peut s'opérer que lentement et fort mal, parce qu'on s'est toujours refusé à endivisionner nos troupes d'une manière permanente. Il résulte de ce vice capital d'organisation que les généraux, les états-majors, les services administratifs, les régiments, l'artillerie et le génie des divisions actives et des corps d'armée sont obligés de s'acheminer, au dernier moment, de toutes les parties de la France sur les points indiqués pour la réunion des troupes. Ils encombrent les chemins de fer, chargés ainsi à la fois de transporter les hommes de la réserve, les forces mobilisées, les isolés, les chevaux, le matériel, les subsistances. Tous arrivent pêle-mêle, et dans le plus grand désordre, à la frontière, où rien d'ailleurs n'est préparé pour faciliter la réunion de tant d'éléments divers ; et l'on peut se faire une idée du décousu de cette importante opération

par la lecture de la singulière dépêche télégraphique suivante, que tant d'autres auraient pu adresser également au ministre de la guerre : « 21 juillet, gé-
« néral *** à guerre : — Suis arrivé à Belfort; pas
« trouvé ma brigade; pas trouvé général de divi-
« sion; que dois-je faire? Sais pas où sont mes régi-
« ments. »

Que l'on place en regard de ce désordre la marche régulière de corps d'armée, tout formés en paix, et prêts à se porter bien constitués vers l'ennemi, dès que la mobilisation est terminée, et l'on se convaincra enfin de la supériorité d'une organisation militaire permanente, dont tous les moindres détails sont réglés d'avance avec le plus grand soin; on comprendra les difficultés sans nombre contre lesquelles nous aurons à lutter dès les premiers jours. Un auteur allemand, parlant de cette première période de la campagne, en fait le tableau suivant, qui me paraît fort exact : « Pendant que la France, dit-il, jetait *en*
« *grande hâte* sur ses frontières ses corps de troupes
« mal armés, mal équipés, et paraissait prendre, de
« cette façon, une certaine avance, les armements
« suivaient en Prusse leur marche *paisible*, *mais*
« *sûre*; si bien qu'à la fin de cette période de prépa-
« ration l'une des deux puissances, et ce n'était pas
« à coup sûr la France, était en état de prendre
« vigoureusement l'offensive. »

D'après ce qui précède, *les Prussiens*, ayant commencé leur mobilisation le 15, *doivent être en mesure d'ouvrir les hostilités du* 4 *au* 6 *août*, au moins avec les corps les plus voisins de la frontière; c'est un calcul presque mathématique pour cette armée, dans laquelle rien n'est abandonné au hasard ; c'est une base certaine, que tous ceux, qui connaissent l'organisation prussienne, donnent au ministère de la guerre dès aujourd'hui, en indiquant que, pour s'assurer l'avantage de l'offensive, il faut que nous soyons en mesure de marcher dès le 2 ou le 3 août. Or, il nous paraît impossible, avec la vieille machine de guerre que nous possédons encore, de déterminer, dès aujourd'hui, à quelle date nous pourrons nous porter en avant; on a bien calculé qu'il faudrait environ vingt jours pour faire arriver les réserves sous les drapeaux; mais, ce calcul fût-il exact, nous avons pensé, et nous pensons encore, qu'un si court délai ne saurait suffire à l'entière constitution de forces éparpillées à plaisir dans les garnisons.

Forces des deux puissances.—Si notre mobilisation et notre concentration s'effectuent avec tant de lenteur, pouvons-nous du moins opposer à nos adversaires des forces égales en nombre, et en instruction militaire? Nous ne le croyons pas, et chacun peut s'en convaincre en consultant les chiffres donnés par les bureaux de la guerre.

La Confédération du Nord, tout le monde devrait le savoir, compte 945,000 soldats, *dont* 90,000 *seulement ne sont pas exercés*. Si l'on ajoute à cet effectif, déjà considérable, les contingents des États du Sud, on reconnaît que l'Allemagne peut mettre sur pied plus de onze-cent-mille hommes, dont la moitié environ constitue, dans les dépôts et dans les garnisons, les troupes dites de remplacement (Ersatz-truppen), et celles de défense du territoire, tandis que l'autre moitié, c'est à dire de 550,000 à 600,000 hommes, peut être dirigée au bout de vingt à vingt-deux jours environ sur nos frontières[1].

Notre armée, d'après les chiffres ministériels, pouvait comprendre aussi un million d'hommes *sur le papier*, mais quelle différence dans l'organisation, dans l'instruction? Nous laisserons d'abord de côté les 3 ou 400,000 gardes mobiles, qui doivent, soi-disant, remplacer nos troupes dans les places, et qui ne savent pas encore se servir d'un fusil. Nous n'avons cessé de dire que c'était une force nulle au début de la campagne, et qu'il fallait dès-lors, ou en modifier complétement l'organisation, ou abolir la loi de 1868.

Restent, d'après les calculs des bureaux, 642,000

[1] D'aprés une brochure, hautement inspirée, prétendent les feuilles allemandes, et qui vient de paraître sous ce titre : « *Des causes qui ont amené la capitulation de Sedan* », le gouvernement français n'ignorait pas tout ce qui précède. Mais, si l'on connaissait la supériorité numérique des armées allemandes, si l'on n'ignorait pas davantage que les hommes, réunis en arrière d'armées actives, aussi disproportionnées, étaient, d'un côté, de véritables soldats, aptes à rejoindre avant six semaines les corps en action, ou à constituer immédiatement des divisions nouvelles ; de l'autre, des gardes mobiles et des recrues sans instruction, sans organisation, incapables de former, avant plusieurs mois, des armées de réserve, malgré toute leur bonne volonté et leur patriotisme, comment n'a-t-on pas hésité à jeter notre pauvre France dans une lutte si inégale? La brochure indique que l'on espérait contrebalancer l'infériorité des effectifs par la hardiesse du plan de campagne ; on se serait porté entre le nord et le sud de l'Allemagne, pour les séparer, et rétablir ainsi l'équilibre des forces : « Mais, pour cela, ajoute-t-on, il « fallait gagner l'ennemi de vitesse, et malheureusement il y eut, « dans la concentration de l'armée, des lenteurs, qui tiennent en « grande partie aux vices de notre organisation militaire » C'est le reconnaître un peu tard.

hommes pour l'armée active; mais, il faut en défalquer les 75,000 jeunes soldats du contingent de 1869, qui sont appelés en ce moment même, et qui ne seront incorporés que le 1er août. Nous n'avons donc plus que 567,000 combattants, qui se décomposent ainsi :

393,500 sous les drapeaux;

61,000 militaires de la réserve;

et 112,500 jeunes soldats de la 2e portion, qui ont reçu une instruction fort incomplète de cinq mois dans les dépôts, et dont un certain nombre n'est nullement familiarisé avec le nouvel armement. Aussi, doit-on recommander, le 19, aux commandants des corps « de s'occuper de l'instruction de ces hommes, « dès leur arrivée dans les régiments, et de les faire « tirer à la cible, toutes les fois que cela sera pos- « sible[1]. »

Les seules forces, sur lesquelles nous pourrons compter pendant plusieurs mois, s'élèveront donc au chiffre de 567,000 hommes, mais encore doivent-ils se répartir sur le territoire de la manière suivante :

Non-valeurs. .	74,500	36,800 non-valeurs réelles (compag[ies] de discipline, de remonte, hôpitaux, etc.). 13,700 troupes hors-rang. 24,000 gendarmerie.
Dépôts (minim).	28,000	
Intérieur (forter.)	78,500,	la garde nationale mobile n'étant pas prête.
Algérie . . .	50,000	
Total. . .	231,000	pour l'intérieur, et l'Algérie,

[1] La recommandation était bonne, mais il y avait insuffisance de cartouches.

ce qui laisse 336,000 hommes pour tenir la campagne. Si l'on déduit de ce chiffre le corps d'occupation de Civita-Vecchia, et les troupes que, par prudence, il faut conserver sur la frontière d'Espagne, pour la surveiller dans les premiers jours, on voit que *nous ne pouvons disposer au maximum que de* 300,000 *soldats contre* 600,000.

Eh bien! nous n'atteindrons jamais ce chiffre de 300,000 hommes avec l'armée du Rhin, tandis que les Prussiens dépasseront même celui de 600,000, avec les treize corps de la Confédération du Nord, la division hessoise, les contingents du Sud, cinq divisions de landwehr ou de réserve, et des régiments de landwehr échelonnés sur les lignes d'étapes et dans les villes occupées par eux en France[1]. Cela vient, nous le répéterons sans cesse, de ce que tout, dans leur armée, est établi avec le plus grand ordre, tandis que, chez nous, tout repose sur l'imprévu, et ne dépend que des têtes dirigeantes. Or, il ne s'en trouve pas toujours, il n'en est peut-être pas, qui puisse porter le poids de la formation et de la direction d'armées aussi considérables. Les chefs, auxquels incombe la responsabilité d'organisations de cette nature, qu'il faut effectuer dans un bref délai, doivent en effet penser à tout, puisque l'on n'a pas voulu prévoir pendant la paix; ils en arrivent ainsi à produire des notes encyclopé-

[1] Je n'ai pu éviter, en faisant ces extraits de mon journal, d'intercaler dans le texte des réflexions postérieures aux événements que je retrace. J'ai craint, en les consignant dans des notes trop nombreuses, de détourner l'attention du lecteur, et de nuire ainsi à la rapidité de la narration.

diques, comme celle du 23 juillet[1], notes qui prétendent tout créer, presque sous le feu de l'ennemi, qui ne sont jamais exécutées, et qui figureraient bien mieux dans un cours d'art militaire que dans les archives d'une armée en campagne.

Nous n'avons pas d'alliances. — Ainsi donc, notre organisation militaire se prêtait moins que celle de la Prusse à une concentration rapide ; nos effectifs étaient très inférieurs à ceux de nos adversaires, et, nous ne le verrons que trop tout à l'heure, la préparation matérielle de la guerre était à peu près nulle; mais, s'il avait été commis tant de fautes militaires, ne pouvait-on pas espérer du moins qu'elles seraient compensées par l'habileté de notre diplomatie? Malheureusement, nos déceptions sur ce point devaient être également très grandes.

En effet, on n'avait pas craint d'indisposer l'Espagne par un langage imprudent, qui aurait pu la jeter dans la guerre à côté de nos adversaires, et immobiliser une partie de nos forces du côté des Pyrénées. En second lieu, loin de s'être ménagé, par des négociations, l'utile concours de l'Italie, un peu irritée contre la Prusse depuis la mise au jour de la célèbre note de M. d'Usedom, on est obligé, pour s'assurer de sa neutralité, de lui faire des concessions, qui ne sont pas sans humiliation pour notre fierté. En outre, notre conduite dans toute cette affaire a été telle, que la Belgique alarmée s'empresse de réunir des troupes, et que sa protectrice naturelle, l'Angle-

[1] Voir *Supplément* (note 1).

terre, a pris une attitude peu bienveillante pour notre cause.

Enfin, ce qui est plus grave, le Danemark et l'Autriche, qu'il eût été si facile d'intéresser à une querelle, qui est aussi la leur, puisqu'elle est née de la grandeur démesurée de la Prusse, le Danemark et l'Autriche sont irrités de nous voir entamer, sans nous être concertés avec eux, une lutte, à laquelle ils ne sont pas préparés, mais qu'ils attendaient certainement, pour pouvoir se venger un jour des défaites de 1864 et de 1866.

Nous ne pourrons donc rien entreprendre d'important dans le Nord ; et, au Sud, l'Autriche restera, vis à vis de la Prusse, dans une neutralité, qui peut être comparée à ce que fut la nôtre en 1866. Or, à cette époque, malgré les préoccupations, que devait causer aux généraux prussiens la pensée de nous voir masser des troupes sur le Rhin, ils n'ont pas hésité, nous devons nous en souvenir, *à réunir toutes leurs forces contre leurs ennemis*. Nous croyons qu'ils agiront de la même façon à notre égard, et que, certains de ne pas avoir l'Autriche sur les bras dans les premières semaines, ou du moins de pouvoir lui opposer la Russie, si elle venait à se déclarer contre l'Allemagne, ses généraux procèderont comme en 1866, c'est à dire qu'ils dirigeront toutes leurs armées contre la France. Pour moi, je n'en fais pas de doute; les Prussiens ne montreront aucune hésitation ; ils masseront la totalité de leurs troupes sur les lignes d'invasion les plus courtes, courront sur Paris, et chercheront à nous frapper vite, aux yeux de l'Europe étonnée, afin de profiter de la bonne préparation à la guerre, qui leur assure un avantage incontestable sur nous[1].

Composition de l'armée du Rhin. Sa concentration ou plutôt sa dissémination sur la frontière[2]. — La mobilisation ordonnée, on procède à l'organisation de nos forces; dans le principe, elles devaient être réparties en trois armées, savoir : une sous le maréchal de Mac-Mahon, en Alsace; la seconde à Metz, avec le maréchal Bazaine; la troisième en réserve, à Nancy. Ainsi le veut la logique; mais, au dernier moment, on se ravise malheureusement, et l'on détruit tout un travail déjà arrêté, pour ne constituer qu'une seule armée, dite du Rhin, nom qui, par la suite, nous a paru assez mal choisi.

Cette armée comprendra sept corps et la garde, savoir :

1er corps, *maréchal de Mac-Mahon*, à Strasbourg, (troupes d'Afrique et de l'Est).

2e » *général Frossard*, à St-Avold, (troupes du camp de Châlons).

3e » *maréchal Bazaine*, à Metz, (armée de Paris et div. mil. de Metz).

4e » *général de Ladmirault*, à Thionville, (régiments du Nord).

5e » *général de Failly*, à Bitche et Phalsbourg, (divisions de l'armée de Lyon).

1 Ces appréciations sont textuellement extraites d'un mémoire, que j'avais adressé, en 1869, à M. le maréchal Niel, en vue d'une guerre possible avec la Prusse.

2 La composition de l'armée du Rhin, à la date du 13 août, se trouve ci-après dans le *Supplément* (note II).

6e corps, *maréchal Canrobert*, au camp de Châlons, (régiments de l'Ouest et du Centre).

7e » *général Douay*, à Colmar et Belfort, (régiments du Sud-Est).

Garde, *général Bourbaki*, à Nancy.

Cette simple énumération fait ressortir la dissémination étrange de nos corps d'armée, s'étendant, en première ligne, le long de la frontière, de Belfort par Bitche à Thionville. Ajoutez à cela une division du général Douay à Lyon, et celles du maréchal Canrobert ainsi réparties : deux au camp de Châlons, la troisième à Soissons, et la quatrième à Paris. Et c'est avec des troupes ainsi éparpillées, que l'on ne craint pas de se présenter devant un ennemi, qui, tout récemment, a frappé le monde militaire par la concentration et la hardiesse de ses mouvements stratégiques ! Avons-nous donc tellement perdu le souvenir des fautes commises par l'Autriche, il y a quatre ans à peine, que nous y retombions nous-mêmes, après les avoir si sévèrement jugées [1] ?

Les corps d'armée, commandés par les maréchaux, comprennent quatre divisions d'infanterie, une de cavalerie à trois brigades, et huit batteries de réserve ;

[1] On a surtout reproché deux grandes fautes à l'Autriche, en 1866 : elle avait trop disséminé ses forces en Moravie et en Bohême au début de la guerre, et elle les avait groupées en une *armée unique* de 8 corps d'infanterie et de 3 divisions de cavalerie, ce qui est contraire au principe, reconnu par tous les écrivains militaires, que quatre ou cinq unités suffisent à la constitution d'une armée. Comment, à peu d'années d'intervalle, pouvons-nous commettre les deux mêmes fautes ?

dans les quatre autres corps de la ligne, il n'y a que trois divisions d'infanterie, une de cavalerie à deux brigades, et six batteries de réserve. La garde est constituée, comme en temps de paix, avec ses deux divisions d'infanterie, une de cavalerie à trois brigades, et deux régiments d'artillerie, dont un à cheval. Quant à la réserve générale de l'armée, elle est composée de trois divisions de cavalerie, avec deux batteries chacune, et de deux régiments d'artillerie.

Nous avons donc à l'armée du Rhin, avec nos huit corps :

Infanterie : 26 divisions ou 52 brigades; nos 21 bataillons de chasseurs à pied et 104 régiments, ce qui ne nous laisse de disponibles que les trois bataillons d'infanterie légère d'Afrique, et 11 régiments d'infanterie, dont 4 à Toulouse, (faible ressource, si des complications surgissent du côté des Pyrénées), 2 à Civita-Vecchia, et 5 en Algérie, y compris le régiment étranger. Nous pouvons compter encore sur les quatrièmes bataillons, dont la formation est ordonnée dans les 115 dépôts de nos régiments d'infanterie, mais qui ne pourront être disponibles que lorsque la garde nationale mobile sera en état de les remplacer à l'intérieur.

Cavalerie : 11 divisions avec 26 brigades, dont trois à trois régiments, ce qui nous donne 55 régiments à l'armée. Il n'en reste donc plus à l'intérieur que 5 (non compris les trois régiments de spahis), savoir : 2 à Agen et 3 en Algérie.

Artillerie : Chaque division d'infanterie a trois batteries, dont une de mitrailleuses, soit 72 batteries pour les vingt-quatre divisions de ligne; la réserve des sept corps d'armée en comprend, en outre, 48; les divisions de cavalerie de réserve, 6; la réserve générale d'artillerie, 16; c'est donc un total de 142 batteries, qui sont fournies par les 32 batteries des 4 régiments à cheval, et les batteries 5 à 12 de 14 régiments montés, moins les 10e et 12e batteries du 14e régiment. Ces deux dernières batteries, et les huit du 3e régiment, qui se trouvent en Algérie, sont, avec les cadres des 60 batteries à pied, tout ce qui nous reste d'artillerie, après l'organisation de nos forces.

Si l'on ajoute aux 142 batteries ci-dessus les 12 de la garde, on a 154 batteries (dont 38 à cheval), ou 924 pièces à la suite de l'armée du Rhin, soit un peu plus de trois pièces par 1,000 hommes. L'ennemi en compte de trois et demie à quatre[1].

Génie : Trois compagnies de mineurs sur six, trente-quatre compagnies de sapeurs sur quarante-deux, et des détachements de sapeurs-conducteurs. Une des compagnies de sapeurs (2e du 1er régiment) est employée à la télégraphie de campagne; une

[1] On ne se rendrait pas un compte exact de la supériorité numérique de l'artillerie prussienne, si l'on s'en tenait rigoureusement au calcul ci-dessus. Pour le compléter, il faut faire remarquer qu'il indique la proportion *vraie* de l'artillerie dans l'armée prussienne, car ses corps d'armée, mobilisant 25 à 30,000 hommes, avec les 96 pièces de leur régiment d'artillerie de campagne, ont bien de 3 1/2 à 4 pièces par 1,000 hommes. Chez nous, il n'en est pas ainsi; nous avions à l'armée du Rhin presque toute notre artillerie, et seulement 262,000 hommes, c'est à dire la moitié de notre armée active, ce qui nous donne, pour l'ensemble de nos forces, moins de 2 pièces par mille hommes. Il est donc indispensable, après l'expérience de cette guerre, d'augmenter, en France, la proportion de cette arme.

autre (1re du 3e) est spécialement chargée des chemins de fer.

L'Empereur doit prendre le commandement général de toutes les troupes, avec le maréchal Le Bœuf, comme major-général, et les généraux Lebrun et Jarras comme aides-majors-généraux.

Premiers mouvements sur la frontière. — Les troupes du camp de Châlons commencent à arriver à Saint-Avold dès le 16 juillet, et le ministre de la guerre télégraphie l'ordre suivant au général Frossard, qui les commande : « Que vos masses ne dé-
« passent pas Saint-Avold, mais éclairez-vous mili-
« tairement jusqu'à la frontière, sans compromettre
« des détachements; surtout, organisez l'espionnage;
« je vous allouerai des fonds spéciaux; vous serez
« l'œil de l'armée. » Ce même 16, Paris est vivement impressionné par la fausse nouvelle de l'entrée des Prussiens à Sierck; l'émotion du public gagne à ce point le Sénat, que le ministre de la guerre se hâte « de faire connaître à M. Rouher l'inexactitude de ce bruit; » et il ordonne quelques jours plus tard au maréchal Bazaine, qui commande à Metz jusqu'à l'arrivée de l'Empereur : « l'envoi d'une avant-
« garde à Sierck, afin d'inquiéter l'ennemi sur nos
« projets. »

Le 24 juillet, en vertu d'instructions émanées de Paris, les 2e, 3e, 4e, 5e corps, la garde et la 3e division de cavalerie de réserve, exécutent des mouvements plus importants : le 3e corps se porte de Metz sur Boulay; il occupe également Bouzonville et doit se relier aux 2e et 4e corps ; la garde quitte Nancy pour se rendre par étapes à Metz, où le quartier-général est transporté le 25. A la droite, le général de Failly se dirige, avec deux de ses divisions, de Bitche sur Sarreguemines; sa 3e division, appelée de Haguenau vers Bitche, cesse d'être sous les ordres du maréchal de Mac-Mahon, qui doit faire occuper Haguenau par la 2e division du 1er corps, dès qu'elle sera formée.

Des approvisionnements. — Il est impossible de se figurer les difficultés de toutes sortes, qui ont assailli l'armée pendant sa période de formation ; pour que l'on puisse en juger, il me paraît nécessaire de donner ici une série de dépêches, qui, malheureusement, témoignent toutes d'une grande négligence de la part de ceux qui ont pour mission de préparer la guerre :

18 juillet. — Général de Failly à guerre. — En-
« voyez-nous argent, pour faire vivre les troupes;
« rien dans les caisses publiques, rien dans celles
« des corps. »

20 juillet. — Intendant général de l'armée à guerre. — « Il n'y a à Metz ni sucre, ni café, ni riz,
« ni eau-de-vie, ni sel, peu de lard et de biscuit.
« Envoyez de suite au moins un million de rations à
« Thionville. »

20 juillet. — Ministre au général Ducrot. —
« Prenez le commandement du 1er corps, en atten-
« dant l'arrivée du maréchal de Mac-Mahon, qui

« sera à Paris après-demain. Vous êtes pourvu en « biscuit, farine et avoine. L'intendant de Strasbourg « *a dû passer aujourd'hui un marché* pour le riz, le « sucre, le café et le vin. Les troupes recevront la « solde de rassemblement à dater d'aujourd'hui ; elles « n'ont pas encore droit aux vivres de campagne. « *Un marché général va être passé pour la viande* « *de l'armée.* »

24 juillet. — Intendant du 3e corps à guerre. — « Le troisième corps quitte Metz demain ; je n'ai ni « infirmiers, ni voitures d'ambulance, ni employés « d'administration, ni fours de campagne, ni « train, etc. »

24 juillet. — Même dépêche de l'intendant du 4e corps.

24 juillet. — Intendant militaire de la 5e division militaire à guerre. — Metz, qui fournit les 2e, 3e, 4e « et 5e corps n'a ni biscuit ni avoine. »

Dans cette détresse extrême, on expédie télégrammes sur télégrammes, on a recours à toutes les places voisines.

Le 25, le sous-intendant militaire de Mézières, questionné à son tour, répond comme tous ses collègues : « Il n'existe, aujourd'hui, dans les places de « Mézières et de Sedan, ni biscuit, ni salaisons[1]. »

[1] Il faut ajouter que, cinq semaines plus tard, Sedan était dans le même état, et ne pouvait pas délivrer de vivres à nos troupes rejetées sous ses murs ! La proclamation du général de Wimpffen à ses troupes en fait malheureusement foi.

Je pourrais continuer ces citations; mais la lecture en serait monotone, douloureuse; on y apprendrait encore que nos magasins ne renfermaient pas de tentes, pas de couvertures, pas d'ustensiles de campement, pas de ceintures de flanelle. On vient de constater qu'il n'y avait pas de vivres; nous découvrirons bientôt que munitions, armes même nous font défaut; nous verrons que les places ne sont pas armées, les ouvrages pas terminés, et l'on se disait prêt à faire la guerre[1]!

Débrouillez-vous, répond-on, comme jadis, à tous ceux qui envoient au ministère de la guerre ces télégrammes de détresse; débrouillez-vous, mots odieux, qui pouvaient avoir leur raison d'être en Afrique, quand, après de longues expéditions, tout venant à manquer dans les colonnes, on n'avait à la rigueur à s'en prendre à personne. Mais, au premier jour d'une guerre prévue depuis quatre ans, et déclarée avec tant de hauteur, après plusieurs années d'un budget de guerre si lourd, après une paix de longue durée, lorsque la prévoyance des gouvernants a fait défaut en tout, nous dire : Débrouillez-vous! Ah! c'est vraiment trop fort[2]!

[1] L'intendant-général de l'armée s'étant plaint de ne pas recevoir tout ce qu'il réclamait depuis l'entrée en campagne, le ministre lui adressa, le 7 août, une dépêche qui se terminait ainsi : « Au sujet du transport des subsistances et des reproches « adressés au ministère de la guerre, *je ne puis accorder trop* « *d'éloges* à l'exactitude avec laquelle ce travail important a été « exécuté à Paris dans ses détails les plus minutieux. L'irrégu- « larité est venue de causes indépendantes, etc. »

[2] On m'a conté, d'une façon un peu exagérée, je l'espère, la préparation à la guerre d'une certaine division active. Le général réunit les officiers supérieurs, et, après avoir débuté par la

Aussi, l'histoire qui nous retrace les prodigieuses combinaisons de Napoléon-le-Grand, qui le représente, organisant, après les désastres de la campagne de Russie, les ressources qui parurent à Lutzen, à Dresde, à Bautzen, à Leipzig; l'histoire, qui nous le montre, vaincu en 1813, mais sachant encore retrouver la fortune à Montmirail, à Champaubert, et, prodige plus grand encore, créant l'héroïque armée de Waterloo à son retour de l'île d'Elbe; l'histoire, dis-je, aura peine à comprendre qu'en pleine paix, après plusieurs années d'une prospérité inouïe, de dépenses budgétaires énormes, d'avertissements répétés, on se soit trouvé impuissant à réunir une armée de 300,000 hommes sur nos frontières, et à lui donner tous les moyens nécessaires pour engager une lutte, reconnue inévitable..

Nous ne sommes pas prêts à faire la guerre. — Il n'est que trop vrai cependant, nous ne sommes pas en mesure d'entrer en lice, bien que l'on ait dit et

phrase solennelle : Messieurs, la guerre est déclarée, après avoir énoncé quelques prescriptions insignifiantes de détail, il termine brusquement son discours par ces mots : Enfin, messieurs, je compte sur vous, débrouillez-vous.

Les chefs de corps, ainsi renseignés sur les dispositions à prendre, s'inclinent et s'éloignent. L'un d'eux convoque aussitôt ses officiers, les forme en cercle autour de lui, reproduit la brève allocution du général, et met fin à la réunion par la même péroraison : Enfin, messieurs, débrouillez-vous. Et la phrase infernale est redite dans plusieurs fractions des corps, dont les commandants ne se croient pas tenus à plus de prévoyance que leurs chefs directs; elle arrive ainsi jusqu'aux soldats, qui, malgré ces paternels avis, ont beaucoup de peine à se débrouiller au milieu du désordre général.

répété depuis trois ans, sans que personne dans les Chambres se soit occupé de vérifier cette assertion : *Nous sommes prêts*. Prêts, avec des voitures de transport amoncelées à Vernon et à Châteauroux, voitures, qu'au rapport même d'un intendant il est impossible d'en faire sortir en moins de trois mois ; prêts, avec des docks de campement à Paris, à Versailles, pour la plus grande joie des visiteurs étrangers, mais pour le plus grand dommage de l'armée, qui, grâce à l'encombrement forcé des chemins de fer, ne peut recevoir, en temps utile, toutes les richesses renfermées dans ces beaux magasins ; prêts, avec une voie ferrée interrompue à Verdun, quand on aurait dû se hâter de la terminer pour la guerre, afin de ménager une ligne de communication directe entre Metz et Paris ; prêts, avec les ouvrages de Metz non revêtus, non armés, ouverts à la gorge ; avec les autres places non approvisionnées, avec les gardes mobiles dans leurs foyers, longtemps après la déclaration de guerre, etc...

Il est bien difficile de comprendre comment tant d'erreurs graves ont été commises. On ne peut se l'expliquer qu'en se reportant au déplorable système adopté depuis vingt ans, système en vertu duquel les agents du pouvoir ont perdu tout esprit d'initiative et tout sentiment de la responsabilité.

Et cependant, n'était-il pas bien simple de se dire que, la guerre prochaine devant avoir lieu contre l'Allemagne, Thionville, Metz et Strasbourg seraient certainement les lieux de concentration d'un corps d'armée de 30 à 40,000 hommes pour la première de ces places, de 150 à 200,000 soldats pour chacune des deux autres? N'était-il pas dès-lors élémentaire de former dans chacune de ces trois villes, des magasins de vivres, d'habillement, d'armement, de munitions pour ces armées; *de faire surtout vérifier par des agents spéciaux si les ordres étaient bien exécutés*, ce dont nous ne nous inquiétons jamais! Or, le corps envoyé à Thionville ne trouvait rien, absolument rien dans cette place pour organiser et alimenter les troupes. Les hommes des réserves y rejoignaient souvent les bataillons actifs sans leurs effets de campement, ce qui était assurément une faute de la part des dépôts; mais comment s'imaginer que, dans une place de guerre de première ligne, on ne pourrait remédier à de semblables erreurs! Et cependant, il n'est que trop vrai que, dans les magasins de Thionville, on ne put leur distribuer ni marmites, ni bidons, ni gamelles, ni tentes-abris, ni ceintures de flanelle, ni couvertures. De même à Metz, de même à Strasbourg.

Premières escarmouches en Alsace. — Wissembourg et Lauterbourg sont abandonnés, et laissés à la merci de l'ennemi. D'autres points sont également dégarnis, sans qu'on y pare le moins du monde, et le général Ducrot doit signaler le danger par la dépêche suivante :

20 juillet. — Au ministre de la guerre. « Demain, « il y aura à peine 50 hommes pour garder la place « de Neu-Brisach, et le fort Mortier; la place de « Schlestadt, la Petite-Pierre et Lichtenberg sont « également dégarnis. C'est la conséquence des « ordres, que nous exécutons; il serait facile de créer

« des ressources dans la garde nationale mobile et « dans la garde nationale sédentaire, *mais je ne me « trouve pas autorisé à le faire,* puisque Votre Ex- « cellence ne m'a donné aucun pouvoir. »

Par contre, depuis le 15, l'armée prussienne s'organise avec méthode, avec rapidité, et sans attendre ces délégations de pouvoirs, qui existent en Prusse en tout temps, et qui sont réglementées d'avance ; chacun dans sa sphère concourt activement à la formation des troupes de campagne, de remplacement, de défense, et l'on peut garantir que les commandants des forteresses n'ont pas à adresser à leur gouvernement des dépêches semblables à celle qui précède.

De la cavalerie. — Le 26 juillet, quelques cavaliers ennemis, profitant du peu de surveillance exercé sur notre frontière, franchissent la Lauter ; ils s'avancent jusqu'à Wœrth pour y faire une reconnaissance et couper la voie ferrée de Bitche ; nos patrouilles les rencontrent et font prisonniers deux officiers. Le major-général, frappé de la hardiesse de cette entreprise, ordonne à notre cavalerie de pousser plus avant, de mieux nous éclairer. Déjà, le 22, il avait fait écrire aux commandants de corps : « exercez vos « troupes à se garder avec le plus grand soin, à faire « des patrouilles, des reconnaissances, etc. Elles « auront bientôt devant elles un ennemi, qui, de « longue main, s'est appliqué tout particulièrement à « pratiquer en temps de paix le service de sûreté des « camps, bivouacs et cantonnements. *Que l'on fasse « des théories dans tous les corps à ce sujet,* et des « exercices autant que possible. » Le maréchal renouvelle ses recommandations à la suite de l'affaire de Wœrth : « Montrez votre cavalerie ; il faut qu'elle « s'éclaire au loin sur toute la ligne de la Sarre ; « qu'elle ne craigne pas de s'avancer partout, au-« delà de la frontière, en prenant les précautions de « prudence nécessaires. Que ses commandants vous « adressent des rapports sur ce qu'ils auront reconnu. « Rendez-moi compte. »

Les circulaires n'y font rien, et l'on peut dire que les renseignements fournis par la cavalerie ont été à peu près nuls. Celle de l'ennemi, au contraire, est certainement plus entreprenante ; partout on voit des ulans, comme jadis en France on signalait des cosaques. Chaque corps d'armée prussien est précédé, à une très grande distance, d'un régiment chargé de l'éclairer ; ce régiment envoie en avant de lui deux escadrons, qui détachent eux-mêmes des cavaliers pour faire des reconnaissances.

Nous avons pris, dans les premiers jours d'août, près de Remilly, une de ces patrouilles, composée d'un sous-officier et de deux ulans ; elle était allée jusqu'à Verny, sur la route de Metz à Pont-à-Mousson, et revenait à Remilly, ayant fait 25 kilomètres en quatre heures ; elle n'en avait plus que huit à parcourir pour rentrer à l'escadron, lorsqu'elle tomba dans une reconnaissance de dragons français. Mais qu'importe cette perte de quelques hommes? D'autres tentatives réussissent ; des cavaliers parviennent à s'échapper, et le corps d'armée qui veut un renseignement, est sûr de l'obtenir ; il est au moins averti du voisinage de l'ennemi, et n'est pas exposé à des alertes ou à des surprises continuelles. Des relais sont chargés de la transmission des rapports entre le corps d'armée et les reconnaissances avancées, et tout cela n'est pas la conséquence d'ordres particuliers de tel ou tel général habile, c'est le résultat d'une éducation raisonnée, que l'on donne à toute l'armée pendant la paix.

A ce propos, je crois utile de citer ici une réflexion fort juste, que je trouve sous la plume d'un écrivain allemand : « *Un des plus grands enseignements de* « *cette guerre,* dit-il, *sera certainement la manière* « *dont la cavalerie peut éclairer et couvrir les mar-* « *ches.* Après cette campagne, il ne sera plus permis « d'ignorer les moyens de protéger la marche d'une « armée ; on peut s'avancer impunément sur un front « aussi étendu que possible, et cela est nécessaire « pour faire vivre les armées modernes, si considé- « rables, et ne pas trop allonger les colonnes ; mais « on ne le peut qu'à la condition d'être bien couvert, « et d'être à l'abri de toute surprise ; on ne saurait « admettre, en effet, qu'un ennemi, assez nombreux « pour être dangereux, puisse, sans être signalé, « percer sur un point quelconque le formidable cercle « d'éclaireurs que 60,000 cavaliers formaient autour « des armées prussiennes. »

Quelques-uns de nos régiments cependant, les chasseurs d'Afrique entre autres, ont paru comprendre le rôle important de leur arme ; ainsi, le colonel d'un de ces derniers régiments, envoyé ces jours-ci à Nomény, adresse par le télégraphe d'utiles indications sur la marche des colonnes ennemies ; mais il les fait suivre de cette épigramme assez vive : « Les habitants, qui n'ont jamais vu une pa- « trouille de cavalerie française, nous prennent « pour des Prussiens. »

Je pense qu'on eût obtenu de vrais services de notre cavalerie, en affectant un régiment de cette arme à chaque division d'infanterie; on le fit accidentellement et l'on n'eut qu'à s'en louer; nous pourrions même citer l'exemple de tel régiment, qui, après avoir fait merveilleusement le service d'éclaireurs, tant qu'il a été attaché à une division d'infanterie, n'a plus fourni une seule reconnaissance, dès qu'on l'a renvoyé à sa brigade.

Malheureusement, dans notre armée, avec beaucoup de règlements, nous n'en avons aucun de fixe, aucun, du moins, qui soit exactement suivi; ainsi, on a fait paraître, il y a deux ans à peine, une brochure intitulée : « *Observations sur la cavalerie,* » dans laquelle on déclarait, qu'à l'avenir il serait toujours détaché un régiment à cheval dans chaque division d'infanterie; vient la guerre; on ne tient plus aucun compte de cette excellente prescription, et l'on ne forme que des divisions de cavalerie. Nos adversaires en ont également créé dans leurs armées, mais ils n'en ont pas moins affecté un régiment de troupes à cheval à chacune des divisions d'infanterie. Leurs ressources sont, il est vrai, plus considérables que les nôtres, puisqu'ils ont pu mettre en ligne les 76 régiments de cavalerie de la Confédération du Nord, les 17 des États du Sud, et des régiments de landwehr, réunis au moment de la guerre.

Fin de juillet. — La fin du mois se passe, de notre

côté, en préparatifs fébriles, et au milieu d'illusions assez grandes. Le 27, le major-général télégraphie de Metz à l'Empereur : « Les quatre divisions de « Mac-Mahon doivent être à peu près formées, à « Strasbourg et à Haguenau. Le maréchal dispose « donc déjà de *forces considérables* dans le Bas-Rhin. « Il peut appeler à lui la division Conseil-Du- « mesnil du corps Douay, qui est à Colmar. Mais je « considère comme essentiel, que la voie ferrée de « Lyon à Strasbourg soit bien gardée. *La garde « mobile n'étant encore qu'en voie de formation*, on « ne peut la charger de cette surveillance. »

Les forces réunies en Alsace étaient loin d'être considérables; elles étaient surtout bien loin d'être prêtes; les dépêches suivantes le prouveront suffisamment :

27 juillet. — Major-général aux commandants des 5ᵉ et 6ᵉ divisions militaires. — « Le départ des « officiers d'artillerie et des gardes pour l'armée com- « promet le service des directions de Metz et de « Strasbourg. Mettre les commandants d'artillerie de « la garde mobile à la disposition des directeurs, « pour l'armement de la place et les travaux ; affecter « les fusils 1867 transformés à la garnison des ou- « vrages; rechercher les anciens officiers de l'arme « en retraite; requérir du train auxiliaire. Organiser « la commission de remonte en permanence; à défaut « d'officiers, faire appel aux officiers de troupes « à cheval en retraite. »

28 juillet. — Major-général au 7ᵉ corps, à Belfort. — « Il n'y a à Metz aucun détachement du train,

« aucune ressource en effets de campement, qui « puisse être mise à votre disposition. Vous avez « bien fait de vous adresser à Paris; renouvelez « votre demande. »

28 juillet. — Major-général à guerre. — « Le bis- « cuit manque pour se porter en avant. Dirigez sans « retard sur les places de Strasbourg et de Metz tout « ce que vous avez dans les places de l'intérieur. »

29 juillet. — Major-général à guerre. — « Des « majors annoncent à leurs corps qu'ils ont des « hommes de la réserve prêts, mais qu'ils ne reçoi- « vent pas d'instructions pour les diriger sur les « bataillons de guerre. Il est urgent de rappeler les « ordres à ce sujet aux commandants territoriaux. »

Il serait urgent surtout de songer à éviter de pa- reilles fautes et des retards aussi dangereux, en orga- nisant tous ces services dans le calme de la paix. Ni le biscuit de l'intérieur, ni les hommes de la réserve n'arriveront à temps, car, dans moins de huit jours, nous serons aux prises avec un ennemi, qui ne nous lâchera plus, qui viendra vivre chez nous, enlever toutes nos ressources, arrêter l'armement de nos places, et rendre impossible l'organisation de la garde nationale mobile dans nos provinces de l'Est.

On était donc loin d'avoir des forces considérables en Alsace, et l'on dut même écrire au maréchal de Mac-Mahon, le 29, que « l'Empereur n'avait pas l'in- « tention de lui faire exécuter de mouvement avant « huit jours. » Huit jours plus tard, les troupes, ras- semblées en Alsace, avaient été attaquées deux fois, avaient perdu une grande bataille et repassaient en désordre les Vosges, pour se retirer sur le camp de Châlons !

Comme toujours, du reste, nous étions mal renseignés sur les mouvements de l'ennemi. Ainsi, le 20 juillet, le maréchal Bazaine avait écrit de Metz : « Les Prussiens paraissent vouloir attendre une ba-« taille dans les environs de Mayence ; ils concen-« trent des troupes *entre cette place et Coblenz* ; elles « s'y nourrissent difficilement ; on pense générale-« ment qu'une guerre, qui durerait deux ou trois « mois, ruinerait et désorganiserait le pays. On ne « laisse que les infirmes dans les administrations, et « l'on fait marcher tous les hommes valides de 18 à « 36 ans. »

Voilà nos illusions, voilà nos renseignements. Cependant, nous apprenions, à la fin de juillet, que des rassemblements nombreux se formaient à Mayence, à Winden, à Maxau, à Carlsruhe, mais nous ne pouvions pas parvenir à démêler la composition des armées prussiennes, et à deviner leurs projets.

Nous sommes très novices dans cet art de l'espionnage, qui est une branche de l'organisation des armées en campagne, tandis que nos adversaires ont établi ce service d'avance, comme ils savent ordonner toutes choses. Nous avons appris ainsi par un de leurs principaux agents, le nommé Schull, que l'on a arrêté, jugé et exécuté à Metz, que tous les espions sont sous la direction d'un colonel prussien, qu'ils correspondent au moyen de chiffres, de fusées de différentes couleurs, et qu'ils portent tous un signe de reconnaissance. C'est une pièce en or, de la grosseur d'un napoléon, mais avec un anneau, qui permet de la suspendre au cou; sur l'une des faces est l'effigie du Roi Guillaume; sur l'autre, cette inscription : 2 1/2 *groschen*, 1870.

Il faut reconnaître que ce service est plus facile pour les Allemands que pour nous-mêmes. Sur nos frontières, en effet, leur accent n'a rien d'étrange, et bon nombre d'entre eux, d'ailleurs, parlent très bien le français; ils peuvent donc avoir des espions partout, et ils en ont, tandis que, sauf de rares exceptions, nous n'employons jamais que de pitoyables agents[1]. Nous aurions dû, ce me semble, en établir d'excellents, dès le début de la guerre, aux différents points de passage du Rhin, à Germersheim, Mannheim, Mayence, Coblenz, Cologne et Dusseldorf, pour y faire noter chaque jour les numéros des régiments arrivant de l'intérieur, et, autant que possible, l'indication du point, sur lequel ils étaient dirigés. On aurait eu ainsi, en peu de temps, les indications les plus certaines sur la formation et le lieu de concentration des armées prussiennes.

Le 30 juillet, un mouvement est ordonné aux

[1] Ajoutons encore que nous prenons des mesures insuffisantes pour nous opposer au service d'espionnage de l'ennemi, tandis que celui-ci entrave le nôtre par tous les moyens; c'est ce qui ressort de la dépêche suivante, par laquelle le ministre des affaires étrangères adresse au major-général des renseignements recueillis par un de ses agents, à la fin de juillet : « Notre « envoyé, dit-il en terminant, est rentré sans difficulté en « France, car nul ne s'est occupé de lui; il lui a été fort difficile, « au contraire, de pénétrer en Allemagne, où la surveillance « sur les étrangers est des plus grandes. »

troupes en avant de Metz, en vue d'une opération sur Sarrebruck ; le 2e corps s'avance jusqu'à Bening, le 3e le remplace à Saint-Avold; le 4e vient à Boulay ; il est obligé de laisser à Thionville son trésor et son ambulance faute d'attelages, et d'abandonner la défense de la place au bataillon de chasseurs à pied de la garde, que l'on fait venir de Metz, la garde nationale mobile n'étant pas encore en mesure de se charger de ce service ; le 5e corps ne bouge pas ; la 3e division de cavalerie de réserve doit aller de Pont-à-Mousson à Faulquemont, mais elle reçoit contre-ordre le lendemain, parce qu'elle n'est pas encore organisée ; la garde reste à Metz ; la division de Soissons va rejoindre le 6e corps au camp de Châlons; et la 2e division de cavalerie de réserve se dirige, par étapes, de Lunéville sur Brumath, où elle se réunira au 1er corps.

Ces dispositions prises, le maréchal Bazaine reçoit l'ordre confidentiel de franchir la Sarre le 2 août, et de prendre possession de Sarrebruck; on lui donne le commandement des corps voisins, la direction de l'opération et le soin d'en régler tous les détails; il les arrête, le 31, dans une conférence avec les généraux commandants les 2e et 5e corps, l'artillerie et le génie de l'armée ; et ces mesures sont approuvées par une lettre du major-général du même jour. Nous verrons comment tout cela fut exécuté 48 heures plus tard; ce qu'il importe de signaler pour l'enseignement de cette campagne, c'est la négligence avec laquelle tout avait été combiné dans une entreprise, qui devait être, ce semble, l'ouverture des opérations : « Vous n'avez pas, sans doute, pu faire venir encore

« votre équipage de ponts? » écrivait-on le 31 au général Frossard, « mais celui du 3e corps vous est « expédié de Metz jusqu'à Forbach par voie ferrée. « Il doit être attelé provisoirement par une partie des « chevaux de la réserve d'artillerie du 3e corps, ou, « s'ils étaient trop loin, par ceux de votre réserve, ou « *par tous autres attelages, que vous aurez sous la* « *main.* »

Quelle entrée en campagne!

MOIS D'AOUT.

1er août. — *Premiers renseignements sur l'ennemi.* — L'Empereur est arrivé à Metz le 28 juillet; l'état-major-général y est établi depuis quelques jours dans l'hôtel de l'Europe. Jamais je n'oublierai le désordre, l'agitation qui règnent dans cette petite salle, destinée à recevoir, par une chaleur écrasante, trente officiers, chargés de communiquer à toute une armée l'impulsion du commandement. Trois portes y donnent accès ; souvent elles s'ouvrent toutes à la fois, pour livrer bruyamment passage à nos chefs, ou à tout étranger en quête du plus futile renseignement. Les ordres, les contre-ordres s'y heurtent en tous sens ; la moindre dépêche télégraphique y est l'occasion d'une excitation fébrile, des plus préjudiciables à la chose publique, et fort incompatible d'ailleurs avec le calme absolu, condition première, à laquelle doit satisfaire tout bon état-major. Les escaliers, les salles et la cour de l'hôtel sont absolument livrés au public, et nous vivons ainsi au milieu d'étrangers et de journalistes, dont le voisinage n'est pas précisément favorable au secret des opérations[1]. L'un de ces derniers, rédacteur

[1] Trois mois plus tard, le 29 octobre, je cherchais à entrer dans ce même hôtel, de notre temps ouvert à tous venants. Les Prussiens occupaient Metz depuis 24 heures. Devant la grille se trouvaient deux factionnaires, la baïonnette croisée; la cour

du *Standard*, s'est même vanté, dans un moment d'abandon, d'être parfaitement au courant de tout ce qui se passe dans les bureaux; le propos a été entendu, et le journaliste incarcéré; mais, de fait, la feuille anglaise, dont il est le correspondant, publie aujourd'hui même, la composition exacte de notre armée, l'indication des régiments, les noms des généraux, et l'emplacement de tous nos corps sur la frontière. Ce renseignement est très précieux pour l'ennemi, dont l'organisation, par contre, est très imparfaitement connue du quartier-général français.

Voici, en effet, à quoi se bornent aujourd'hui les quelques indications fournies par divers agents et par les journaux. Les VIIe [1] et VIIIe corps se concentrent sur la Sarre, sous le général von Steinmetz; de nombreux régiments, appartenant principalement aux IIIe, IVe et X^e corps, sont signalés à Mayence et à Kaiserslautern, où ils paraissent destinés à consti-

était absolument vide. Pour y pénétrer, et y accomplir une mission dont j'étais chargé, je dus avoir recours à un officier de service, qui me fit admettre dans ce sanctuaire de la *Commandantur* prussienne; au bas de l'escalier, mêmes sentinelles; point de bruit, si ce n'est dans la salle à manger, bien entendu remplie d'officiers ennemis. Je montai; on m'introduisit dans le salon, que j'ai cherché à peindre ci-dessus : seul, debout au milieu de cette pièce, le général von Kummer, gouverneur de la ville, me reçut avec politesse, m'écouta avec beaucoup de courtoisie, et, pendant tout cet entretien, je ne pus m'empêcher de comparer l'ordre qui régnait dans cet hôtel à l'agitation de notre état-major dans ces mêmes lieux. Ce n'est malheureusement pas un fait isolé pour l'une et l'autre des deux nations en lutte; aussi, n'est-ce pas sans raison que je le relève.

[1] Pour plus de clarté, j'emploierai les chiffres romains pour désigner les *corps d'armée* prussiens, et les chiffres arabes pour les français.

tuer une deuxième armée, commandée par le prince Frédéric-Charles ; on parle enfin d'une troisième armée, aux ordres du Prince royal de Prusse ; elle serait formée de corps prussiens, de contingents du Sud, et se réunirait dans le Palatinat bavarois et le pays de Bade, à cheval sur le Rhin, à Maxau. Les journaux indiquent aussi, derrière la Forêt-Noire et à Lœrrach, des rassemblements, dont on fait grand bruit, pour maintenir sans doute notre 7e corps dans le Haut-Rhin, et, en dernier lieu, la réunion d'une armée du Nord, sous le commandement du général Vogel von Falkenstein, pour la défense des côtes de la Baltique et de la mer d'Allemagne.

2 août. — *Combat de Sarrebruck.* — Je me refuse à parler avec détail de cette opération, dirigée sans préparation suffisante, sans plan bien arrêté, contre la ville de Sarrebruck ; elle ne nous a donné aucun avantage pour l'offensive, et elle a permis à nos ennemis, qui depuis ont incendié sans pitié villes et villages, de faire grand bruit de quelques coups de canon, tirés sur la gare du chemin de fer par notre artillerie. Projetée depuis quelques jours, l'entreprise est enfin exécutée aujourd'hui ; mais on en a déjà modifié plusieurs fois le plan, depuis qu'on l'a conçue et annoncée presque publiquement. D'après les derniers ordres, elle doit être conduite par le général Frossard, « sous le commandement du maréchal Bazaine, qui pourra disposer, en outre, « des quatre divisions de son corps d'armée, et de la « division Lorencez du 4e corps, s'il le juge nécessaire. » Les 3e et 5e corps seconderont l'attaque,

en s'avançant sur les deux flancs, d'un côté, par la vallée de la Lautern, occupée par les Prussiens depuis quarante-huit heures, de l'autre, par la rive droite de la Sarre, que le général de Failly doit franchir à Sarreguemines.

L'attaque de la hauteur, qui domine Sarrebruck au sud, « s'effectue sous les yeux de l'Empereur et du Prince impérial » ; elle n'est appuyée ni à droite, ni à gauche, et se borne à une fusillade et à une canonnade sans grande importance, l'ennemi ne déployant que quelques compagnies du 40e (VIIIe corps) en avant du général Frossard. Nos troupes pénètrent dans la ville, mais se retirent à la nuit sur les hauteurs de la rive gauche. Il est difficile de voir le commencement d'une vigoureuse campagne dans une semblable opération.

3 août. — On décide qu'une reconnaissance offensive sera exécutée demain sur Sarrelouis par le général de Ladmirault, dont le corps est concentré autour de Bouzonville, et l'on donne en même temps aux 1er et 7e corps des ordres de concentration dans la Basse-Alsace; puis, sur un nouvel avis des mouvements de l'ennemi du côté de Lœrrach, on prescrit au général Douay de conserver ses deux divisions dans le Haut-Rhin ; le 1er corps seul descendra vers la Lauter, et y prendra position de Haguenau à Wissembourg.

Cependant, dans la nuit du 3 au 4, une dépêche du commissaire de police de Thionville ayant fait connaître que l'on signalait le passage à Trèves de 40,000 hommes, destinés à opérer sur la Sarre, la reconnaissance sur Sarrelouis est contremandée, et des dispositions assez précipitées sont prises pour recevoir l'ennemi. Le maréchal Bazaine doit se rendre à Boulay pour y prendre le commandement, en vue d'une attaque qui paraît imminente.

4 août. — La nuit s'est passée à expédier des ordres, immédiatement révoqués; je n'en citerai qu'un exemple, pour donner une idée de l'incertitude de tous nos mouvements dans ces premiers jours décisifs de la campagne. A la première nouvelle du passage de troupes prussiennes à Trèves, il a été prescrit à la garde de quitter Metz, puis, de ne pas abandonner ses bivouacs, enfin elle a été dirigée ce matin sur Volmerange; quelques heures plus tard, on lui expédiait l'ordre de rentrer à Metz, mais en le faisant suivre d'une instruction nouvelle, qui annulait la précédente, et assignait pour demain à ce corps la position de Courcelles-Chaussy. Tel est le caractère principal de toutes les conceptions du début de la guerre; ordres et contre-ordres se suivent, s'entrecroisent sans cesse, si bien que les corps d'armée s'usent dans des marches sans but, se fatiguent et se désorganisent, avant même d'avoir abordé l'ennemi. La direction est nulle à force d'être multiple, et il ne paraît pas y avoir de plan d'opérations bien arrêté; on se dirige au jour le jour, d'après des impressions, et d'après des nouvelles, plus ou moins exactes.

Combat de Wissembourg. — On ne manque pas cependant, aujourd'hui encore, d'une certaine confiance autour de l'Empereur, car l'on écrit en ces termes au général Frossard, à la suite des nouvelles de cette nuit :

« Il est possible que l'ennemi nous attaque bientôt « *sur la Sarre;* ce serait une heureuse chose qu'il « vînt nous offrir la bataille, avec 40,000 hommes, « sur un point où nous en avons 70,000, sans comp- « ter votre corps d'armée. » Il est vrai que l'on est à ce point renseigné sur les projets de nos adversaires, que l'on avertit le général de Ladmirault « de la marche « probable de ces 40,000 hommes *sur Thionville.* »

Pendant que l'on prend ces dispositions autour de Metz, la nouvelle d'un échec grave, subi sur la Lauter, se répand tout à coup dans la ville : une brigade de la division Douay (Abel), du 1er corps, a été surprise (ce sera le mot de toute la campagne), au moment où elle venait d'établir son bivouac près de Wissembourg; l'armée du Prince royal l'y a attaquée avec des forces très supérieures; le 2e corps bavarois s'est porté sur la ville, et les Ve et XIe corps prussiens sont venus le soutenir à gauche, en enlevant le Geisberg; le général Douay a été tué, ses troupes ont été rejetées en arrière, et tout leur campement est tombé aux mains de l'ennemi. Sur la basse Lauter, le corps badois-wurtembergeois a franchi, de son côté, la frontière, et a occupé Lauterbourg.

5 août. — *Effectif de l'armée du Rhin. Garnisons des forteresses.* — A la nouvelle de ce premier échec, on comprend au quartier-général la nécessité de revenir à une organisation d'armée plus rationnelle, et, par l'ordre général de ce jour, on fait un premier pas, en donnant au maréchal Bazaine le

commandement des 2e, 3e et 4e corps, au maréchal de Mac-Mahon celui des 1er, 5e et 7e, mais *pour les opérations militaires seulement*; la garde reste à la disposition de l'Empereur. Le 5e corps est reporté de Sarreguemines à Bitche; quant au 6e corps, on le laisse encore à Châlons, bien que sa place soit tout indiquée à Metz, ou au moins à Nancy. Les autres corps sont aujourd'hui : le 1er à Reichshoffen, le 2e à Forbach, le 3e à Saint-Avold, le 4e à Boulay, la garde à Courcelles, et, à l'extrême droite, le 7e toujours à Belfort. Toutes ces forces, ainsi fractionnées, présentent un effectif de 262,000 hommes, qu'il paraît difficile de concentrer, si l'ennemi, comme nous le supposons, est prêt à commencer les opérations; toutes les réserves, bien entendu, n'ont pas encore rejoint; pourront-elles maintenant rallier leurs bataillons? On s'aperçoit, un peu tard, que nous pourrions bien être rejetés, dès le premier jour, sur nos places de Strasbourg et de Metz, et l'on se préoccupe de la défense de ces places; la dépêche suivante du major-général au ministre de la guerre montre bien tout le péril de la situation :
« On appelle d'urgence de Nancy le 4e bataillon du « 60e pour le service de Metz, qui aura en outre « quelques compagnies du 1er du génie, les dépôts « du 11e chasseurs, du 44e de ligne, le 4e bataillon « de ce dernier régiment et 218 douaniers! » Voilà les dispositions que l'on est réduit à considérer comme suffisantes, pour la défense d'une place comme Metz! Le bataillon de chasseurs de la garde, nous l'avons dit, a dû être envoyé à Thionville; on verra tout à l'heure qu'on n'avait pas songé davantage à la gar-

nison de Strasbourg, et le général de Failly ayant demandé des artilleurs pour le service de Bitche, on lui répondait hier même : « qu'il n'était pas possible « de lui en envoyer, et qu'il n'avait qu'à utiliser « les artilleurs de la garde nationale mobile. »

La solution serait assurément plus satisfaisante, si la loi de 1868, qui prétendait organiser cette réserve de l'armée, avait reçu une application réelle, sérieuse; nous l'avons déjà dit, mais nous le répétons, pour bien faire comprendre comment notre armée, d'un effectif déjà insuffisant, a été diminuée encore par la nécessité de pourvoir à la défense des places. On a cependant appelé, dès le 13, la garde nationale mobile des 1er, 2e et 3e grands commandements, et il nous semble qu'il eût été possible d'arriver en vingt-deux jours à de meilleurs résultats; mais, nul n'étant chargé d'une façon spéciale de ces organisations sur les divers points du territoire, on ne s'occupe pas de réunir les hommes, de les exercer, et nous les voyons, à Metz, par exemple, se promener dans la ville et dans les camps, sans que l'on songe à les instruire et à les utiliser pour la défense de la place.

6 août. — *Répartition des forces ennemies. Pouvions-nous prendre l'offensive?* — Nous voici à cette journée néfaste du samedi, 6 août, par laquelle commencent tous les malheurs de cette campagne. Pouvions-nous les conjurer par une offensive vigoureuse, dès le 2 août? Oui, si nous avions eu à notre tête le Bonaparte de 96, dont le génie pouvait se passer de gros effectifs ; non, avec une direction hésitante, comme était la nôtre.

Pour mieux s'en rendre compte, il convient de revenir ici sur la grande supériorité numérique des armées prussiennes, dont la composition nous est mieux connue depuis quelques jours[1]. Elles sont

[1] On a bien souvent dit et écrit que la Prusse se préparait sérieusement à la guerre contre nous; nous en avons sous les yeux une preuve qui convaincra, nous l'espérons, ceux qui voudront bien se donner la peine de consulter : « *Le premier Ordre de bataille de l'armée prussienne, dans la guerre contre la France*, en vertu de l'ordre royal du 18 juillet. » (Berlin, MITTLER et SOHN). Ce document, dont l'impression vient d'être autorisée en novembre, est donc daté de la veille de la notification de la déclaration de guerre à Berlin, et il donne, parfaitement arrêtées et très complètes, la mobilisation et l'organisation des forces prussiennes en trois armées, comme il est dit ci-dessus. Seulement, à cette date du 18 juillet, l'armée du prince Frédéric-Charles ne devait comprendre encore que les quatre corps de l'intérieur de la Prusse, III, IV, X^{e} et garde. Dans la crainte d'un débarquement au Nord, et d'une action de l'Autriche au Sud, ce premier Ordre de bataille laisse provisoirement les Ier, IIe, IXe corps sur les côtes, le VIe dans la Silésie, le XIIe en Saxe, et il fait réunir en outre, sans retard, la division de landwehr de la garde à Berlin, et trois divisions de landwehr de la ligne : la 1re à Stettin, la 2e dans la capitale de la Prusse, la 3e à Posen. Mais, promptement rassuré au Sud comme au Nord, le gouvernement prussien fit diriger, dès le commencement du mois d'août, toutes ces forces vers la France. Cet Ordre de bataille donne, en outre, la formation de six divisions de cavalerie; il affecte un régiment à cheval à chaque division d'infanterie; il crée des régiments de cavalerie de landwehr pour tenir la campagne, d'autres pour les forteresses; il organise, dans chaque corps d'armée, et par brigade, le commandement des troupes non mobilisées, afin d'assurer le fonctionnement régulier de l'instruction et du départ des renforts destinés à l'armée; il désigne les commandants des forces de landwehr qui doivent tenir garnison dans les forteresses. Rien n'est oublié, en un mot, parce que tout a été prévu et arrêté dans le silence et pendant la paix. Ce n'est pas, je l'avoue, sans un vif sentiment de dépit, que je place en regard de ce chef-d'œuvre de prévoyance et d'ordre, qu'il nous eut été si facile d'imiter, l'agitation dans

bien au nombre de trois : la première, sur la Sarre, avec les VIIe et VIIIe corps, sous Steinmetz ; la troisième, sur la Lauter, et, depuis le 4, dans le Bas-Rhin, avec les Ve, XIe corps prussiens, les deux corps bavarois et le corps badois-wurtembergeois; le Prince royal la commande, et elle est désignée aussi sous le nom d'armée du Sud. La deuxième, avec le prince Frédéric-Charles, est prête à se porter, selon les circonstances, sur la Sarre ou sur la Lauter, mais paraît destinée à prendre la première direction à la gauche de Steinmetz, pour former le centre des troupes d'invasion ; elle comprend les IIIe, IVe, X^e corps et la garde, auxquels se joindront les IIe, IXe et XIIe corps, laissés d'abord en Allemagne. Quant aux Ier et VIe corps, ils ne sont pas encore signalés en France.

L'arrivée sur le théâtre de la guerre de corps d'armée, qui avaient été laissés tout d'abord le long de la Baltique et de la mer d'Allemagne, ne nous montre que trop comment la Prusse, après avoir redouté une opération de débarquement sur les côtes allemandes, s'est vite rassurée, et a compris que nous n'avions rien fait pour nous ménager une puissante diversion dans le Nord ; c'est seulement, en effet, le 27 juillet, que M. de Cadore a quitté Paris pour aller sonder la cour de Danemark. Cette démarche tardive ne pouvait que nous attirer, de la part de

laquelle notre propre armée cherchait à se constituer à cette même date du 18 juillet !

On peut consulter, ci-après, dans le *Supplément* (note III) l'Ordre de bataille des armées prussiennes, au mois d'août, et les modifications les plus importantes qu'on y a apportées jusqu'au milieu de janvier 1871.

cette puissance, le refus d'entrer dans une guerre, aussi mal préparée ; c'est vers cette date encore, que le général Trochu, d'abord destiné au commandement de la division de Toulouse, était averti qu'il serait probablement chargé d'un débarquement en Allemagne ; mais rien n'avait été préparé pour une opération de cette importance, ni le matériel, ni les troupes, ni les alliances.

Ces faits, promptement connus des Prussiens, leur permirent donc d'appeler sur nos frontières toutes leurs forces mobilisées ; les Ier et VIe corps suivirent promptement les IIe, IXe et XIIe, et furent affectés, l'un à la première armée et l'autre à la troisième ; l'ennemi ne laissait ainsi en Allemagne que la division de landwehr de la garde, et trois divisions de landwehr de la ligne, destinées à suivre l'armée, si les puissances européennes persistaient dans leur neutralité. Par suite de ces diverses dispositions, les généraux prussiens disposèrent, au commencement d'août, sur la Sarre, de dix corps avec leurs première et deuxième armées, dirigées contre nos 2e, 3e, 4e corps et notre garde ; ils firent en outre avancer sur leur gauche, avec la troisième armée, les trois autres corps prussiens[1] et les trois du Sud. Chacun de ces corps devrait être de 32,000 hommes environ, sur le pied de guerre ; si, pour ne pas être exagéré, on les évalue à 25,000 hommes, chiffre qu'ils ont certainement toujours atteint, on voit que nous avions devant Metz de 250 à 300,000 hommes, avec la cavalerie ; et de 150 à 200,000 en Alsace,

[1] L'un d'eux, le VIe, n'arriva qu'après les combats, livrés en Alsace.

c'est à dire de 400 à 500,000 soldats sur les deux théâtres d'opérations. Les régiments de cavalerie, non attachés aux divisions d'infanterie, ont été répartis en six divisions, sans compter celle de la garde; les 1re et 3e sont comprises dans l'armée de Steinmetz ; les 5e, 6e et la cavalerie de la garde dans celle du prince Frédéric-Charles, enfin les 2e, 4e et la cavalerie des États du Sud marchent avec le Prince royal.

A cela, nous n'avions à opposer, avons-nous dit, que 262,000 hommes, y compris les troupes stationnées encore au camp de Châlons. Les quatre corps, répartis autour de Metz en douze divisions, ne pouvaient présenter, avec les réserves, que 120 à 130,000 hommes, force inférieure de moitié à celle des deux armées de la Sarre. D'autre part, en Alsace, si le maréchal de Mac-Mahon avait pu réunir au 1er corps les trois divisions du général de Failly et les deux du général Douay, il aurait eu, sur les bords de la Lauter, neuf divisions, ou de 100 à 110,000 hommes au maximum, toujours contre une force presque double; or, on sait qu'il ne put attirer à lui, le 5, que la division Conseil-Dumesnil, du 7e corps, ce qui ne lui donnait que 50,000 hommes contre un effectif trois fois supérieur.

Si la guerre eût été mieux préparée, si nous avions eu, au commencement d'août, des vivres, des effets de campement, des transports, des ambulances, des places organisées, des réserves en arrière, toutes choses qui nous manquaient, on aurait peut-être pu prendre l'offensive, mais le 2 au plus tard. Nous serions ainsi arrivés facilement à Kaiserslautern, peut-être sous Mayence ; alors les Allemands, repoussés sous le canon de ce grand camp retranché, prêts au nombre de 500,000 au bout de quelques jours, renforcés au besoin de nombreuses réserves de l'intérieur, nous auraient probablement empêchés de franchir le Rhin, soit à Maxau, soit à Mannheim; et qui sait s'ils ne nous auraient pas fait éprouver un échec, qui, loin de nos frontières, et dans un pays ennemi, aurait pu devenir désastreux?

Combat de Spickeren(ou Forbach)[1]. — Mais nous étions, chacun en conviendra, hors d'état de prendre l'offensive; tout au contraire, l'ennemi, qui avait déjà prononcé en Alsace son mouvement en avant, le 4 août, l'accentuait avec plus de bonheur encore, à la fois sur les deux points extrêmes du théâtre de la guerre, dans cette journée du 6. Devant la Sarre, le général Frossard occupait, depuis le 2, une bonne position sur les hauteurs de Spickeren, lorsque l'ennemi, croyant à une retraite de nos troupes, à la suite d'une reconnaissance de sa cavalerie, fit avancer, le 6, sa 14e division (VIIe corps), contre la gauche de notre 2e corps ; à droite de cette division, la 13e, du même corps, partait en même temps de Wœlklingen, occupait Rosselle et se dirigeait le soir sur Forbach[2]. A l'approche du VIIe corps, les troupes du général Frossard prirent les armes, et il s'engagea aussitôt un combat des plus vifs, au bruit duquel accoururent bientôt en ligne, du côté des Prussiens, à gauche

[1] Je mets ainsi entre parenthèses le nom donné au combat ou à la bataille par les rapports prussiens.

[2] Tous ces récits succincts de combats ou de batailles sont complétés à l'aide des rapports officiels français et prussiens.

de la 14e division, la 16e division du VIIIe corps, et la 5e du IIIe. Le général von Gœben, puis le général von Steinmetz, dirigèrent successivement l'opération, qui se termina par la retraite des trois divisions du général Frossard ; elles n'avaient été appuyées à gauche que par une brigade de dragons du 3e corps, ce qui ne leur donnait pas la supériorité du nombre, comme le prétend le rapport prussien.

Bataille de Reischshoffen ou de Froeschwiller (ou Wœrth). — En Alsace, le maréchal de Mac-Mahon, rejoint par les débris de la division Douay (Abel), et par une division du 7e corps, n'avait pas en ligne la valeur de cinq divisions, lorsqu'il fut attaqué, le même jour, par les cinq corps d'armée, soit dix divisions, du Prince royal. Il avait disposé son monde sur les hauteurs de Frœschwiller, sur la rive droite du Sauerbach, afin de couvrir le débouché de Niederbronn, par lequel devait arriver le 5e corps. La troisième armée prussienne, s'avançant par Soultz, franchit le Sauerbach, enlève Wœrth au centre, Frœschwiller sur notre gauche, et, écrasant les troupes du maréchal par le nombre, les rejette sur Reichshoffen, en leur prenant plusieurs pièces de canon; la retraite s'effectue sur Saverne, mais heureusement sans être trop inquiétée par l'ennemi.

Dimanche, 7 août.—*L'Invasion.*—La nouvelle de cette double défaite jette la consternation dans Metz; les 1er et 2e corps sont en retraite, répète-t-on de toutes parts; les Vosges sont livrées sans défense à l'ennemi, et l'Alsace n'a plus pour la protéger qu'une division du 7ᵉ corps, qui s'enferme dans Belfort : « A Strasbourg, écrit le préfet du Bas-Rhin, une « panique s'est produite par suite des mauvaises nou« velles venues de Haguenau, et de l'arrivée de sol« dats traînards, fuyards, et généralement peu « blessés; cette panique a cessé, mais la population « demande des armes; j'ai promis d'organiser, *d'ar« mer aujourd'hui* 400 *ou* 500 *hommes de garde na« tionale.* Nous n'avons presque pas de troupes, « 1,500 à 2,000 hommes ! Si l'ennemi tente un coup « de main sur la ville, nous nous défendrons jusqu'au « bout. » De Verdun, on demande « de pourvoir « d'urgence aux vivres de siége pour 4,000 hommes. » A Thionville, la garde nationale mobile « réclame « des armes. » A Metz, on donne à cette troupe des fusils à tabatière en mauvais état, et on l'envoie en toute hâte dans les forts. On écrit enfin au général, commandant la division militaire de Metz, qu'on « l'invite à déléguer au commandant d'armes d'Epi« nal les pouvoirs nécessaires, pour préparer et « organiser la défense des passages des Vosges ! » Au moment même où cette lettre est écrite, l'armée du maréchal de Mac-Mahon repasse précipitamment sur le versant occidental de ces montagnes, que l'ennemi franchit à sa suite, après avoir détaché les Badois devant Strasbourg, pour investir cette importante place. Ces routes de Bitche, de Lichtenberg, de la Petite-Pierre, de Phalsbourg, sur lesquelles la France épuisée sut trouver, en 1814, des défenseurs pour arrêter toute l'Europe, l'ennemi peut les franchir aujourd'hui sans difficulté, rien n'étant prêt pour le contenir dans cette invasion, que l'on n'a pas voulu prévoir. En vain, ces populations énergiques ont demandé des armes; comme leurs pères, dont les récits, presque légendaires, sont encore présents à leur mémoire, les habitants de la montagne auraient su défendre, pied à pied, l'entrée de la France; et il leur faut assister, impuissants, à la marche de ces colonnes prussiennes, qui, masquant Bitche et Phalsbourg, se dirigent de Haguenau sur Saar-Union, entre les deux chemins de fer; les postes de la Petite-Pierre et de Lichtenberg, qui se trouvent sur les deux routes, suivies par la troisième armée, sont l'un abandonné, l'autre cédé après un court bombardement, et le flot germanique descend tout à coup dans la Lorraine, étonnée d'avoir à subir ses ravages pour la troisième fois dans le cours d'un siècle.

On veut se retirer sur Châlons. — Toutes ces pensées viennent assaillir mon esprit dans cette matinée du 7, que nul ne pourra jamais oublier; la douleur est dans tous les cœurs, mais, ce qui est plus grave, le désarroi paraît complet dans l'entourage de l'Empereur. On n'y parle que de partir sans délai pour Châlons, et déjà des voitures, chargées en toute hâte, emportent au chemin de fer une partie des bagages de la maison. Les 3e et 4e corps et la garde reçoivent l'ordre de se rabattre sur Metz, en appuyant la retraite du général Frossard, dont on n'a pas de nouvelles depuis 24 heures; on prescrit au maréchal de Mac-Mahon de gagner Châlons, et au général de Failly, désorganisé sans avoir combattu, « de se re- « tirer sur Nancy, s'il en est temps encore » Enfin, une division du 6e corps, déjà parvenue à Nancy, est renvoyée par les voies ferrées au camp de Châlons, sur lequel on invite le ministre de la guerre à diriger tous les détachements de réservistes, destinés à l'armée. C'est une véritable panique; c'est un désordre inexprimable.

Des officiers sont envoyés au devant des 1er, 2e et 5e corps en retraite; ils font de l'état de chacun d'eux le tableau le plus lamentable; les hommes sont fatigués, découragés; beaucoup d'entre eux ont perdu leurs effets de campement, leurs sacs, quelques-uns leurs armes; les vivres même leur manquent. Heureusement l'ennemi,(nous le voyons en lisant ses bulletins), ne se rendit compte qu'au bout de plusieurs jours de l'importance de ses deux victoires.

8 août. — *Devait-on battre en retraite?* — On a beaucoup discuté, on discutera beaucoup après les événements cette mesure prescrite, puis révoquée, de la retraite de notre armée sur Châlons. Je pense qu'on commettait une faute en la prenant dès le 7; on pouvait en effet compromettre ainsi les 1er, 2e et 5e corps, que l'ennemi aurait poursuivis sans relâche, à la première nouvelle de notre marche rétrograde, et l'on s'exposait en outre à affaiblir le moral des 3e, 4e corps et de la garde qui, n'ayant pas eu à combattre, avaient déjà peine à comprendre le mouvement de concentration ordonné sur Metz : « Toujours reculer, disaient-ils, et pourquoi? nous n'avons encore livré aucune bataille; sommes-nous donc des lâches? »

Il faut ajouter que, d'après des gens compétents, Metz n'était pas en état de se défendre quinze jours sans l'armée du Rhin, et que cette armée, réduite à quatre corps, y compris celui du général Frossard, paraissait peu en mesure de résister à la poursuite et à l'attaque de forces victorieuses, et d'un effectif triple du nôtre.

Il était donc sage de rester dans un camp retranché, qui devait être pourvu de vivres et de munitions pour plusieurs mois[1]; on occupait ainsi une excellente position sur le flanc des envahisseurs; Langres pouvait jouer un rôle analogue plus au Sud, tandis que le maréchal de Mac-Mahon réunirait, à Châlons, une armée destinée, soit à se jeter dans Paris, soit à se retirer sur la rive gauche de la Loire, afin d'y préparer les troupes de secours de Paris et de Metz.

Cet avis, alors partagé par un grand nombre d'officiers, prévalut le 8 dans le conseil de l'Empereur, et je crois que l'on eut raison de l'adopter. Quoiqu'il en soit, des ordres furent immédiatement donnés aux différents corps dans ce sens, et l'on chargea des officiers de l'état-major-général de reconnaître une position militaire sous le canon des forts de la rive droite de la Moselle.

9 août. — La 3e division de cavalerie de réserve arrive à Metz, et va camper à Montigny; quant aux

[1] Toute la question est là; car malgré la mauvaise préparation à la guerre, et l'absence de réserves au début, malgré toutes les fautes commises par le commandement, y compris même le désastre de Sedan, on peut dire que, si Metz avait eu des vivres pour deux ou trois mois de plus, l'armée de la Loire, organisée en novembre, aurait tiré de meilleurs fruits de la victoire d'Orléans; elle n'aurait pas eu devant elle l'armée du prince Frédéric-Charles, et la fortune serait peut-être revenue sous nos drapeaux.

corps d'armée, ils sont aujourd'hui : le 1er et le 5e, à Blamont et Réchicourt-le-Château; les 2e, 3e et 4e corps, qu'une décision impériale met définitivement sous les ordres du maréchal Bazaine, bivouaquent à Boulange, Pont-à-Chaussy et Sainte-Barbe; la garde, qui n'est pas encore comprise dans cette nouvelle organisation, est à la Tuilerie. Le général Manèque est nommé chef d'état-major-général de la nouvelle armée; le général Decaen remplace le maréchal dans le commandement de son 3e corps.

Les renseignements sur l'ennemi sont assez confus; on croit cependant à une attaque par la première armée prussienne, et l'on écrit à cet effet au général de Ladmirault : « D'après un avis, qui me parvient à « l'instant, l'ennemi se concentre sur notre gauche, « et il pourrait nous attaquer avec des forces considérables ce soir, ou demain matin. Prenez les ordres « du maréchal Bazaine qui est à Faulquemont, pour « se lier au général Frossard, placé à sa droite. « Éclairez-vous très au loin avec votre cavalerie. « La garde est en réserve, en arrière du maréchal. « Si vous étiez attaqué, employez beaucoup votre « artillerie, car l'ennemi en fait grand usage. Veil« lez surtout du côté de Vry. » D'autre part, on donnait avis aux 1er et 5e corps de l'entrée de l'ennemi à Sarralbe : « Il paraît se diriger sur Nancy, écri« vait-on au maréchal de Mac-Mahon; il peut y être « dans cinq jours; il est désirable que vous le de« vanciez dans cette ville, et l'Empereur estime que « vous le pourrez, en forçant votre marche. A « Nancy, vous aurez de nouvelles instructions. » Au général de Failly on ajoutait : « L'ordre de vous

« diriger sur Nancy est maintenu; c'est seulement « dans le cas où vous vous verriez devancé sur ce « point, que, pour ne pas vous mettre dans la néces- « sité de lutter contre des forces supérieures, vous « devriez, tout en continuant votre marche, prendre « une direction plus à gauche, vers Langres par « exemple. Vous en avertiriez l'Empereur par Paris. « De Nancy, *Sa Majesté vous appellera à Metz*, ou « vous indiquera votre retraite, soit sur Châlons, « soit sur Paris. »

De fait, la deuxième armée prussienne, qui a occupé Sarreguemines le 7, a aussitôt pénétré en France; elle s'avance, avec la première armée à sa droite, la troisième à sa gauche, toutes trois couvertes par un épais rideau de cavalerie, porté très en avant, touchant nos troupes en retraite, *et masquant avec soin les mouvements de toutes les forces prussiennes*. Le quartier royal a été transporté aujourd'hui de Hombourg à Sarrebruck.

A Paris, les Chambres ayant été convoquées, le ministère qui a déclaré la guerre est obligé de se retirer; il laisse au nouveau cabinet, que cherche à former le comte Palikao, un fardeau bien difficile à porter.

10 août. — Le 1er corps arrive à Lunéville, ainsi que le 5e, auquel on prescrit aujourd'hui : « d'opérer « sa jonction avec l'armée de Metz, si l'ennemi lui « en laisse la possibilité. » Le 2e vient enfin s'abriter à Mercy-lez-Metz, sous le camp retranché. La 1re division de cavalerie de réserve s'établit avec trois régiments de chasseurs d'Afrique dans l'île

Chambière. Quant aux trois autres corps, ils sont arrêtés par le maréchal Bazaine sur la rive gauche de la Nied française : le 3e corps, de Pange à Pont-à-Chaussy, ayant à sa gauche le 4e corps, du village les Étangs à Glatigny, sur la route de Sarrelouis, et, en réserve, la garde, de Maizery à Silly, sur la route de Sarrebruck. Cette position, bonne au point de vue du terrain, paraît dangereuse à cause des bois qui l'avoisinent, et qui peuvent permettre des surprises. Des ordres sont donnés, du reste, pour que ces corps viennent « occuper, demain 11, la position « en avant des forts Queuleu et St-Julien, de la « Seille à la Moselle. »

On invite, en outre, le ministre à envoyer à l'armée de Metz, après le 6e corps, la division d'infanterie de marine, en lui recommandant : « *de lui* « *faire emporter effets de campement, marmites et* « *cartouches!* »

Du côté de l'ennemi, on nous signale, pour la première fois, la présence du 1er corps dans l'armée de Steinmetz, composée ainsi de trois corps ; ce général, est chargé d'observer la place à l'Est et au Sud, tandis que la deuxième armée, forte de sept corps, et la troisième armée, de cinq et demi, franchiront la Moselle en amont de la ville. Les éclaireurs de la deuxième armée sont déjà signalés à Remilly ; ils approchent de Pont-à-Mousson.

11 août. — *Concentration autour de Metz.* — Le 1er corps atteint Bayon, et le 5e, Gerbviller et Charmes. Quant aux corps campés sur la Nied, ils quittent leurs bivouacs, pour venir se concentrer autour

de Metz, en avant des forts St-Julien et Queuleu, dans la position reconnue, le 8, par l'état-major-général. Le 4e corps, la gauche appuyée à la Moselle, est à cheval sur la route de Ste-Barbe, et descend vers le ravin de Vallières; le 3e corps, au centre, va de ce ravin à Grigy, à cheval sur la route de Sarrebruck, et en avant de Borny; le 2e, à droite, est placé devant Queuleu, et occupe le château de Mercy, avec la brigade Lapasset, du 5e corps; cette brigade, laissée à Sarreguemines, a été séparée du général de Failly, et restera désormais sous les ordres du général Frossard. Le 6e corps, qui arrive du camp de Châlons, s'établit vers la Moselle, partie en amont de Montigny, partie sur la rive gauche, à hauteur de Woippy; la garde, en réserve à gauche de Borny; quant aux parcs de vivres des 2e, 3e et 4e corps, ils sont dans l'île Chambière.

Il a plu toute la nuit, il pleut encore ce matin, et les routes sont en fort mauvais état; aussi, les troupes s'installent-elles au bivouac dans des conditions très défavorables.

Nous voici sous Metz, bien abrités contre la place, *les vedettes à hauteur des sentinelles*. On veut cependant savoir ce qui se passe au dehors, et l'on est obligé d'écrire à la cavalerie les dépêches suivantes: « De l'infanterie ennemie aurait occupé Ham-sous-« Varsberg et Boucheporn; envoyez quelques esca-« drons en reconnaissance. » Et, « il est nécessaire « que l'Empereur ait des renseignements sur des « mouvements, que l'ennemi pourrait faire dans la « direction de Faulquemont et de Nomény sur « Nancy. Exécutez demain matin des reconnais-« sances dans cette direction. »

12 août. — *Le maréchal Bazaine est nommé commandant en chef de l'armée du Rhin.* — Les 1er et 5e corps arrivent à Colombey et Mirecourt. « Ne « continuez pas votre marche pour vous jeter sur « l'Argonne », écrit-on au général de Failly; « marchez droit sur Toul, et aussi vite que possible; « vous n'êtes pas menacé; le chemin de fer avec « Nancy n'est pas interrompu. De Toul, et suivant « les circonstances, vous serez appelé à Metz, ou « dirigé sur Châlons. »

Mais, dans la journée, sur la nouvelle de l'arrivée de ulans à Nancy, on donne contre-ordre au 5e corps, en lui prescrivant d'aller « sur Paris, par la route « la plus convenable. »

Les troupes autour de la place s'organisent pendant cette journée, un peu meilleure que la précédente; le temps est couvert et frais, mais il ne pleut pas. Les régiments du 6e corps arrivent successivement à Metz; comme toujours, ils sont mal approvisionnés. On peut en juger par les deux lettres suivantes :

« Camp de Châlons, 8 août. — Intendant du « 6e corps à guerre. — Je reçois de l'intendant en « chef de l'armée du Rhin la demande de 400,000 « rations de biscuit et de vivres de campagne; je « n'ai pas une ration de biscuit, ni de vivres de cam- « pagnes, à l'exception de sucre et de café. Décidez « si je dois en envoyer. »

« Camp de Châlons, 10 août. — Maréchal Canrobert à guerre. — Votre Excellence n'ignore pas que « beaucoup d'isolés, malades ou blessés, sont dirigés « sur le camp de Châlons. Je continue à n'avoir ni

« marmites, ni gamelles, et ces hommes sont dé-
« pourvus de tout. Mon devoir est de vous en infor-
« mer. Nous n'avons ni sacs de couchage, ni assez
« de chemises, ni assez de chaussures. »

Le maréchal Canrobert arrive de sa personne aujourd'hui : « Je compte vous laisser indépendant, « maréchal », lui dit l'Empereur. « Sire », aurait répondu l'ancien commandant en chef de l'armée d'Orient, « la situation est grave; il faut que « chacun sache obéir à un seul chef; je donnerai « l'exemple : placez-moi sous les ordres du maré- « chal Bazaine. » Réponse heureuse et digne d'être conservée; elle est bien de l'homme honnête, qui, dans des circonstances également difficiles, sut quitter le commandement suprême en Crimée, et reprendre avec simplicité son poste, à la tête d'une division sous les ordres du général Bosquet, dont, la veille encore, il était le chef. Ce sont deux belles actions, qui valent deux éclatantes victoires pour l'honneur de celui qui a su les accomplir; elles sont d'un exemple rare, et qui, d'ailleurs, n'a pas été contagieux dans l'armée du Rhin, pour le plus grand dommage de la chose publique.

Cette réponse et les vives accusations, portées à la tribune du Corps législatif contre la direction des affaires militaires, déterminent enfin l'Empereur à se dessaisir d'une autorité qu'il ne peut plus exercer. Un décret impérial nomme le maréchal Bazaine commandant en chef de l'armée du Rhin, et le général Jarras, chef d'état-major-général de la dite armée. Le maréchal Le Bœuf et le général Lebrun abandonnent leurs fonctions de major-général et de premier aide-major-général.

Ce même jour, le Roi de Prusse établit son quartier-général à St-Avold, et lance une proclamation, par laquelle il déclare *ne pas faire la guerre au peuple français*, et abolit la conscription dans les pays occupés par l'armée prussienne.

13 août. — Le quartier-général-royal est aujourd'hui à Herny, et Pont-à-Mousson est occupé par l'ennemi ; nos communications avec Paris par Nancy sont coupées, et les arrivages du camp de Châlons désormais impossibles ; le 6e corps n'a reçu que trois divisions, un régiment de la 4e, ni cavalerie, ni réserve d'artillerie ; le dernier régiment de chasseurs d'Afrique n'a pu rejoindre la 1re division de cavalerie de réserve.

Les habitants des villages voisins émigrent vers Metz. — Dans la journée, des coups de feu se font entendre en avant du 3e corps sur la route de Sarrebruck ; l'ennemi paraît exécuter une reconnaissance entre le château d'Aubigny et cette route, que nos avant-postes occupent à hauteur de Montoy. Les habitants des villages environnants fuient à l'approche des ulans, et se précipitent vers nos camps. En ville, les portes, les rues, les places publiques sont encombrées de voitures, chargées de femmes, d'enfants, de meubles, de matelas, de tout ce que ces émigrants ont de précieux. Rien n'est plus pénible que la vue de ces malheureux, victimes d'une imprévoyance coupable, presque criminelle. Surpris par une invasion, à laquelle ils étaient loin de songer, ils viennent chercher un refuge dans l'enceinte des fortifications ; on ne les reçoit aujourd'hui que s'ils sont munis de quarante jours de vivres; mais, on est bientôt obligé de déclarer que, le nombre des fugitifs devenant trop considérable pour la sûreté de la place, menacée d'un long siége, on ne pourra plus en accueillir désormais dans Metz.

Ordre de battre en retraite. — Dans la soirée, le nouveau commandant en chef de l'armée lui adresse les instructions suivantes : « On se tiendra prêt à « faire mouvement demain 14, à 5 heures du matin. « Tout le monde prendra des vivres pour les 14, 15 « et 16, et l'intendant-général emportera le plus de « rations possible, en ne laissant dans Metz que les « transports nécessaires à la garnison. On dési- « gnera ce soir les hommes non valides, qui devront « être laissés dans la place, et ils seront organisés « en détachements réguliers. »

Outre ces détachements, la garnison de Metz comportera des dépôts, des quatrièmes bataillons, de la garde nationale mobile et sédentaire, et comme noyau principal, la division de Laveaucoupet, détachée du 2e corps.

Dimanche, 14 août. — Nancy est occupé par l'ennemi, qui pousse des reconnaissances jusque devant Toul. Par suite, le général de Failly a dû modifier son itinéraire; il se trouve, aujourd'hui à la Marche et télégraphie au ministre de la guerre : « Par ordre « de l'Empereur, mon corps d'armée se retire sur « Chaumont, où il arrivera le 16 ; je désirerais que « Votre Excellence fît diriger sur ce point des sou-

« liers, des chemises et des tentes-abris, un grand « nombre d'hommes de la réserve m'ayant rejoint « sans tentes. Mon quartier-général sera demain à « Montigny ; après-demain à Chaumont. »

Depuis ce matin, nos interminables convois traversent la Moselle, et le mouvement de retraite, ordonné hier, est en pleine exécution. J'ai dit précédemment ce que je pensais de la retraite sur Châlons; je crois encore, pour les raisons déjà exposées, que nous devrions rester à Metz, en y opérant contre l'ennemi, et en donnant ainsi au pays surpris le temps de s'organiser. Mais, il est évidemment nécessaire pour cela que notre camp retranché renferme des approvisionnements de vivres et de munitions, en quantités suffisantes. Or, nous apprenons aujourd'hui que l'on n'a pas pris cette sage précaution. Si cette triste vérité, la seule qui pût nous obliger à nous éloigner, est nettement connue des chefs de l'armée depuis quelques jours, il y a lieu de regretter qu'ils ne se soient pas décidés à partir, dès que nos troupes ont été concentrées sous Metz; nous ne serions pas ainsi exposés à rencontrer l'ennemi sur la route de Verdun. Après avoir voulu s'éloigner trop tôt dès le 8, on commet la faute de se mettre en marche trop tard.

Il faut dire, du reste, pour rendre justice à tout le monde, que la responsabilité de ces mauvaises combinaisons ne doit pas retomber sur le maréchal Bazaine. Investi du commandement en chef *de toute l'armée du Rhin*, le 12 seulement, il ne put donner que le 13 les ordres, aujourd'hui en voie d'exécution. Toutefois, il eut le tort de ne pas faire réduire impitoyablement les bagages, notre plaie jusqu'au dernier jour; ils ralentissent, le 14 et le 15, notre marche, qui aurait dû être si rapide, et, suivant une expression qui se trouve sur toutes les lèvres, ils nous donnent l'aspect de « l'armée de Darius. »

Départ de l'Empereur. — Vers midi, un escadron de guides, les cent-gardes et les voitures impériales se réunissent sur la place de la préfecture : l'Empereur va partir. Rien de plus lugubre que ce spectacle, devant lequel la foule reste triste et silencieuse : Ce sont les adieux de Fontainebleau, disent les uns; c'est une fuite, disent les autres; c'est, il faut en convenir, une grande tristesse.

Singulier retour de la fortune! Ce monarque, qui s'éloigne ainsi avec son fils, sans provoquer sur son passage la moindre manifestation, n'était-il pas acclamé, il y a peu de mois encore, par des millions de voix qu'il comptait avec orgueil? Cette armée, qui se retire au premier choc de l'ennemi, ne l'avait-on pas vue naguère se porter à la frontière, avec une confiance et une fierté, que pouvaient se permettre les vainqueurs de Sébastopol et de Solferino? Quels changements? que de sujets de découragement pour les plus fermes s'ils ne tenaient leur cœur bien haut; si, malgré nos malheurs et nos fautes, ils n'espéraient contre toute espérance! Non, nous le croyons fermement, il n'est pas possible que cette belle race française, qui a rendu de si réels services à l'humanité, succombe sous la force, et cesse jamais d'être une grande nation.

Combat de Borny (ou Metz, ou Pange). — Vers 4 heures du soir, une partie de nos troupes avait déjà traversé la Moselle; le 3e corps et la garde allaient à leur tour se mettre en marche, lorsque l'ennemi « croyant s'apercevoir de notre mouvement de « retraite » se décide à en retarder l'exécution. Il lance, à cet effet, le VIIe corps contre le général Decaen, qui fait volte face, et prend position avec ses troupes de la manière suivante :

La première division appuie sa droite à la route de Strasbourg, en avant de Grigy, sa gauche au bois de Borny; la 2e s'établit sur le plateau qui est au Nord d'Ars-Laquenexy et de la Grange-aux-Bois, s'étendant jusqu'au château d'Aubigny; la 3e, la droite en arrière de Colombey, se prolonge à gauche jusqu'à la route de Sarrelouis; enfin, la 4e continue la ligne depuis cette route jusqu'au ravin de Vallières. Toutes ces troupes sont disposées sur deux lignes, l'une déployée, l'autre en colonnes par division. Le VIIe corps prussien se dirige d'abord sur les divisions Metman et de Castagny, tandis qu'à sa droite le Ier corps attaque la division Grenier, restée seule sur les lignes du 4e corps, du village de Mey à la petite chapelle de la Salette. Les Ire et 3e divisions de cavalerie ennemie appuient sur les flancs cette double attaque, et le dernier corps de Steinmetz (le VIIIe) reste en réserve, tandis qu'à l'extrême gauche de l'ennemi, le IXe corps, de la 2e armée, s'avance par la route de Strasbourg, afin de couvrir le mouvement tournant de six autres corps de cette dernière armée, au sud de la ville. Cette première tentative des Prussiens est repoussée, et la garde se porte en réserve de nos premières troupes, en avant du chemin de Borny à Vantoux. Sur la gauche, le général de Ladmirault, qui présidait au passage de la Moselle par les 1re et 3e divisions de son corps d'armée, prévenu de l'attaque dirigée contre le général Grenier, donne sans retard l'ordre à ces deux divisions de se reporter sur la hauteur, et y dirige également son artillerie de réserve; la division de Cissey, engagée dans la descente qui conduit aux ponts de bateaux de l'île Chambière, jette ses sacs à terre, et, gravissant au pas de course la côte de Saint-Julien, vient remplacer la division Grenier qui descend à droite et un peu en arrière vers le ravin de Vantoux. Aussitôt, le 20e bataillon de chasseurs s'élance avec beaucoup de vigueur dans le petit bois de Mey qui commençait à être occupé par les tirailleurs ennemis et s'en empare; puis, la 3e division entre à son tour en ligne plus à gauche, et parvient à repousser de nouvelles tentatives des Prussiens, au Nord de la route de Sainte-Barbe. La lutte se prolonge jusqu'à la nuit; deux fois encore l'ennemi renouvelle ses assauts, mais sans pouvoir nous déloger de nos lignes; il est même, vers 8 heures, rejeté très vivement sur la gauche par une charge à la baïonnette, et forcé de se retirer dans ses positions, où nous n'avions évidemment pas mission de le poursuivre, puisque nous devions continuer le mouvement de retraite, commencé depuis le matin par toute l'armée.

Ce fut un véritable succès, mais chèrement payé par la blessure mortelle du brave général Decaen, un des chefs les plus justement estimés de notre armée. Les Prussiens prétendent avoir remporté ce jour-là une éclatante victoire, et nous avoir rejetés jusqu'à Bellecroix et Borny, où se trouvaient nos réserves; ils vont même jusqu'à déclarer que nos troupes ont été reconduites jusque sous les glacis des ouvrages avancés; l'examen de la carte prouve que cela était tout simplement impossible. Ce qu'il y a de certain, c'est que nous n'avons pas été délogés de nos bivouacs, que nos troupes y ont passé une partie de la nuit, et qu'elles ont tranquillement continué, au moment voulu, la manœuvre prescrite. Les Prussiens sont fondés à dire toutefois, et nous ne le leur contestons pas d'ailleurs, que, par cette attaque sur nos troupes d'arrière-garde, ils ont ralenti notre marche, et permis à la 2e armée d'effectuer son mouvement tournant, et de gagner la route de Metz-Verdun. Il faut ajouter cependant que nos bagages ne nous auraient pas permis une marche beaucoup plus rapide.

Quoi qu'il en soit, la tristesse, que nous avions ressentie toute la journée, par suite de notre départ, s'était, le soir, changée en joie; l'ennemi nous avait attaqué avec des forces supérieures, et n'avait pu nous faire reculer de nos anciennes positions. C'est ce que l'on est autorisé à considérer partout comme une victoire, quelles que soient les conséquences de la lutte. Nos hommes, dans tous les cas, avaient repris confiance, et descendaient gaîment vers le Ban-Saint-Martin. La satisfaction n'était pas moins grande au quartier-impérial à Longeville; aussi, l'Empereur reçut-il avec faveur le commandant en chef, qui se rendait à Moulins, et, lui tendant la main : « Eh bien, maréchal, lui dit-il, vous avez donc « rompu le charme? »

15 août[1]. — Les convois se sont mis en route au jour; ils comprennent, outre les voitures régimentaires, déjà trop nombreuses, une quantité effrayante de voitures du pays, que nous appelons *arabas*, en souvenir des chariots turcs. Ces arabas, attelés de deux à quatre chevaux, doivent, d'après les prescriptions du maréchal, être placés en dehors de la route, et être renvoyés sous Metz; la première partie de l'ordre est exécutée, mais le soir tous les transports, retirés ainsi du convoi par les officiers d'état-major, se placent tranquillement à la suite du train régulier, et nous arrivent à Gravelotte, après un défilé, qui dure toute la nuit. Les difficultés, occasionnées dans la marche par tous ces *impedimenta*, et le combat de

[1] Il n'est pas sans intérêt d'indiquer ici, d'après les rapports des Prussiens, l'emplacement de leurs divers corps dans ces jours importants du milieu d'août. Le 15, l'ennemi croyant à la possibilité d'une attaque de notre part en avant de Saint-Julien et de Queuleu, la première armée resta, avec ses trois corps et ses deux divisions de cavalerie, sur la rive droite de la Moselle, devant la place. De la 2e armée, dont le quartier-général était à Pont-à-Mousson, trois corps avaient déjà atteint cette rivière : le IVe à Marbache, la garde à Dieulouard, le Xe à Pont-à-Mousson, que son avant-garde avait même dépassé ; les 4 autres étaient encore en arrière, savoir : le IIIe à Cheminot, sur la Seille, les IXe et XIIe à Buchy et Solgne, sur la route de Strasbourg, le IIe arrivait seulement à Han-sur-Nied. La 6e division de cavalerie couvrait le mouvement à droite vers Metz, la 5e l'éclairait en avant à Thiaucourt, et jetait déjà des patrouilles sur la route de Metz-Verdun, que nous voulions suivre. Ce même jour, le Prince royal établissait son quartier-général à Lunéville.

Borny nous ont empêchés hier d'atteindre le plateau de Gravelotte, ainsi que le voulaient les instructions du 13; d'après ces mêmes instructions, la division du Barail, suivie des 3e et 4e corps, devait prendre la route de Doncourt, tandis que la division de Forton s'avancerait à gauche, avec les 2e et 6e corps, vers Mars-la-Tour. Quant à la garde, elle restait encore aux ordres de l'Empereur.

Aujourd'hui, les dispositions, prescrites verbalement à Moulins, sont les suivantes : « Le 4e corps ira « à Doncourt, le 3e, derrière lui, s'arrêtera à hauteur « de Verneville, et campera à cheval, sur la route, le « long de la ligne Verneville-St-Marcel, pour faire « face à droite[1]. Il gardera le bois Doseuillons. Le « 2e corps, dès qu'il verra la tête du 6e, continuera « sa marche jusqu'à Mars-la-Tour, et sera remplacé « à Rezonville et Vionville par ce dernier corps. « Une division de voltigeurs et deux batteries pren- « dront position au Point-du-Jour, pour couvrir au « besoin la retraite ; le reste de la garde s'établira à « Gravelotte, laissant à Longeville un régiment « jusqu'à ce que toute l'armée ait défilé. La cavalerie « de Forton se placera à Tronville, et éclairera l'ar- « mée à gauche et en avant sur la route de Saint- « Mihiel ; la division du Barail fera le même service « sur l'autre route de Verdun par Jarny. »

Pendant que ce mouvement s'exécute avec une extrême lenteur, le fort Saint-Quentin lance quelques projectiles contre l'ennemi, qui vient de con-

[1] On ne savait pas encore si l'on n'aurait rien à craindre du côté du Nord, et l'on redoutait une marche de l'armée de Steinmetz, entre Metz et Thionville.

duire des pièces de campagne en avant de Montigny, et, au milieu du bruit de la canonnade, on entend sauter le pont du chemin de fer à Longeville, détruit par ordre du commandant en chef. Il est regrettable que l'on n'ait pas songé à rompre également, depuis quelques jours, celui d'Ars, dont on laisse ainsi la libre jouissance à l'ennemi.

Cependant le général de Forton, qui ouvre la marche sur la route de Mars-la-Tour, rencontre au-delà de Vionville de la cavalerie ennemie, accompagnée d'artillerie et même d'infanterie, dit le rapport de ce général ; il s'arrête devant ces forces, et attend le général Frossard, qui vient s'établir à hauteur de Rezonville, à gauche de la route, tandis que le 6e corps se place à droite et sur la même ligne. La garde, dont les derniers régiments arrivent au milieu de la nuit, s'installe ainsi que la réserve d'artillerie et les parcs, en avant de Gravelotte, où est l'Empereur. Sur la route de Doncourt, la division du Barail parvient bien à Jarny, mais le 4e corps, retardé par le combat du 14, ne peut pas atteindre la position qui lui a été assignée ; il en résulte que, contrairement à l'ordre de mouvement, il se trouve précédé, par le 3e corps, dont trois divisions arrivent entre St-Marcel et Verneville, mais seulement à dix heures du soir ; quant à la dernière, la division Metman, elle ne rallie que le lendemain, ainsi que la cavalerie du général de Clérembault, restée aux portes de la ville. Ces retards regrettables, et la présence de l'ennemi ne permettent pas de se porter plus en avant aujourd'hui ; le maréchal, qui voulait établir son quartier-général à Rezonville, reste à Gravelotte, et envoie le soir à ses commandants de corps l'ordre suivant : « La soupe sera mangée demain matin, à « 4 heures; l'on se tiendra prêt à se mettre en route « à 4 heures et demie, en ayant les chevaux sellés et « les tentes abattues. Les 2e et 6e corps doivent « avoir 30,000 hommes devant eux; ils s'attendent « à être attaqués demain[1]. »

16 août. — L'Empereur part à 6 heures du matin par la route de Conflans; il emmène avec lui la brigade de cavalerie de ligne de la garde, et la fait relever à Doncourt par la brigade Marguerite, composée des 1er et 3e chasseurs d'Afrique, qui escortent le souverain jusqu'à Verdun, et ne pourront plus revenir parmi nous. Quelques heures plus tard, la route était coupée par la cavalerie ennemie. Pendant que l'Empereur se dirigeait ainsi vers l'intérieur pour organiser l'armée de secours, les 1er et 5e corps continuaient péniblement leur route vers Châlons; ce dernier était à Chaumont, « où il était obligé de faire « séjour le 17, après les marches forcées, exécutées « depuis le 5, » écrivait le général de Failly. Quant au maréchal de Mac-Mahon, il télégraphie aujourd'hui au ministre et au maréchal Bazaine : « Trois « de mes divisions vont par voie ferrée sur Châlons, « mais sans artillerie et sans réserves division« naires; les deux autres, toute l'artillerie et toute

[1] De fait, le général de Forton n'avait eu devant lui que la 5e division de cavalerie prussienne, envoyée en reconnaissance avec son artillerie, et soutenue, à une grande distance (à Thiaucourt), par une brigade de la 19e division du Xe corps.

« la cavalerie se dirigeaient également sur ce point, « lorsqu'à Joinville le commandant du camp m'a « prévenu que Bar-le-Duc était occupé par l'ennemi, « et qu'il avait des craintes pour Blesmes. Dans cette « situation, me voyant dans l'impossibilité de faire « marcher mon artillerie assez vîte, pour lui faire « gagner du terrain avant l'ennemi, je me suis « rabattu, avec tout ce que j'ai en arrière, sur Bar- « sur-Aube, où sera demain toute la cavalerie. Je « pense qu'il y aura lieu de diriger tout ce qu'il me « reste d'infanterie par chemin de fer sur Paris, d'où « elle pourra revenir sur Châlons, s'il y a lieu. L'ar- « tillerie et la cavalerie iront par terre à Bar-sur- « Aube, puis dans la direction de Méry-sur-Seine, à « moins que l'on ne mette à leur disposition les « wagons nécessaires pour prendre les voies ferrées. « J'attends vos ordres à Bar-sur-Aube. »

Au quartier-général de Gravelotte, le maréchal Bazaine dicte, dans la matinée du 16, les instructions suivantes : « Faites faire les distributions selon « les ressources envoyées par l'intendant-général. « Toutes les voitures civiles devront être renvoyées « en arrière de Gravelotte avec les malades. S'as- « surer du complet des cartouches, et compléter les « parcs divisionnaires, si cela est nécessaire. Dès « que les reconnaissances seront rentrées, et que tout « indiquera que l'ennemi n'est pas en force à proxi- « mité, on pourra dresser de nouveau les tentes, « mais les hommes ne devront aller à l'eau que par « corvées. Joindre des vedettes aux grand'gardes « pour être prévenus de l'approche de l'ennemi. Nous

« partirons probablement dans l'après-midi, dès que « je saurai que les 3e et 4e corps sont arrivés à notre « hauteur en totalité. »

On écrivait, en outre, au maréchal Le Bœuf, qui, depuis la veille, avait pris le commandement du 3e corps, en remplacement du général Decaen : « Sur votre demande, je suspends jusqu'à cet après- « midi la marche de l'armée. Faites rallier sans re- « tard les divisions en arrière..... Il n'y a pas d'en- « nemi sur votre droite; le danger pour nous est « vers Gorze ; faites donc reconnaître les routes sur « votre gauche, afin de venir vous mettre en seconde « ligne derrière les 2e et 6e corps, dans le cas d'un « combat aujourd'hui. »

Les reconnaissances et les espions disaient, en effet, qu'aucun ennemi ne se montrait vers le Nord, tandis qu'on signalait au Sud une force de 25,000 hommes se dirigeant par Gorze sur Mars-la-Tour[1].

[1] Les Prussiens, ayant acquis, le 15, la certitude que nous battions en retraite du côté de Verdun, prennent, pour le 16, les dispositions suivantes : les sept corps de la 2e armée, dont le quartier-général est à Pont-à-Mousson, se porteront : le IIIe et la 6e division de cavalerie, par Novéant et Gorze sur Mars-la-Tour et Vionville; le Xe et la 5e division de cavalerie, avec la brigade de dragons de la garde, continueront leur marche sur Verdun jusqu'à St-Hilaire; le XIIe ira de Noméńy à Pont-à-Mousson, avec avant-garde à Regniéville-en-Haye, la garde à Bernécourt, avant-garde à Rambucourt; le IVe corps, vers les Saizerais, avant-garde à Jaillon, sur la route de Toul; le IXe, à Sillegny pour suivre, le 17, les traces du IIIe corps; et le IIe, à Buchy, avec ordre de franchir la Moselle le lendemain. Dans la 1re armée, le 1er corps restait en position devant Metz avec la 3e division de cavalerie, les VIIe et VIIIe corps devaient s'établir, avec la 1re division de cavalerie, sur la ligne Arry-Pommerieux. — Le quartier-royal était encore à Herny, celui du Prince

C'étaient les troupes du IIIe corps et la 6e division de cavalerie, qui se dirigeaient sur ce dernier point en vertu des ordres du prince Frédéric-Charles, tandis que la 5e division de cavalerie, qui avait rencontré la veille la division de Forton, et était venue bivouaquer à Xonville, cherchait avec le Xe corps à nous précéder sur la route de Verdun, vers Saint-Hilaire.

Bataille de Rezonville (ou Vionville, ou Mars-la-Tour). — Le général von Alvensleben 2e, commandant le IIIe corps, apprenant pendant sa marche que l'on apercevait près de Tronville et de Vionville des avant-postes français, et plus en arrière, à proximité de cès villages, de nombreuses tentes, résolut de nous attaquer sans retard. En conséquence, il fit prescrire au commandant de la division d'infanterie qui tenait la tête, de s'avancer rapidement jusqu'au plateau, d'y prendre une bonne position, et d'y attendre l'entrée en ligne de la division de cavalerie du duc Guillaume de Mecklembourg-Schwerin.

Vers 9 heures, cette cavalerie parvenait sur la hauteur, et s'élançant, sans plus tarder, contre nos avant-postes, elle contraignait à une retraite précipitée, à travers le 2e corps, les divisions de Forton et de Valabrègue[1], que les obus de l'ennemi étaient venus surprendre jusque dans leurs camps, à Vionville. Les troupes du général Frossard, un moment ébranlées par ce passage subit de nos cavaliers,

royal à Nancy, et les troupes de la 3e armée, portées déjà jusqu'à Bar-le-Duc, ainsi que le signalait le maréchal de Mac-Mahon.

[1] Division de cavalerie du 2e corps.

n'eurent que le temps de prendre les armes et de s'établir, à gauche de la route, de la manière suivante :

La division Bataille à 1,500 mètres en avant de Rezonville, sur les hauteurs qui dominent le hameau de Flavigny; la division Vergé à sa gauche, et un peu en arrière, sur le même mouvement de terrain, la brigade Lapasset, face à gauche en retour, à la tête du défilé de Gorze, observant les bois de Saint-Arnould et des Ognons.

Le 6e corps est à la droite du 2e, en avant de Rezonville; il s'étend de la route à Saint-Marcel, avec la division Lafont de Villiers contre la chaussée, le 9e de ligne, de la division Bisson, à sa droite, et la division Tixier vers Saint-Marcel; quant à la division Levassor-Sorval, elle forme, en arrière de la brigade Lapasset, une deuxième ligne parallèle à la route de Verdun.

Au bruit du canon, le maréchal Bazaine monte à cheval avec son état-major, et, sans se préoccuper du désordre causé par des dragons, qui ont battu en retraite jusqu'à la maison de poste, il s'arrête sur la hauteur, située entre cette maison et le bois de la Jurée, afin d'y constituer un solide point d'appui aux troupes de première ligne. A cet effet, il place les zouaves de la garde contre la route, de l'artillerie à leur droite pour battre le ravin qui passe entre les bois de Saint-Arnould et des Ognons[1], et qu'il juge propre aux surprises : il fait descendre une brigade de cavalerie

[1] Nous désignerons sous le nom de la Jurée ce ravin, qui, venant du bois de ce nom, débouche dans celui de Gorze.

de la garde dans cette vallée, au coude que fait la voie romaine. Le maréchal prescrit ensuite au général Bourbaki de porter la division de voltigeurs vers la position élevée de la Malmaison[1], et la division de grenadiers vers le bois des Ognons, afin de défendre au besoin Gravelotte, s'il était nécessaire de protéger la retraite. Puis, ayant envoyé un officier au maréchal Le Bœuf pour l'inviter à se diriger sur sa gauche, afin de prendre l'ennemi de flanc, et comptant d'ailleurs sur le général de Ladmirault, pour accourir au bruit du canon, et soutenir le mouvement du 3e corps, le maréchal se porte sur le front des divisions Vergé et Bataille.

Cependant, du côté de l'ennemi, la division von Buddenbrock, parvenue à Tronville, avait tourné à droite et, soutenue par ses quatre batteries, bientôt renforcées de l'artillerie du corps, elle avait occupé, vers 10 heures et demie, la hauteur cotée 285, puis Vionville et Flavigny. L'autre division du IIIe corps, arrivée sur le plateau par la route de Gorze-Vionville, s'était arrêtée au nord de cette route avec son artillerie et un détachement du Xe corps, qui s'était joint à elle, et avait pris possession également du bois de Vionville. Toute l'artillerie du IIIe corps, maintenant en ligne, reliait les deux divisions ennemies, et couvrait de projectiles les troupes du général Frossard, repliées entre Flavigny et Rezonville. La division de cavalerie du duc de Mecklenbourg appuyait le général von Buddenbrock, tandis que

[1] La moitié du bois de la Jurée vers l'Est est coupée.

celle du général von Rheinbaben, dirigée à 9 heures et demie de Puxieux sur Tronville avec quatre batteries à cheval, couvrait, vers la route, la gauche de ce même général.

Il était 11 heures et demie, et une brigade du Xe corps prussien (colonel Lehmann, de la 19e division) entrait en ligne à Vionville, lorsque le maréchal Bazaine, parvenu devant le 2e corps, apprend les deux attaques exécutées une heure auparavant contre le général Frossard, l'une sur sa gauche par le bois de Vionville, l'autre sur sa droite en avant du village du même nom, et s'étendant jusque sur le front du 6e corps. Ces attaques avaient été repoussées de tous côtés, et l'ennemi se bornait en ce moment à canonner, avec vingt batteries, les troupes françaises, disposées en avant de Rezonville. Pour les contrebattre, le maréchal appelle à lui les batteries de 12 de la réserve générale, et, décidé à rester sur la gauche pour surveiller les entreprises, que l'ennemi peut faire de ce côté à l'abri des grands bois qui s'y trouvent, il donne des ordres pour que sa droite soit complétement garantie de toute surprise, en envoyant la division de Forton contre le bois situé au sud de Villers. Cette division, qui s'établit près de la voie romaine, vers la cote 311, devra charger, dès que l'occasion s'en présentera.

Le feu nourri de plus de cent pièces ennemies n'avait pas empêché les divisions du 2e corps de maintenir leurs positions, lorsque, vers midi et demi, le général Bataille ayant été blessé, sa division vint à plier devant une attaque nouvelle des Prussiens; elle se retire, et entraîne avec elle une partie de la division Vergé, dont la gauche seule reste en position, appuyée à la brigade Lapasset, qui tient ferme. Le maréchal venait, à ce même moment, sur la demande du général Frossard, de donner l'ordre au 3e lanciers et aux cuirassiers de la garde de se porter en avant de Rezonville, pour protéger le mouvement de retraite du 2e corps. Le premier de ces régiments reprenait à peine position en avant de Rezonville, après avoir chargé une première fois avec le plus grand élan, un peu plus à gauche, sur le chemin de ce village à Chambley; il se jette, suivi immédiatement par le régiment de cuirassiers de la garde, dans la direction de Flavigny, que couvraient des troupes d'infanterie; celles-ci attendirent nos cavaliers lancés de trop loin, et, avant d'être abordées par eux, les accueillirent par une vive fusillade, qui les obligea à faire demi-tour. Afin de protéger leur ralliement, le maréchal avait fait avancer sur la ligne de bataille une batterie de la garde, et il était au milieu des pièces avec son état-major, suivant avec attention le mouvement rétrograde de nos cavaliers, déjà parvenus à sa hauteur, lorsque, tout à coup, on aperçut, au milieu d'eux, et bientôt sur nos canons mêmes, des hussards prussiens dont nul ne soupçonnait l'approche [1]. Aussitôt les pièces fort

[1] D'après le rapport du Xe corps prussien, ce seraient les 11e et 17e hussards de la division von Rheinbaben, qui auraient fourni cette charge. Il est malheureusement très difficile de décrire, avec quelque précision, ces épisodes nombreux de l'action de la cavalerie, qui a très brillamment combattu des deux côtés dans cette journée; le rapport d'ensemble de la 2e armée prussienne passe très rapidement sur ces faits intéressants, et surtout il fait à peine mention de la charge des 7e cuirassiers et

aventurées, sans tirailleurs sur leur front, sans soutien derrière elles cherchent à atteler et à se retirer, entraînant dans leur mouvement tous les officiers, qui mettent l'épée à la main. Le maréchal galope côte à côte avec un officier ennemi, qui ne se doute guère de la bonne prise qu'il pourrait faire. Tout cela dure à peine un instant; l'escorte du commandant en chef, laissée en avant de Rezonville, se précipite à la vue de ce désordre, sabre les cavaliers ennemis et reprend les pièces qu'ils cherchent à enlever.
« L'hésitation, qui se manifesta à ce moment dans les « lignes prussiennes, permit au maréchal de faire « arriver la division Picard, des grenadiers de la « garde, qui se porta en avant sous les ordres même « du général Bourbaki, relevant les divisions Vergé « et Bataille, et prenant position à droite et à gauche « du village de Rezonville. »[1]

De son côté, l'ennemi avait porté une partie de la 6e division et la brigade Lehmann dans les bois, situés au nord-ouest de Vionville, tout en tenant toujours par sa droite ce dernier village et Flavigny. Le général von Buddenbrock avait envoyé les troupes du Xe corps à l'ouest du bois pour répondre à un corps français, dont on commençait à annoncer l'entrée en ligne dans la direction de Bruville, et il s'était dirigé lui-même sur la lisière Est avec son monde. Un combat opiniâtre s'engagea dans le bois, « combat « meurtrier, dit le rapport prussien, parce qu'une « batterie française, postée contre la voie romaine,

16e ulans, qui fut si glorieuse pour nos cavaliers, si meurtrière pour leurs adversaires.

[1] Rapport officiel français.

« tirait avec beaucoup de succès dans le bois et sur « les pièces prussiennes de Vionville. » Le général ennemi tenta de faire reculer cette batterie; mais aussitôt, la division Tixier, détachant la brigade Péchot dans le bois Sud de Saint-Marcel, annula ces nouveaux efforts, tandis que, plus à gauche, les généraux Bisson et Lafont de Villiers obtenaient même succès, et contraignaient l'ennemi à se borner à une canonnade, qui parut même cesser vers 2 heures de l'après-midi.

A ce moment, croyant remarquer que les Prussiens préparaient encore un assaut de nos lignes dans la direction de Rezonville, la clef de notre position, le maréchal Bazaine fit arrêter le mouvement offensif que le 6e corps prononçait après son succès, et prit des dispositions pour résister aux projets de l'ennemi. A cet effet, le 3e grenadiers de la garde vint relever la division Levassor-Sorval, qui envoya une brigade à gauche du reste de la division Picard, sur les crêtes en face de Vionville Les grenadiers ont été remplacés eux-mêmes par les voltigeurs, sur la rive gauche du ravin de la Jurée, et contre le bois des Ognons, dans lequel s'établissent les chasseurs à pied de la garde, tandis que les deux divisions du 2e corps se reforment en face de la gorge d'Ars et vers Gravelotte, points par lesquels on pourrait craindre d'être tournés.

L'attaque prévue de l'ennemi se prononce en effet un peu après deux heures; elle échoue au centre devant l'attitude de la division de grenadiers et du 6e corps, mais elle est très vive sur notre droite, où, du reste, d'après le rapport prussien, devait être dirigé l'effort principal. Voyant ses troupes toujours incommodées par l'action des pièces d'artillerie qu'on avait déjà cherché à aborder contre la voie romaine, et « jugeant que cette action pourrait devenir très « dangereuse, combinée avec un mouvement tour- « nant, dont la division von Buddenbrock était me- « nacée sur son aile gauche, par l'arrivée de nou- « velles troupes, » le général von Alvensleben 2e, ordonne à deux régiments de la division von Rheinbaben, le 7e cuirassiers et le 16e ulans, de tenter de déloger ces pièces. Ils s'élancent bravement à l'attaque de la position, traversant nos lignes, et, dès qu'ils sont parvenus sur la hauteur, qui leur cachait la division de Forton, nous les voyons redescendre de toute la vitesse de leurs chevaux le long des bois Sud de Villers. L'occasion était des plus favorables pour notre cavalerie ; elle s'ébranle aussitôt en brandissant ses sabres ; notre brigade de dragons, puis le 7e cuirassiers français pénètrent dans cette masse, stupéfaite de cette rencontre inopinée ; deux escadrons du 10e cuirassiers la prennent en queue, et la mettent dans une déroute complète, après lui avoir fait éprouver les plus grandes pertes.

Bien que la droite eût été ainsi complétement dégagée par les charges de la division de Forton, on attendait avec impatience l'arrivée du maréchal Le Bœuf sur le flanc gauche des Prussiens ; déjà, il était signalé avant ce brillant engagement de cavalerie, lorsque, après deux heures, il apparut enfin, et, faisant un changement de front avec Saint-Marcel comme pivot, il attaqua l'ennemi et contraignit la brigade Lehmann à évacuer la partie du bois qu'elle occupait; à gauche, il se reliait à la division Tixier, à droite au 4e corps, dont la division Grenier arrivait en ligne, vers trois heures, par Bruville[1].

Notre ligne de bataille paraissant très assurée sur la droite, le maréchal Bazaine, toujours préoccupé d'une surprise de l'ennemi par les ravins qui se jettent dans la Moselle à Ars et à Noveant, fait dire au maréchal Le Bœuf de maintenir fortement sa position avec la division Nayral (ancienne de Castagny), de se relier au 6e corps par la division Aymard, (ancienne Decaen), et de lui envoyer à gauche la division Montaudon. Cette dernière se dirige aussitôt de Villers-aux-Bois sur la maison de poste, et s'engage, au milieu des bois, dans le ravin, qui aboutit à Ars; mais, sur une reprise de l'offensive ennemie au Sud de Rezonville, le commandant en chef appelle à lui cette division, et la dirige, avec des grenadiers de la garde et les chasseurs à pied de la garde, sur la rive droite du ravin de la Jurée vers la cote 308, tandis qu'il place, sur la rive gauche, en face du bois des Ognons, une batterie de mitrailleuses, destinée à enfiler le ravin et à arrêter les entreprises des Prussiens de ce côté.

A l'extrême droite, la division Grenier s'était avancée de Bruville, mais elle avait rencontré de ce côté des troupes fraîches : l'autre brigade (38e) de la division du général von Schwartzkoppen, du Xe corps, arrivée depuis trois heures, et la 20e division du même corps survenue peu après; ce qui plaçait, sur la

[1] Le 4e corps avait bivouaqué, le 15, à Woippy.

gauche, pour combattre les troupes du général de Ladmirault, ce corps prussien tout entier, soutenu par une artillerie nombreuse, et en position au nord de la route de Vionville à Mars-la-Tour.

Vers 4 heures, le général von Kraatz engagea le plus gros de ses forces dans le bois N.-O. de Vionville, tandis que la 38e brigade se portait par Mars-la-Tour sur la division Grenier, entre ce bois et la ferme Greyère. Cette division française venait d'être relevée par la division de Cissey, accourue à marches forcées au bruit du canon, en devançant un long convoi qui la précédait. L'ennemi franchissait le grand ravin situé au Sud de la ferme Greyère, et ses tirailleurs étaient à moins de 40 mètres des nôtres, lorsque les troupes de la division de Cissey, s'élançant à leur rencontre, franchissent le ravin, abordent l'infanterie prussienne, détruisent le 16e régiment d'infanterie ennemi, et lui enlèvent son drapeau[1]. Devant cette attaque vigoureuse, « les régiments du Xe corps », dit le rapport prussien, « sont rejetés sur Tronville; la brigade de dragons « de la garde, à la vue des troupes qui faiblissent, « s'élance sur la droite française, mais elle éprouve « de grandes pertes. » Notre 1re division du 4e corps en effet, un peu désorganisée par son premier élan, s'était groupée autour des aigles, avait laissé passer l'ouragan, puis, fusillant après leur passage les dra-

[1] Nous avons lu plus tard, dans un journal allemand, que le lendemain 160 soldats seulement du 16e régiment se trouvaient à l'appel de ce corps, fort de 3,000 hommes la veille, et que même la plupart des présents étaient blessés.

gons en flanc et de revers, les avait détruits presque complètement.

Tandis que ces événements se passaient en face de notre 4e corps, la division von Buddenbrock conservait sa position au centre; mais, la batterie française de la voie romaine, gênant toujours sa gauche, le prince Frédéric-Charles, arrivé à 3 heures et demie sur le champ de bataille, avait lancé contre elle un bataillon du 35e qui, dit le rapport prussien, « l'avait forcée à s'éloigner. Quant à la division von « Stulpnagel, elle continuait à faire de grosses « pertes, et l'ennemi, *cherchant à la tourner*[1] par « les bois des Ognons et de St-Arnould, fut arrêté « par des fractions des VIIIe et IXe corps, arrivés en « ligne, vers 5 heures. » Ces troupes furent dirigées, les premières par la côte Moussa et le bois de St-Arnould, dans la direction de Rezonville; les secondes dans les bois des Chevaux et des Ognons; l'artillerie des 16e et 25e divisions de ces corps, prenant les devants, vint rejoindre la division von Stulpnagel, et donner, vers 5 heures, une vivacité nouvelle au feu, qui avait été interrompu quelque temps.

D'après notre rapport officiel, ce feu devait préparer un nouveau mouvement offensif de l'ennemi; après deux heures de canonnade, ses réserves s'avancèrent en effet en grosses masses, une charge de cuirassiers fut faite sur la division Lafont de Villiers pour rompre notre centre; le 93e y perdit son aigle

[1] On a fait remarquer que la crainte des Français était précisément la même.

et un de nos canons fut enlevé; mais alors, la cavalerie de Valabrègue, qui était restée à hauteur de Rezonville, s'élança sur les assaillants, les repoussa et leur reprit ces trophées; quant à la division de Forton, reportée un peu en arrière vers 2 heures et demie, elle vint reprendre sa première position près du bois Sud de Villers. Enfin, le général Deligny reçut l'ordre de rejoindre, avec ses quatre bataillons restants, sa 2e brigade, qui avait déjà appuyé et relevé une partie des grenadiers sur la crête du ravin de Rezonville, tandis que le général Bourbaki rassemblait près du village 54 pièces, pour désorganiser les masses assaillantes.

« A notre gauche », dit le rapport français « l'en-« nemi tente vainement de déboucher par les bois « qu'il trouve fortement gardés; il veut alors s'a-« vancer par le ravin qui sépare les bois de St-Ar-« nould et des Ognons; mais nos mitrailleuses arrê-« tent toutes ses tentatives, en lui faisant subir des « pertes énormes. »

Sur notre droite, de l'autre côté du ravin qui va de Mars-la-Tour à Jarny, l'ennemi cherchait aussi, avec cinq régiments de cavalerie de la division von Rheinbaben et un régiment divisionnaire (13e dragons de la 20e division d'infanterie), à déborder la droite du général de Cissey, mais « le général de « Ladmirault, « dit ce même rapport, » le fait atta-« quer par la nombreuse cavalerie qu'il a lui-même « sous la main, et, après des charges successives, où « des deux côtés on se bat avec acharnement, l'en-« nemi se retire. La division de Cissey protège notre « ralliement, et par sa belle contenance, en impose

« à l'aile gauche prussienne, qui se met définitive-
« ment en retraite. »

Il aurait fallu, pour compléter la victoire, que les deux divisions du 4e corps[1], dépassant la route de Verdun, se fussent portées sur la hauteur de Tronville (cotée 285), clef de la position ennemie, afin de l'enlever ; la force de cette position et l'approche de la nuit ne le permirent point; on se contenta donc de rester sur tout le terrain, dont on avait délogé les Prussiens.

Il était 7 heures et demie; le feu avait cessé de toutes parts depuis une demi-heure, et la bataille semblait terminée, lorsque tout à coup la canonnade reprit avec une intensité nouvelle : « C'étaient, » dit notre rapport, « les Prussiens qui voulaient tenter un « dernier effort sur Rezonville, à la nuit close. » « C'était, » disent les Prussiens, « la dernière tentative des Français pour conquérir le champ de « bataille, ou un moyen imaginé pour couvrir leur « retraite. »

Devant des assertions aussi diverses, il est naturel de croire qu'à cause de la nuit, le feu avait dû être ouvert par erreur sur une partie quelconque de la ligne, et se propager aussitôt sur tout le front. Quoiqu'il en soit, le maréchal Bazaine fit placer les zouaves en travers de la route de Rezonville; le général Bourbaki reporta son monde en avant, et repoussa des régiments de cavalerie de la division

[1] La division de Lorencez de ce corps n'arriva pas en ligne sur le champ de bataille, pas plus que la division Metman du 3e corps.

du duc de Mecklembourg, puis le feu cessa complètement : il était 8 heures et demie ; la bataille était enfin terminée, après dix heures de lutte.

L'ennemi, dans sa résistance opiniâtre pour nous barrer la route de Verdun, qui restait en notre pouvoir, avait fait des pertes considérables ; il les évalue à 17,000 hommes : les nôtres, y compris les disparus, s'élèvent au même chiffre, dans lequel le 2e corps figure, à lui seul, pour 5,000 hommes.

Réflexions sur la journée du 16. — La bataille de Rezonville était une grande victoire pour nos armes, car nous étions restés maîtres du champ de bataille, et nous pouvions opérer notre retraite par les deux routes de Verdun ou par celle de Briey, située plus au nord. Malheureusement, nous allons le voir, nous n'avions ni vivres, ni munitions pour poursuivre, dès le soir même, ainsi que le désirait une partie de l'armée, les conséquences de notre succès. Toutefois, avant d'examiner ce point important de la question, je crois utile de montrer quelles furent pour nous les difficultés de cette sanglante journée.

Pendant la première partie de l'action, les Prussiens avaient amené, en avant de Rezonville, tout leur IIIe corps, une brigade du Xe, les 5e et 6e divisions de cavalerie, présentant quatorze régiments, sans compter les régiments divisionnaires, et au moins vingt batteries d'artillerie, soit environ de 40 à 45,000 hommes. Ils vinrent occuper sur notre flanc gauche, et bientôt sur notre front, une position dominante, de la cote 326, contre le bois de Vionville, à la hauteur 285, à l'Est de Tronville. Le peu de soin avec lequel nous étions éclairés, et l'insuffisance de nos reconnaissances avaient permis à ces troupes de surprendre deux divisions de cavalerie françaises, de les rejeter en désordre sur notre 2e corps et de s'établir immédiatement dans les villages de Vionville et de Flavigny. Par suite de cette occupation, la ligne de bataille ennemie, qui avait déjà un solide appui à droite au bois de Vionville, et, peu après, à gauche, à celui qui est entre ce dernier village et la voie romaine, se trouvait également bien soutenue sur son front.

En face de cette position se déployaient, de notre côté, aux premiers coups de canon : les deux divisions du général Frossard, surprises par cette irruption de l'ennemi; la brigade Lapasset, et, du 6e corps, les divisions Lafont de Villiers et Levassor-Sorval, puis le seul régiment de la division Bisson. Nous avions donc, autour de Rezonville, quatre divisions et demie, et deux divisions de cavalerie, rejetées violemment en arrière, ou 45,000 hommes, force insuffisante pour songer à une offensive sérieuse, tant que le reste de l'armée française ne se serait pas rapproché du théâtre du combat.

Ces autres forces étaient, outre les 3e et 4e corps, qui ne pouvaient entrer en ligne que fort tard, la division Tixier, du 6e corps, maintenue loin du champ de bataille, à Saint Marcel, pour donner la main au maréchal Le Bœuf, et les deux divisions de la garde, placées à Gravelotte, pour assurer notre ligne de retraite. Cette troupe d'élite fut bien amenée dans la journée en avant de Rezonville, pour relever le 2e corps, mais elle fut remplacée à

Gravelotte par les deux divisions de ce 2e corps, qui se retirait ainsi du champ de bataille.

De 3 à 4 heures commence la 2e partie de la journée par l'entrée en ligne de troupes fraiches, des deux côtés : les trois autres brigades du Xe corps, avec l'artillerie de ce corps et les dragons de la garde, arrivent sur la gauche ennemie, lui apportant un renfort de près de 25,000 hommes. Sur notre droite, apparaissent les 3e et les 4e corps, moins la division Montaudon, qui sera signalée tout à l'heure à gauche, où l'appelle le maréchal Bazaine, moins encore les divisions Metman et de Lorencez, qui n'arrivèrent pas à temps sur le champ de bataille ; par ce fait, les nouvelles troupes françaises se réduisent aux quatre divisions de Nayral et Aymard du 3e corps, Grenier et de Cissey, du 4e, auxquelles il convient d'ajouter maintenant la division Tixier du 6e corps, soit 50,000 hommes, avec les régiments de cavalerie amenés sur ce point. On voit donc que si, au centre, les forces en présence étaient à peu près égales. notre supériorité sur la droite était assez grande, et elle nous permit de rejeter le Xe corps sur Tronville, et de nous avancer jusqu'à hauteur de Mars-la-Tour, en menaçant ainsi la ligne de bataille ennemie de flanc et de revers. Le succès eut été plus considérable de ce côté, si les divisions assaillantes avaient pu agir simultanément sur la gauche prussienne, au lieu de faire des efforts isolés, par suite de leur entrée en ligne successive. Cependant, la division de Cissey, qui avait déterminé la retraite de l'ennemi, en lui infligeant de grandes pertes, aurait été en mesure de se porter au delà de la route de Verdun, et d'accentuer plus nettement encore le gain de la bataille, si la nuit ne fût venue, et si le maréchal Bazaine avait pu se transporter à la droite pour mieux juger de l'état des choses, et faire appuyer nos troupes victorieuses par des réserves.

Mais, depuis 5 heures surtout, le commandant en chef, qui avait toujours redouté avec raison une attaque sur sa gauche et sur sa ligne de retraite, était retenu contre le bois des Ognons par l'arrivée de nouvelles divisions ennemies, les 16e et 25e, venant avec 25,000 hommes fortifier la droite prussienne, dans les bois, vis à vis d'un point très vulnérable de notre position. On a vu que, pour s'opposer à ces nouvelles tentatives, le maréchal avait appelé à lui la division Montaudon et qu'il avait fait avancer, en outre, une partie des deux divisions reformées du 2e corps, soit trois divisions ou moins de 25,000 hommes, la garde ayant un très faible effectif[1]. C'était assurément suffisant pour contenir, à l'entrée de la nuit, le nouvel effort de l'ennemi sur notre ligne de retraite de Metz, mais non pour nous permettre de poursuivre sur la route de Verdun les succès obtenus par notre droite. Nous n'avions plus, en effet, comme troupes fraîches, que les divisions Metman et de Lorencez qui commençaient à apparaître à la Malmaison. En résumé, d'une part,

[1] Je compte ici les deux divisions de la garde, bien qu'elles aient été remplacées dans la journée à Gravelotte par les deux divisions du 2e corps; mais ces deux dernières ont déjà été comprises précédemment dans mes calculs.

90 à 95,000 Prussiens, pouvant être soutenus, le lendemain, par cinq corps ou 150,000 hommes, qui combattirent en effet, le 18, à Amanvillers; de l'autre, 120,000 Français, n'ayant plus en réserve que deux divisions, ou moins de 20,000 hommes; des blessés en grand nombre à relever; des munitions et des vivres à compléter; et une longue route à entreprendre vers l'intérieur, avec 8 à 9 corps sur leurs pas, voilà la situation vraie de cette soirée du 16.

Je crois donc que nous ne pouvions pas continuer notre mouvement. Nous aurions réussi à passer le 16 au soir, même le 17 au matin, car les premiers corps d'armée ennemis, arrivés, ce jour-là, sur le plateau (XIIe et garde), n'étaient à Mars-la-Tour qu'à 3 heures de l'après-midi; mais, après avoir forcément sacrifié tous nos bagages, nous aurions éprouvé un grave échec les jours suivants; nous aurions été très probablement rejetés vers le Nord, séparés du camp de Châlons, non encore reconstitué, et le but des marches du Prince royal; enfin Metz aurait été enlevé plus tôt. Aussi, ai-je toujours pensé que les Prussiens, en nous rejetant dans Metz, avaient commis une faute. Ils l'auraient payée cher, si nous avions su amener dans cette place des vivres pour plusieurs mois, et y agir sans cesse de façon à inquiéter les corps d'investissement. Nous étions tellement convaincus, le 16, que l'ennemi avait l'intention de nous couper la retraite sur le camp retranché, que nous avions constamment notre attention fixée sur les débouchés d'Ars; s'il fût venu de ce côté, il eût enlevé tous nos *impedimenta* et eût pu nous attaquer, le lendemain et le surlendemain, en rase campagne, avec les forces doubles, qui parurent à Amanvillers.

Ordre de retraite sur Metz. — Tous ces faits ne nous apparaissent pas du reste assez clairement, le 16 au soir, et, après le succès de la journée, chacun croyait à des dispositions pour continuer notre route dans l'intérieur, lorsque les ordres suivants furent expédiés dans la nuit par le quartier-général :

« Le défaut de vivres et de munitions après cette « journée nous oblige à rétrograder sur Metz. Le « 2e corps occupera la position entre le Point-du-Jour « et Rozerieulles; le 3e, à sa droite, à hauteur de « Châtel-Saint-Germain ; le 4e prolongeant le 3e jus- « qu'à Montigny-la-Grange ; le 6e à Verneville (puis « à Saint-Privat-la-Montagne, sur les observations « du maréchal Canrobert, qui se trouvait trop en « l'air) ; la cavalerie du Barail suivra le mouvement « de ce dernier corps, la cavalerie de Forton ira « s'établir en arrière du 2e ; la garde à Lessy et « Plappeville où sera le quartier-général. »

Il peut paraître étrange d'entendre dire que les troupes, à peine sorties de Metz, pour exécuter une longue route, manquaient déjà de vivres et de munitions. Il en était ainsi cependant, et, malgré tous les ordres donnés, voici quelle était exactement, *le* 16 *au matin*, la situation en vivres des 2e et 6e corps : le premier attendait les rations, que l'intendant devait envoyer de Metz, et il n'avait pas une journée complète de biscuit; pour le 17, rien autre chose que du riz; pas d'avoine, depuis le 14, pour le régiment de cavalerie de la brigade Lapasset[1]. Au 6e corps, l'intendant peut à peine donner un jour de biscuit; il n'a ni viande, ni café, ni sucre, ni sel, ni riz!

Voilà ce que j'affirme, sans pouvoir d'ailleurs expliquer comment, avec d'aussi misérables ressources, à quelques kilomètres de notre base d'opérations, et deux jours après l'avoir quittée, nous pouvions être embarrassés d'une file de voitures, qui a retardé notre marche de 48 heures et fait échouer notre tentative de retraite[2].

Pour les munitions, on comprendra mieux comment le combat de Borny et la longue bataille de Rezonville[3] avaient pu diminuer sensiblement les approvisionnements roulants; mais comment n'y en avait-il pas suffisamment à Metz, c'est ce qu'il est moins facile de justifier.

17 août. — *Exposé de la situation par le maréchal.* — La lettre suivante[4], écrite aujourd'hui par

[1] Le 3e lanciers, qui avait dû charger deux fois sur le champ de bataille de Rezonville.

[2] Tout le monde a pu constater, il est vrai, qu'une grande partie de ces arabas de réquisition étaient vides.

[3] Les Prussiens eux-mêmes ont éprouvé de grosses difficultés pour faire approvisionner leurs troupes sur le champ de bataille du 16, et cela, malgré l'excellente disposition de leurs colonnes, dites de munitions. Aussi, sont-ils très préoccupés de cette question devenue si importante, depuis que, des deux côtés, on fait usage d'armes à tir rapide. Nos embarras n'ont pas été moindres; et, une instruction, destinée à réglementer l'emploi des munitions, a dû être adressée, le 20 août, par le général Soleille, commandant l'artillerie, aux différents corps de notre armée.

[4] Cette lettre est extraite du « *Rapport sommaire sur les opérations de l'armée du Rhin, du* 13 *août au* 29 *octobre* 1870, » publié récemment par le maréchal Bazaine.

le maréchal Bazaine à l'Empereur et au ministre de la guerre, constate bien du reste cette double pénurie de nos approvisionnements :

« On dit aujourd'hui que le roi de Prusse serait à « Pange ou au château d'Aubigny, qu'il est suivi « d'une armée de 100,000 hommes, et qu'en outre « des troupes nombreuses ont été vues sur la route « de Verdun et à Mont-sous-les-Côtes.

« Ce qui pourrait donner une certaine vraisem- « blance à cette nouvelle de l'arrivée du Roi de « Prusse[1], c'est qu'en ce moment, où j'ai l'honneur

[1] En réalité, le roi de Prusse, qui avait visité le champ de bataille de Borny le 15, avait été également à Rezonville le 17, et était revenu le soir de ce jour au quartier-royal de Pont-à-Mousson. Quant aux différents corps de la 2e armée, ils recevaient, le 16 dans la nuit, pour le 17 au matin, les ordres suivants : IXe corps (18e div.) de Noveant au plateau de Rezonville; XIIe et garde, de Thiaucourt et de Bernecourt à Mars-La-Tour; IIe vers Pont-à-Mousson, IVe vers Sancey-Boucy, destiné au besoin à opérer sur Toul. Les VIIe et VIIIe corps (15e div.) de la 1re armée devaient suivre le IXe corps. « Le 17, à 4 heures du « matin, dit le rapport prussien, le prince Frédéric-Charles se « rendit sur le champ de bataille de Rezonville; les troupes « étaient en position. Du côté de l'ennemi, on entendait de nom- « breux signaux, et une ligne de tirailleurs se déployait par « Rezonville vis-à-vis de notre front; sous la protection de cette « ligne, les camps avaient été levés, et la plus grande partie des « troupes ennemies s'était mise en retraite sur Gravelotte. A 6 « heures, apparaissait la tête du IXe corps, à l'Ouest du bois de « Vionville; peu après, survint le Roi.

« La retraite de l'ennemi, ayant été constatée par des pa- « trouilles, on put permettre aux hommes de préparer leur repas. « A midi, l'ennemi avait pris position à l'Ouest de Gravelotte « avec son arrière garde, et, dans l'après midi, on apercevait « ses différents corps sur le plateau de Leipzig et de Moscou. « Dans la direction de Conflans, on voyait des nuages de pous- « sière et des troupes peu nombreuses en marche sur Verneville,

« d'écrire à Votre Majesté, les Prussiens dirigent « une attaque sérieuse sur le fort Queuleu ; ils au- « raient établi des batteries à Magny, à Mercy-le- « Haut et au bois de Pouilly ; dans ce moment, le « tir est même assez vif.

« Quant à nous, nos corps sont peu riches en « vivres ; je vais tâcher d'en faire venir par la route « des Ardennes, qui est encore libre. Le général « Soleille, que j'ai envoyé dans la place, me rend « compte qu'elle est peu approvisionnée en muni- « tions et qu'elle ne peut nous donner que 800,000 « cartouches, ce qui, pour nos soldats, est l'affaire « d'une journée. Il n'y a également qu'un petit « nombre de coups pour pièces de 4 ; et enfin, il « ajoute que l'établissement pyrotechnique n'a pas « les moyens nécessaires pour confectionner les « cartouches.

« Le général Soleille a dû demander à Paris ce « qui est indispensable pour remonter l'outillage ; « mais cela arrivera-t-il à temps ? Les régiments du « corps du général Frossard n'ont plus d'ustensiles « de campement, et ne peuvent faire cuire leurs « aliments. Nous allons faire tous nos efforts pour

« supposait-on. Il n'y avait donc pas lieu de croire à une attaque « de l'adversaire ; il n'y avait pas à y songer de notre côté pour « aujourd'hui, l'armée n'étant pas concentrée. La garde ne par- « venait à Mars-la-Tour qu'à 3 heures, ayant à sa gauche le « XIIe corps, arrivé un peu plus tôt. On donna l'ordre au « IIe corps d'accourir comme réserve à Buxières pour la bataille « remise au lendemain. » Quant aux VIIe et VIIIe corps, ils occupaient, le 17, les bois de Vaux et des Ognons, sur la droite de la 2e armée. Les Prussiens allaient donc avoir en ligne huit corps, le 18, pour attaquer nos lignes d'Amanvillers.

« reconstituer nos approvisionnements de toute « sorte, afin de reprendre notre marche dans deux « jours, si cela est possible. Je prendrai la route de « Briey. Nous ne perdrons pas de temps, à moins « que de nouveaux combats ne déjouent nos com- « binaisons. »

Pour ces raisons importantes, la retraite fut donc ordonnée, et elle commença le 17, dès le point du jour. Les troupes de droite gagnèrent leurs positions par Verneville; celles de gauche, par la route de Gravelotte. La division Metman, établie de la Malmaison au bois des Ognons, protégeait ce mouvement de retraite, qui dura une partie de la journée, et qui, par bonheur, ne fut pas inquiété. Notre interminable convoi, dont j'étais chargé de surveiller la marche, suivait la route, qui, de Gravelotte, descend dans le ruisseau de Mance, puis remonte sur le plateau de Rozerieulles; bagages régimentaires, caissons de munitions, voitures d'administration, transports de blessés, pièces d'artillerie et troupes se pressaient sur cette voie, presque sans issue à droite et à gauche, tout cela au milieu d'une confusion indescriptible. Si le prince Frédéric-Charles nous avait suivis, dès le matin, avec sa cavalerie et avec du canon, en s'avançant contre Gravelotte, si des tirailleurs de Steinmetz étaient apparus sur le flanc droit de la colonne, dans les bois de Vaux et des Ognons, qui n'étaient même pas gardés par les nôtres, nous aurions été témoins d'une affreuse panique et peut-être d'une déroute fatale. Heureusement, l'ennemi ne fit que de faibles démonstrations sur notre arrière-garde, et, à la nuit, toute l'opération était terminée. Cette prudence de sa part lui était commandée par son revers de la veille, et c'est pour nous la meilleure preuve qu'il se rendit parfaitement compte de sa défaite, malgré ses bulletins de victoire[1]. En outre, nous avons vu depuis, par la lecture des rapports officiels, dont je donne plus loin en note quelques extraits, que, le 17, et même le 18 encore, il ne faisait pas des suppositions très exactes sur nos projets.

Je reviens avec tristesse en arrière; il est triste en effet de battre en retraite après une victoire, et nous ne nous dissimulons pas qu'il nous sera bien plus difficile encore de quitter Metz les jours suivants, dès que l'ennemi aura concentré autour de nous les dix corps d'armée, que nous savons à sa disposition. Au milieu de notre convoi, parmi toutes ces voitures, dont les conducteurs hâtent la marche en cherchant à se devancer les uns les autres, j'arrête mes regards sur des charrettes de paysans; ils fuient de Rezonville, emportant ce qu'ils ont pu rassembler ce matin, à la nouvelle inattendue de notre départ. Je me souviendrai toujours de l'une de ces voitures, conduite par un homme au regard sombre; elle contenait toute une famille et son modeste avoir; sur le devant, un jeune garçon de huit ans et deux jeunes filles; l'une d'elles ne pouvait retenir ses sanglots, l'autre, plus ferme, regardait avec résignation cette foule qui se pressait à la descente de la route : quant

[1] On eut soin, du reste, de ne faire connaître à l'Allemagne la bataille de Rezonville qu'après celle d'Amanvillers.

à l'enfant, indifférent à tout ce tumulte, il n'avait d'yeux que pour une petite madone, entourée de fleurs artificielles aux vives couleurs, et abritée sous un globe; il la tenait avec précaution dans les deux mains; il riait à cette figure protectrice, le palladium de sa famille, et son sourire formait avec les larmes de sa sœur, avec le calme résigné du reste des siens, un contraste qui déchirait le cœur.

Guerre! guerre! Ce fléau terrible, que l'on déguise en vain sous des descriptions pompeuses de batailles et d'exploits héroïques, de combien de misères, de combien de douleurs n'est-il pas la source? et ces misères, et ces douleurs, quels triomphes pourraient les faire oublier à qui les a contemplées une seule fois?

18 août. — *Défense des lignes d'Amanvillers* ou *de Saint-Privat* (ou bataille de Gravelotte). — La position de Rozerieulles, à Saint-Privat, que le rapport français sur cette journée appelle « les lignes d'Amanvillers, » était trop étendue, trop exposée sur la droite; elle n'aurait dû être qu'une étape, le 17, pour nos troupes fatiguées, et il eût été indispensable de la rectifier, le 18 au matin. On ne le fit pas; on prescrivit, au contraire, aux corps de se fortifier dans leurs nouveaux bivouacs, d'y tenir le plus longtemps possible et de ne se reporter en arrière qu'à la dernière extrémité, « l'intention du maréchal « Bazaine étant, paraît-il, de reprendre l'offensive, « le ravitaillement terminé[1]. »

[1] Le but de cette offensive était de rallier le maréchal de Mac-Mahon. Il est intéressant de citer ici une dépêche du 17 août du

Le 6e corps occupait à droite Roncourt, Saint-Privat-la-Montagne, et s'étendait à gauche jusqu'à la Mare, en face de Saint-Ail et d'Habonville; le 4e corps, avec deux divisions en première ligne, celle du général de Lorencez en deuxième, tenait Amanvillers, Montigny-la-Grange, et avait des avant-postes à Champenois; le 3e, à sa gauche, avait son front couvert par les fermes de la Folie, Leipzig, Moscou, et s'étendait dans la direction de l'auberge du Point du Jour; il était établi en avant dans le bois des Genivaux; enfin, plus à gauche encore, le 2e corps couronnait la hauteur jusqu'à Rozerieulles et occupait, avec un bataillon du 97e, le village de Sainte-Ruffine. La division de Forton était en arrière dans la vallée, au moulin de Longeau; la garde en réserve sur les hauteurs de Saint-Quentin et de Plappeville.

Vers onze heures, le feu s'engage sur tout notre front par une violente canonnade, comme le jour de Rezonville, et les colonnes ennemies s'ébranlent ensuite, de toutes parts, avec l'intention évidente de

ministre de la guerre à l'Empereur, parvenue au camp de Châlons : « L'Impératrice me communique la lettre par laquelle « l'Empereur annonce qu'il veut ramener l'armée de Châlons « sur Paris. Je supplie l'Empereur de renoncer à cette idée, « qui paraîtrait l'abandon de l'armée de Metz, empêchée en ce « moment de faire sa jonction à Verdun. L'armée de Châlons « sera avant trois jours de 85,000 hommes, sans compter le « corps de Douai, qui rejoindra dans trois jours, et qui est de « 18,000 hommes. Ne peut-on pas faire une puissante diversion « sur *les corps prussiens déjà épuisés par plusieurs combats!* » Quelle illusion d'un ministre, même à cette date! Et l'Empereur répond le 18 : « Je me rends à votre opinion », puis il ajoute : « Bazaine demande, avec instance, des munitions. »

faire effort sur notre droite pour la tourner. Afin de la protéger, le maréchal Canrobert fait occuper sur son front le village de Sainte-Marie-aux-Chênes par le 94e régiment.

Il était midi lorsque le Xe corps prussien[1], arri-

[1] Voici, d'après le rapport des Prussiens, la marche de leurs différents corps dans cette journée du 18. « La 2e armée doit se porter en avant aujourd'hui, *pour tâcher de rejeter l'ennemi de « sa ligne de retraite de Metz-Verdun*, et pour le combattre là « où elle le rencontrera ; elle s'avancera, à 5 heures, en éche- « lons : en première ligne, à gauche, le XIIe corps sur Jarny, « puis la garde sur Doncourt, et le IXe corps entre Rezonville « et Vionville, laissant ensuite St-Marcel à gauche; le VIIIe corps, « de la 1re armée, se liera au IXe, à droite en arrière. En seconde « ligne le Xe corps et la division de cavalerie von Rheinbaben, « derrière le XIIe; le IIIe et la division de cavalerie du duc de « Mecklembourg, entre la garde et le IXe. *Le commandant en « chef sera à la tête du IIIe corps, le Roi sur la hauteur Sud « de Flavigny.*

« Les premières nouvelles de la matinée *apprirent que Grave- « lotte n'était plus occupé par l'ennemi*, qu'à l'Est de ce village, « il y avait un camp, et aussi des tentes près de Moscou et de « Leipzig, que les bivouacs de Bruville et de St-Marcel étaient « abandonnés. »

On ne peut assez s'étonner de ces découvertes, faites par l'armée prussienne, le 18 au matin, seulement ; je le répète, c'est une preuve bien positive de l'échec qu'elle avait éprouvé, et ressenti le 16. Quand on voit, sur la carte, la courte distance qui séparait du camp de nos ennemis les villages de Bruville et de Gravelotte, que nous avions quittés dès le 17 au matin, on comprend difficilement que les reconnaissances prussiennes n'aient pas signalé leur évacuation 24 heures plus tôt. Le rapport continue ainsi : « De ces nouvelles résultait la certitude *que l'ennemi n'était pas « en marche par Conflans avec la majeure partie de ses forces.* « Mais, jusqu'à ce que l'on fût bien sûr qu'il était établi à Aman- « villers, on ordonna une halte sur la route Gravelotte-Conflans. « En conséquence, le IXe corps s'arrêta, à 3 1/2 heures, à la « ferme de Caulre et prépara son repas ; la garde et le XIIe corps « firent également halte à leur arrivée à Doncourt et Jarny, le « Xe à Bruville ; le IIIe n'était pas encore en mouvement. On

vant vers la ferme Champenois, parvenait à l'occuper et mettait successivement en batterie une centaine de pièces contre le général de Ladmirault; il avait l'ordre de n'engager tout d'abord qu'un feu violent d'artillerie, et d'attendre, pour agir, que la garde fût arrivée à sa hauteur, vers la gauche; il faisait cependant occuper immédiatement le bois de la Cusse, que nous avions négligé de garder, et dans lequel, du reste, « nos mitrailleuses et notre mousqueterie « lui firent éprouver de grandes pertes. » Ces pertes

« commença alors à regarder, comme *très probable*, que l'ennemi « résisterait sur le plateau d'Amanvillers. » On donna, en conséquence, au IXe corps, l'ordre de se porter sur Verneville et la Folie, avec le corps de la garde en soutien. Cependant, « *ce « n'est que vers* 10 1/2 *heures que l'on regarde comme certaine « la résolution de l'ennemi d'accepter la bataille sur le plateau.* » Le prince Frédéric-Charles donne aussitôt les ordres définitifs que voici : « Au IXe corps, de s'avancer pour l'attaque ordonnée « sur Verneville, mais de ne pas s'engager avant l'entrée en « ligne de la garde; à la garde, d'aller vers Amanvillers par « Verneville et Habonville; au XIIe de se porter à gauche sur « Ste-Marie aux Chênes, de se couvrir par de la cavalerie vers « Briey et, autant que possible, d'envoyer aussi des troupes à « cheval dans la vallée de la Moselle, pour couper le chemin « de fer et le télégraphe de Thionville. Les VIIe, VIIIe, « IXe corps, la garde, en première ligne, attaqueront donc l'ennemi, dans deux heures environ, ajoute l'ordre, et ils seront « soutenus, en 2e ligne, par les IIIe (sur Verneville), X[e] (sur St- « Ail), XIIe (sur Ste-Marie), et, plus à droite, le IIe (sur Rezon- « ville), destiné à servir de réserve. »

Dans la première armée, le VIIIe corps, venu par Gorze et appuyé par la 1re division de cavalerie, doit agir à la droite du IXe, en allant de Rezonville sur Gravelotte, le bois des Genivaux et la ferme de Moscou; le VIIe, posté avec trois brigades de Gravelotte au bois de Vaux et dans ce bois, se portera vers le Point-du-Jour, tandis que sa dernière brigade, occupant les hauteurs de Vaux et d'Ars, appuiera la droite de la ligne de bataille.

furent telles que le prince Frédéric-Charles dut donner l'ordre, dans le cours de la journée, à une brigade d'infanterie de la garde de se porter en soutien des troupes engagées dans ce bois. A gauche du IXe corps, la garde parvenue, de midi à 2 heures, à Habonville et à Saint-Ail, établit, immédiatement aussi contre le maréchal Canrobert quatorze batteries, et attendit l'effet du mouvement tournant prescrit au XIIe. A l'approche des Saxons, la 1re division de la garde se porte, vers 3 heures et demie, sur Sainte-Marie-aux-Chênes, après y avoir écrasé notre 94e par des obus, et enlève le village. L'artillerie de la garde royale, soutenue par celle du XIIe corps, se rapproche encore de Saint-Privat, et le front du maréchal Canrobert a bientôt à soutenir le feu de plus de 200 pièces de canon. En face du général de Ladmirault, le IIIe corps, parvenu à 3 heures à Verneville, tandis que le Xe dépassait Batilly, envoyait une de ses divisions et dix de ses batteries entre Verneville et le bois de Genivaux, pour soutenir le IXe corps. A la droite de ce dernier, le VIIIe corps, venu de Rezonville sur Gravelotte, s'était avancé contre le bois des Genivaux, vigoureusement défendu par les troupes du maréchal Le Bœuf, et le VIIe corps, pour lui venir en aide, après avoir dirigé le feu de ses pièces du Sud de Gravelotte contre le Point-du-Jour, avait engagé, vers 4 heures, une de ses brigades dans le défilé entre le bois de Genivaux et celui de Vaux et avait tenté d'attaquer le Point-du-Jour. Mais, écrasé par les feux du corps du général Frossard, il n'avait pu dépasser l'auberge de Saint-Hubert. Les pièces et le régiment de cavalerie, qui faisaient partie de cette colonne, avaient particulièrement souffert des feux de nos mitrailleuses et de notre infanterie.

Cependant la fin du jour approchait, et l'ennemi ne faisait aucun progrès; partout nous tenions nos positions avec la plus grande énergie. Les Saxons, chargés d'effectuer le mouvement décisif, avaient eu une très longue marche à faire; ils avaient passé par Batilly, Coinville, et ils arrivaient, vers 5 heures, dans le bois entre ce dernier hameau et Montois, point sur lequel ils se dirigeaient, lorsque le prince de Wurtemberg, espérant décider le succès de la journée avant leur entrée en ligne, se décide à lancer le corps de la garde d'Habonville et de Sainte-Marie sur les hauteurs de Saint-Privat; mais il éprouva dans cet assaut des pertes si considérables, qu'il dût ordonner la retraite, et se résoudre à attendre la réussite du mouvement ordonné aux Saxons. Nous avions donc jusqu'au soir conservé partout nos positions; à la droite, la division Lafont de Villiers, établie à Roncourt, et soutenue par une brigade de la division Tixier, avait arrêté toutes les attaques et même pris l'offensive avec l'appui de la division du Barail[1]; sur la gauche du maréchal Canrobert, la division Levassor-Sorval, soutenue par l'autre brigade de la division Tixier, avait annulé également toutes les entreprises de l'ennemi. Devant le général de Ladmirault, les

[1] Le maréchal Canrobert n'avait pas de cavalerie, la sienne étant restée à Châlons : d'un autre côté, le général du Barail n'avait plus avec lui que le 2e chasseurs d'Afrique; on réunit ce dernier régiment, le 17, à la brigade de Bruchard du 3e corps, composée de trois régiments, et l'on constitua ainsi une division de cavalerie au 6e corps.

assauts avaient été aussi d'une vivacité extrême, et la division de Lorencez avait dû venir renforcer le corps de bataille, mais l'artillerie du 3e corps, malgré la supériorité numérique écrasante de l'adversaire, avait réussi « à mettre hors de combat quinze pièces » prussiennes, et notre infanterie en avait enlevé sept, sur lesquelles deux restèrent en notre pouvoir. Le maréchal Le Bœuf, dont les troupes étaient couvertes par des tranchées, et les batteries par des épaulements, maintenait sans grandes pertes le haut du plateau, et conservait, tout le jour, le bois des Génivaux, malgré les assauts incessants de l'ennemi. Enfin le général Frossard arrêtait de la même façon toutes les entreprises de la 1re armée prussienne contre son importante position du Point-du-Jour. A la gauche extrême, des batteries prussiennes, postées sur la hauteur de Jussy, tiraient sur Sainte-Ruffine; mais, de Saint-Quentin, le maréchal Bazaine faisait répondre à ce tir par notre artillerie de réserve, et il était bien évident, pour tout le monde, que rien de sérieux ne pouvait être tenté de ce côté par nos adversaires.

Tout se maintint ainsi jusqu'à 6 heures et demie du soir; le maréchal Bazaine, qui n'avait été que de Plappeville à Saint-Quentin, pour voir le tir dirigé sur Jussy, croyait assurément la bataille gagnée. De son quartier-général, pas plus que du plateau de Saint-Quentin, du reste, on n'entendait le canon de Saint-Privat; un peu de fumée dépassait quelquefois la cîme des bois de Châtel, et sur le plateau de Rozerieulles, de rares coups de feu paraissaient indiquer que la lutte était terminée. Nos corps s'étaient tous maintenus dans leurs lignes; la garde n'avait pas été engagée; une brigade de voltigeurs était au dessus de Châtel-Saint-Germain à la disposition du maréchal Le Bœuf; la division de grenadiers, avec le général Bourbaki s'avançait sur le plateau de Plappeville, et plus tard à l'entrée du bois de Saulny, avec la réserve générale d'artillerie; enfin, au col de Lessy, se trouvait l'autre brigade de voltigeurs, avec le général Deligny.

Le maréchal était même rentré à son quartier-général de Plappeville, sans songer à franchir au galop les six kilomètres, qui le séparaient d'Amanvillers. On ne peut, en vérité, donner d'autre raison de son éloignement d'un champ de bataille, sur lequel se trouvaient le Roi, le général de Moltke et deux armées prussiennes, qu'en disant simplement qu'il ne dut pas se douter de l'importance de cette bataille.

Cependant, rassuré par ce calme extraordinaire du commandant en chef, et n'entendant d'ailleurs, à cause de la direction du vent, absolument rien de l'effroyable canonnade du plateau d'Amanvillers, chacun se félicitait déjà autour du maréchal du succès de la journée, lorsqu'on apprit tout à coup par les aides-de-camp du maréchal Canrobert et du général de Ladmirault, accourus à Plappeville, que notre droite, assaillie, tournée par des forces supérieures, avait été écrasée, rejetée en arrière, et qu'elle battait précipitamment en retraite sur le camp retranché.

Que s'était-il donc passé depuis une heure? Rien que l'on n'eût dû prévoir : le mouvement tournant, suffisamment indiqué dès midi sur Roncourt, s'était exécuté; il avait amené les résultats que l'on pouvait redouter, et qu'il eût été surtout facile de conjurer, si le commandant en chef se fut trouvé là avec la garde tout entière, et les batteries de réserve. Doué d'un sangfroid admirable, il eût certainement arrêté tout désordre, assuré la retraite, peut-être même décidé la victoire.

Le XIIe saxons était enfin arrivé à Roncourt, l'avait enlevé et s'était présenté ensuite devant Saint-Privat, par le Nord, tandis que la garde renouvelait son attaque par l'Ouest et par le Sud de ce village, et que le Xe corps envoyait son artillerie pour soutenir cet assaut, de concert avec les batteries du XIIe corps et de la garde. Devant une attaque aussi formidable, le corps du maréchal Canrobert, après avoir épuisé ses munitions, avait dû évacuer le village devenu intenable, et avait été rejeté en désordre, vers 7 heures, sur les bois de Saulny par la route de Woippy, tandis que le 100e de ligne, la division du Barail, et quelques batteries qui avaient pu se réapprovisionner, protégeaient, à l'entrée du bois, cette retraite précipitée.

Ce mouvement imprévu découvrit tout à coup la droite du 4e corps et l'exposa sans défense au feu de l'artillerie des corps ennemis, maîtres de Saint-Privat. Pris alors d'écharpe et de revers, le général de Ladmirault se maintint quelques instants encore, et obligea même le IXe corps prussien, soutenu du IIIe, à s'arrêter dans une attaque nouvelle, sur les hauteurs Ouest d'Amanvillers; mais, n'étant pas soutenu par la garde, qui ne pouvait s'avancer que lentement dans l'étroit chemin de Saulny, il dut se retirer enfin sur Plappeville, laissant toute la nuit le 1er et le 6e de ligne à la lisière du bois, en arrière d'Amanvillers, et un bataillon dans la ferme de Montigny-la-Grange, que l'ennemi ne chercha pas même à enlever. Ce bataillon réussit à protéger le mouvement en arrière avec le concours de l'artillerie de réserve du corps et des batteries de la garde. Enfin la division de grenadiers arrive sur le champ de bataille; elle se déploie à droite et à gauche de l'artillerie face à Saint-Privat, couvre ainsi le départ des 4e et 6e corps et force l'ennemi à ne pas dépasser les premières maisons de Saint-Privat.

Le 3e corps, découvert à son tour par le départ du 4e, porte une brigade et deux batteries de sa réserve sur la droite pour arrêter les progrès de l'ennemi; il n'est forcé nulle part, pas plus que le 2e corps, malgré les efforts que tente, sur son front, le IIe corps prussien, qui accourt de Rezonville à Gravelotte pour soutenir les attaques jusqu'ici infructueuses de la 1re armée. Ce corps, lancé contre le Point-du-Jour, sur l'ordre direct du roi de Prusse, n'atteignit l'auberge de Saint-Hubert que vers 7 heures et demie, et échoua dans son attaque, comme les troupes, qui l'avaient précédé. Le rapport du commandant du VIIe corps prussien en fait foi : « Depuis 7 heures du « soir, » dit-il, « on remarquait que des colonnes « ennemies se dirigeaient de la ferme de Moscou « vers celle de Leipzig, et plus tard on crut aper- « cevoir un mouvement de retraite vers Metz.

« Néanmoins, l'ennemi maintint sa position du « Point-du-Jour, même contre les attaques du « IIe corps, et l'approche de la nuit ne l'amena pas « à se retirer. Il y resta jusqu'au matin du 19, et ne « s'éloigna alors, à 6 heures du matin, que sur un « mouvement en avant des colonnes du IIe corps[1]. »

La nuit est complète lorsque le feu cesse de toutes parts. La droite ennemie bivouaque sur le champ de bataille, mais sans oser dépasser St-Privat, Amanvillers, et en nous laissant en possession de la lisière des bois de Saulny, de Châtel, de la ferme de Montigny-la-Grange, du Point-du-Jour et des fermes intermédiaires. Le rapport prussien, que nous avons lu à Metz dans un journal allemand, se termine ainsi : « Le prince Frédéric-Charles donne à 8 heures et « demie du soir, non loin de Verneville, les ordres « suivants : Les corps d'armée bivouaqueront sur « les emplacements qu'ils occupaient à la fin de la « journée; ils placeront des avant-postes d'infante- « rie, qui établiront la liaison avec les corps voisins « et devront s'attendre, de la part d'un ennemi « désespéré, à des tentatives pour forcer le passage « pendant la nuit. Le XIIe corps est encore une fois « averti de l'importance qu'il y aurait à atteindre le « point de Woippy. »

Cette importance était grande en effet, et notre situation eut été bien plus grave encore, si ce village avait été occupé, vers la fin de la journée par des troupes prussiennes. Seulement, au lieu de don-

[1] Le Roi de Prusse rend hommage à cette héroïque résistance de nos troupes, en écrivant qu'elles ont bravement défendu le terrain pied à pied, et prononcé fréquemment des mouvements offensifs.

ner cette tâche aux Saxons, qui, de Mars-la-Tour à Roncourt, avaient eu 20 kilomètres environ à parcourir, et qui en avaient à peu près autant encore à entreprendre pour arriver à Woippy par Marange, il eût été bien plus simple de charger de cette mission des troupes du Ier corps, restées sur la rive droite de la Moselle. Par Malroy ou Argancy, ce corps pouvait bien plus rapidement que les Saxons couper le chemin de fer et le télégraphe de Thionville et atteindre Woippy.

Heureusement pour nous, on n'y songea pas, et l'on parut plutôt avoir maintenu le Ier corps dans le Sud-Est de Metz, pour le relier à Ars aux troupes qui agissaient contre nos lignes d'Amanvillers. Le 6e corps put donc redescendre sur Woippy, sans être inquiété, le 4e corps se retira sur le plateau de Plappeville, et, au jour, d'après les ordres du maréchal Bazaine, toute l'armée vint prendre autour de la place la position suivante : « La garde conserve ses « campements, ayant devant elle et sur sa gauche le « 3e corps; le 2e corps s'établit à Longeville; le 3e un « peu en avant de la droite du 2e, la gauche à Scy « et Lessy, occupant le moulin de Longeau, le gros « sur le plateau de Plappeville, la droite à Lorry; « il doit exécuter des travaux de défense sur son « front et faire des abattis dans les bois de Châtel « et de Vigneulles. Le 4e corps, à sa droite, suit l'arête « du Coupillon jusqu'au Sansonnet; le 6e descend « ensuite dans la plaine, vers le saillant du fort « Moselle, avec la division du Barail à proximité; la « division de Forton s'établit derrière le 2e corps, « les batteries de réserve au Ban-Saint-Martin. On

« se mettra en marche à 4 heures et demie du matin,
« sans bruits, ni cris, ni sonneries d'aucune espèce. »

Les pertes officielles de la journée sont, du côté des Prussiens, de 520 officiers et 13,000 hommes, sans compter celles des IIe, VIIe et VIIIe corps, les nôtres s'élèvent à 500 officiers et 11,000 hommes hors de combat.

L'ennemi nous avait opposé, dans cette bataille, environ 230,000 hommes, tandis que nous n'avions pu mettre en ligne que 120,000 hommes; il est nécessaire de faire remarquer, en outre, que l'effort de cinq corps d'armée prussiens, soit 130,000 hommes, fut porté tout entier sur les 50,000, qui se trouvaient sur notre droite (4e et 6e corps[1].)

19 août. — *On resserre les lignes autour de Metz.* — Le mouvement, ordonné pendant la nuit, s'exécute sans que l'ennemi l'inquiète; quant au commandant en chef, il se dirige, au jour, de Plappeville sur le Ban-St-Martin, où il établit son quartier-général. Les nouvelles qui nous arrivent des événements de la veille sont bien tristes; partout nous rencontrons des hommes fatigués, épuisés de ces combats, de ces

[1] Je lis dans les journaux que, le 20 août, le ministre de la guerre donnait au Corps législatif les nouvelles suivantes sur la bataille d'Amanvillers : « D'après des renseignements, qui nous « paraissent dignes de foi, *trois* corps d'armée, ayant attaqué le « maréchal Bazaine, auraient été rejetés dans les *carrières de* « *Jaumont.* » Il paraît que cet épisode des carrières a eu un grand retentissement à l'intérieur, et qu'il a même inspiré beaucoup d'écrivains et de dessinateurs. Nous n'en avons eu connaissance qu'à notre rentrée en France.

retraites, qu'ils ne comprennent pas : « Qu'on nous « parle! disent la plupart, que se passe-t-il? Notre « régiment a repoussé l'ennemi, et nous reculons! » On ne se met pas, en effet, assez en relation avec la troupe; on ne paraît pas s'occuper d'elle autant qu'on le devrait; aujourd'hui, comme les 16 et 17, les distributions sont insuffisantes, et, sans les pommes de terre récoltées dans les champs, l'armée eût encore beaucoup plus souffert : « Ces pommes de terre nous « ont sauvé, » me disait un officier de troupe.

Chemin faisant, je suis accosté par un paysan requis, depuis le commencement du mois, pour nos convois; il voudrait retourner dans son village; son frère y a été tué par les Prussiens, dit-il; ses quatre chevaux ont été enlevés par l'ennemi, et le pauvre diable mêle si bien dans son récit et frère tué, et chevaux requis, que, malgré ma tristesse, je me prends à sourire, en me demandant ce qu'il regrette le plus ou de l'une ou de l'autre perte. Hélas! quel remède pouvons-nous apporter à tant de misères, qui vont aller croissant : « Il n'y a donc plus de soldats en « France, puisque l'ennemi vient ainsi nous cerner « jusque dans Metz, « me disait plus loin un habitant de ces jolis côteaux de Plappeville : » Il y en a « encore, aurais-je pu répondre; mais, en trop petit « nombre, écrasés par des forces doubles et quelque- « fois triples, ils en sont réduits à se faire tuer ou à « assister, avec douleur et dans l'impuissance, à la « dévastation de notre chère patrie. Ne les accusez « pas, ils sont bien à plaindre ! »

La journée s'écoule tristement; aux funestes événements de la soirée du 18 s'ajoutent les bruits les plus pénibles sur notre situation; nous apprenons que nos ressources en cartouches et en vivres sont des plus minimes, et que la dernière communication avec la France, la route de Thionville, vient d'être coupée. Qui comprendra, s'il ne veut étudier avec soin cette singulière campagne, que 160,000 hommes[1], un mois après la déclaration de guerre, quinze jours après l'ouverture des hostilités, ont pu être bloqués dans Metz par 300,000 ennemis, tandis que plus de 200,000 autres marchent sur Paris? Qui voudra croire que cette armée, enfermée dans notre plus grande place de guerre est actuellement la force la plus effective du pays?

Un violent orage éclate vers 2 heures, et vient ajouter aux difficultés d'installation des bivouacs. Sur la fin de la journée, nous arrive le dernier courrier de France; il nous apporte des nouvelles de Paris du 15 août. Désormais, le cercle est fermé; pauvres amis, que nous avons laissés au dehors, qu'allez-vous penser de nous?

20 août. — La nuit a été tranquille; au jour on resserre encore les lignes en abandonnant Lorry, et l'on établit les corps autour de Metz dans les positions suivantes, d'après un ordre de la veille: « Toute « la garde sera ramenée en arrière au pied des pentes « Est du fort Saint-Quentin, sa droite au chemin de « la Ronde; le 4e corps retirera sa gauche jusqu'à « Tignomont, où il se reliera au 3e, qui se placera

[1] Il me paraît inutile de dire que je comprends ici la garnison de Metz, qui ne pouvait pas concourir à une tentative pour sortir du camp retranché.

« en arrière des forts Saint-Quentin et Plappeville.
« On établira une forte batterie sur la crête du Cou-
« pillon, et des épaulements partout où cela paraîtra
« utile. Le 3e corps, de Tignomont passera au dessus
« du village de Plappeville jusqu'au col de Lessy,
« et redescendra, sur la pente Est du fort Saint-
« Quentin, jusqu'à la colline de Charles-Quint, où
« il joindra la droite du 2e corps. S'établir fortement
« au col de Lessy avec une batterie, battant le ravin.
« La division de Forton à Chambière. »

Dépêche importante du maréchal de Mac-Mahon. — Le maréchal Bazaine répond aujourd'hui à une importante dépêche du maréchal de Mac-Mahon. Voici ces deux lettres[1], que je considère comme donnant la clef des opérations des armées, placées sous les ordres des deux maréchaux :

Camp de Châlons, 19 août, 3 heures 35 du soir; reçue le 20 août, à 11 heures 35 du matin. — Maréchal de Mac-Mahon au maréchal Bazaine : « Si, comme je le crois, vous êtes forcé de battre en « retraite très prochainement, je ne sais, à la dis- « tance où je suis de vous, comment vous venir en « aide, sans découvrir Paris; si vous en jugez autre- « ment, faites-le moi savoir. »

Ban-St-Martin, 20 août. — Maréchal Bazaine au maréchal de Mac-Mahon : — « J'ai dû prendre posi- « tion près de Metz, pour donner du repos aux sol-

[1] Ces dépêches et beaucoup d'autres ont été trouvées à Saint-Cloud, et publiées dans tous les journaux.

Voir ci-après, au *Supplément,* la note IV, contenant celles qui nous intéressent plus particulièrement.

« dats, et les ravitailler en vivres et en munitions.
« L'ennemi grossit toujours autour de nous, et je
« suivrai très probablement, pour vous rejoindre,
« la ligne des places du Nord ; je vous préviendrai
« de ma marche, si je puis toutefois l'entreprendre
« sans compromettre l'armée. »

Ainsi, le projet du maréchal est de tenter de se faire jour dans la direction de Thionville ! Je l'avoue, le sentiment général est tout à fait contraire à cette combinaison ; on comprendrait bien mieux une tentative, dirigée, vers le Sud-Est, sur les lignes de communication de l'ennemi.

Dimanche, 21 août. — On aperçoit de nombreux mouvements de troupes vers le Nord ; on s'attend à une attaque et on prend les armes.

L'ennemi commence dès aujourd'hui à construire des ouvrages autour de nous. Prétend-il attaquer la place ou veut-il seulement nous bloquer?

Situation des vivres à la date du 20 *août.* — Cependant, avant de resserrer les lignes, comme nous l'avons fait hier, n'aurait-il pas fallu, si l'on craignait d'être bloqués, amener dans le camp toutes les ressources des villages environnants. L'intendant-général, M. Wolff, a été envoyé en mission dans l'intérieur ; il a été suivi le 17 par M. de Préval ; ni l'un ni l'autre de ces hauts fonctionnaires, chargés d'aller préparer les vivres sur les routes que l'on devait suivre, n'a pu nous revenir, si bien que la lourde tâche d'approvisionner l'armée captive incombe à un sous-intendant militaire, fort actif et fort zélé, qui remplit de son mieux les difficiles fonctions d'intendant en chef, mais qui ne peut guère réparer le temps perdu. Il fournissait hier sur les ressources de l'armée la situation suivante, qui ne présente rien de bien rassurant pour l'issue de nos opérations :

« La situation des ressources à la date de ce jour, « tant dans les magasins que dans les gares de la « place de Metz, ne peut être donnée que d'une « façon approximative, en raison des nombreux « mouvements, qui ont eu lieu ces jours derniers, « et de la difficulté d'apprécier, autrement que par « aperçu, les quantités existant en gare.

« En supposant un effectif de 200,000 hommes, « et de 50,000 chevaux, cette situation approxima- « tive peut s'établir ainsi[1] :

« Blé, 15 jours (des mesures sont prises pour le « réduire le plus promptement possible en farine);

« Farine, 15 jours; biscuit, 1/2 jour ; riz et hari- « cots, 5 jours; sel, 6 jours; sucre, 15 jours; café, « 26 jours; vin, 7 jours; eau de vie, 8 jours; lard, « 1/2 jour; avoine, 12 jours à 4 kilogrammes la « ration; viande, 6 jours (y compris le parc de ré- « servé de la place de Metz.)

« On continue les achats de bêtes sur pied. Cette « ressource serait bien plus considérable, s'il avait

[1] Ces effectifs étaient forcés et, d'autre part, les approvisionnements étaient en réalité plus considérables que ne l'indiquait cette lettre de l'intendant. Ils furent encore améliorés par quelques expéditions, qui prouvèrent tout ce que l'on aurait pu retirer des environs de Metz, avec un peu plus d'activité pendant les premiers jours, et une défensive plus agissante.

« été possible de faire arriver à Metz les quantités, « qui ont été réunies par l'entrepreneur dans le dé- « partement de la Meuse et autour de Verdun. »

Cette dernière phrase ne manque pas de naïveté; elle pourrait se résumer ainsi : « Nous serions « mieux pourvus, si nous avions mieux prévu. » Toutefois, pour être juste, il faut dire que le commandement est plus répréhensible ici que l'administration; c'était à lui de prévoir, d'ordonner, et de bien dire à son intendant-général qu'il pourrait être obligé de rester, avec plus de 150,000 hommes, plusieurs mois dans Metz. Mais le savait-il lui-même?

Notre effectif réel ces jours-ci est de 140,000 hommes, sans les blessés et la garnison de Metz, et de 36,000 chevaux.

22 août. — Trois divisions du 3e corps vont s'établir entre Saint-Julien et Queuleu; elles devront y construire des tranchées-abris, et donneront au génie des travailleurs, payés à raison de dix centimes l'heure, pour l'achèvement des forts. La division Castagny, restée d'abord sur la rive gauche, reçoit bientôt l'ordre d'aller à Montigny, pour rejoindre le 3e corps; elle est remplacée dans ses lignes par des troupes du général Frossard, et les 4e et 6e corps gagnent chacun un peu de terrain à gauche.

Approvisionnements en munitions, le 22 août. — Croira-t-on que l'on vient de découvrir, dans les magasins du chemin de fer, 4 millions de cartouches, dont on ignorait l'existence! Ce bonheur inattendu permet au général, commandant l'artillerie de l'armée, d'établir ainsi notre situation, au point de vue des munitions, à la date du 22 :

« Je suis heureux de porter à la connaissance de « Votre Excellence les faits suivants :

« 1° Toutes les batteries de combat sont complè- « tement réapprovisionnées;

« 2° Tous les parcs, moins celui du 6e corps, qui « n'a jamais rejoint l'armée, sont complets ;

« 3° Les batteries (divisionnaires ou de réserve), « ont réparé leurs pertes en hommes et en chevaux, « et sont prêtes à marcher.

« En ce qui concerne l'infanterie :

« 4° Elle doit posséder, d'après les rapports « fournis, les 90 cartouches de sac;

« 5° Les réserves divisionnaires et les parcs de « corps d'armée portent 50 cartouches par homme;

« 6° Un parc, formé à la suite de la réserve gé- « nérale, contient, à l'heure qu'il est, 1,300,000 car- « touches.

« Après ce dernier et suprême effort, l'arsenal de « Metz (il n'a pu mettre à notre disposition que « 650,000 cartouches), est complétement épuisé.

« A la suite des journées des 16 et 18, les troupes « ont pu croire un moment que les munitions leur « feraient défaut. Pour relever leur moral, je pense, « Monsieur le maréchal, qu'il ne serait pas inutile « que l'armée sût qu'elle est aujourd'hui, 22 août, « complétement réapprovisionnée, et prête à mar- « cher.

« En ce qui concerne la défense de Metz, la place « possède, aujourd'hui 22 :

Bouches à feu.	Canons de 24 (place et siége). . .	103
	Canons de 12 id. . . .	145
	Canons de calibres inférieurs. . .	103
	Mortiers	189
Approvis[ts].	Projectiles (approvis[t] plus que suffisant.)	
	Poudre	400,000 kil.
Fusils.	Modèle 1866	20,000
	Id. 1867 (transformé) .	3,256
	Id. à percussion. . .	37,889
Cartouches.	Modèle 1866	2,218,000
	Id. 1867	1,018,340
	Id. fusils à percussion.	3,759,000

A la réception de cette lettre, le maréchal Bazaine invite les commandants des corps à faire connaître aux troupes sous leurs ordres, que « l'armée se « trouve maintenant aussi largement approvision- « née en munitions qu'au début de la guerre. »

Il n'est malheureusement pas possible de donner même assurance pour les vivres ; aussi paraît-on se décider à tenter une sortie, et adresse-t-on des instructions à tout le monde pour que « les bagages « des officiers soient, en vue d'un mouvement, ré- « duits d'après un état joint à la dépêche. En outre, « tous les cantiniers, avec leurs femmes et leurs « voitures, resteront dans Metz[1]. »

23 août. — *Premières mesures, prises à Metz, pour les vivres et les fourrages.* — La question des vivres et des fourrages, toujours fort importante

[1] Comme toujours, l'ordre ne fut qu'à moitié exécuté. Il nous aurait fallu, dans notre situation critique, l'inflexible rigueur d'un duc de Malakof, pour faire plier toutes les résistances.

dans une armée, va devenir capitale pour la nôtre; il est donc nécessaire de faire connaître, chaque jour, les différentes dispositions prises à ce sujet.

Le point de départ de ces mesures, c'est la publication, à la date du 5 août, des tarifs de solde, de rations de vivres et de fourrages, déterminés pour l'armée du Rhin. Ils apportaient les modifications suivantes aux rations réglementaires :

Biscuit, 643 gr. pour repas, 185 pour soupe, total 828 gr. au lieu de 735; bœuf salé, 350 gr. au lieu de 250 gr.; viande, portée à 400 gr. au lieu de 250 gr., et lard à 300 gr. au lieu de 200.

Le 11 août, Metz étant déclaré en état de siége, on décide qu'il ne sera délivré qu'une ration par partie prenante de tout grade; les rations, non perçues en nature, seront remboursées, à raison de 1 franc chacune.

Le 13, on craint que la route de Nancy ne soit bientôt coupée par l'ennemi et l'on écrit : « L'arrivée « des trains, qui transportent les denrées nécessaires « à l'armée, éprouve quelques difficultés, et il se « pourrait dès lors que la distribution de pain ne « pût pas se faire intégralement. Dans ce cas, on « n'en donnerait plus qu'une demi-ration (pain ou « biscuit), avec 300 grammes de farine, et le double, « si l'on ne peut donner la demi-ration de pain. »

Je passe rapidement sur ce fait que Metz devait attendre son pain de Nancy[1]; je me borne à faire

[1] Le 18 août, l'administration était avisée que 12 wagons de pains lui étaient envoyés de Reims! Le 20, on annonçait 21 wagons de biscuit, 7 d'ambulance, expédiés de Charleville, mais arrêtés à Montmédy par suite de l'investissement de Metz, com-

remarquer qu'en réalité les communications furent rompues avec cette ville le 14; et j'arrive au 22, époque à laquelle la ration de sel est réduite de 16 à 10 gr. ; celles de viande et de lard sont ramenées aux taux réglementaires de 250 et 200 gr., mais, par compensation, on alloue à chaque homme un quart de litre de vin, ou douze centimes d'indemnité.

Pour les fourrages, dès le 14 août, on déclare que l'on ne peut pas augmenter la ration d'avoine, bien que l'administration ne soit en mesure de délivrer ni foin, ni paille. Il y a bien encore actuellement 3,700 quintaux de foin dans la place; mais on les garde avec raison pour les chevaux malades et les bestiaux. Toutefois, ce que l'on n'ignore pas, car les propriétaires des environs viennent tous le dire, c'est que les villages, placés sous le canon de Metz, et ceux qu'occupent les avant-postes prussiens, sont remplis de gerbes de blés, de grains et de fourrages, qu'il serait bien naturel de faire rentrer ou de conquérir.

En parlementaire. — Je suis envoyé en parlementaire, pour négocier un échange de blessés et de prisonniers. Malgré mon grand drapeau, malgré les sonneries éclatantes de mon trompette, je suis accueilli tout d'abord, comme il n'est arrivé que trop souvent, de part et d'autre, par le feu des vedettes ennemies; l'erreur reconnue, je m'approche des avant-postes prussiens, les traverse les yeux bandés, et remets à un officier, que je ne vois pas, la lettre dont

plété la veille. N'aurait-il pas été bien simple d'organiser, dès le mois de juillet, des fours en quantité suffisante, à Metz, pour alimenter toute l'armée ?

j'étais porteur. On me conduit ensuite dans un chemin creux; et, mon bandeau enlevé, je puis regarder enfin les deux officiers, qui, me tenant chacun par un bras pour me guider, m'ont fait traverser, depuis une demi-heure, les retranchements, auxquels j'entendais travailler de nombreux soldats.

Après les présentations d'usage, l'un de ces officiers m'accompagne jusqu'au village voisin, situé sur le penchant des collines qui descendent vers Metz: c'est là que je dois attendre la réponse du général prussien. J'étais à Jussy, au milieu de maisons presque abandonnées, et près d'une habitation, dite le Château, que l'on avait complétement saccagée; les portes en étaient enfoncées, et, tout autour de moi, des bouteilles vides et des débris de meubles couvraient les pelouses du parc. Je détournai mes regards de ce triste spectacle, et, pour me reposer l'esprit, je contemplai en silence le magnifique paysage qui se déroulait devant moi; sur le versant opposé, s'étalaient les riants côteaux de Scy, sur lesquels j'avais assisté, maintes fois dans ma jeunesse, à de gaies réunions de vendanges, et le redoutable fort Saint-Quentin, qui couronne aujourd'hui leur cîme élevée; plus à ma droite, la belle vallée de la Moselle s'étend à mes pieds avec sa luxuriante verdure, ses nombreuses habitations, toutes ses richesses; voici Metz, si justement fière de son passé, si confiante encore dans l'avenir; la tour de sa cathédrale se dresse avec majesté dans les airs; elle porte, flottant au-dessus de la ville et de nos camps, le drapeau national, dont on a couronné son sommet, comme pour nous convier à en défendre l'honneur.

La guerre est, en effet, venue ravager ces riches contrées; en vain je cherche à jouir de ce beau spectacle de la nature, en vain je fais appel à de doux souvenirs de vingt ans; en promenant mes regards autour de moi, j'aperçois, sur ma droite et en face du Saint-Quentin, le Saint-Blaise, dont le sommet sert d'observatoire aux officiers ennemis. Adieu les rêves! La paix et les chants joyeux des vignerons ont disparu pour longtemps de ces contrées! les beaux côteaux de vignes sont toujours là, mais leurs fruits, verts encore, sont saccagés, foulés aux pieds par deux armées; partout, au milieu des ceps, apparaissent des tentes, des tranchées, des abris de toute espèce; de tous côtés brillent les baïonnettes des sentinelles; le canon du Saint-Quentin se fait entendre; il me faut revenir à moi, après un songe de quelques minutes. Sur ces rives de la Moselle, dans notre chère patrie, je me trouve prisonnier, et placé en ce moment même sous la garde d'un de nos ennemis. Vainement, les pauvres gens du village accourent à ma vue pour me conter leurs misères, leurs souffrances; ils le disent, et je ne le vois que trop, le pillage est partout; mais nous sommes impuissants à le réprimer en pleine France, aux portes d'une de nos places les plus fortes. Quel revers de la fortune! Devions-nous en arriver là!

Enfin, voici la réponse du général von Gœben; Dieu soit loué! car j'ai hâte de m'éloigner; malgré la discrète et parfaite convenance du jeune officier, en compagnie duquel je me trouve, ces trois heures m'ont semblé bien longues. Comme moi cependant, il a paru gémir de tant de misères accumulées sur nos villageois, et il m'a promis de faire accorder à deux d'entre eux des demandes, qui paraissent fondées. Je saute en selle, je salue mon adversaire, et, enfonçant les éperons dans les flancs de mon cheval, je descends au galop le sentier qui conduit à Sainte-Ruffine, et me ramène au camp français.

24 août. — *Forces des Prussiens autour de Metz.* — Nous faisons un premier échange de blessés sur la route de Courcelles-sur-Nied, et de prisonniers sur celle de Moulins [1]. Par suite de ces échanges et des diverses communications qui en résultent avec les différents corps d'investissement, nous arrivons à connaître d'une façon assez exacte la disposition de ces troupes autour de nous.

Le lieutenant-général von Kummer commande au Nord, vers Malroy, la 3e division de réserve, composée de la 3e division de landwehr [2] de Posen, d'une brigade de troupes de ligne (19e et 81e, de la garnison de Mayence), de quatre régiments de cavalerie de landwehr, et d'artillerie du XIe corps. Viennent ensuite les trois corps de la 1re armée : le Ier, quartier-général à Courcelles-sur-Nied, le VIIe à Ars, le VIIIe à Gravelotte. Dans la 2e armée, le IIe corps à Monti-

[1] Un journal allemand disait à cette époque que, d'après la déclaration de ces prisonniers, la ration de pain aurait été réduite de moitié à la fin d'août, d'où il concluait que le manque de vivres se faisait déjà sentir dans Metz. Le renseignement était inexact, puisque nous avons tenu encore plus de deux mois.

[2] Cette division est formée de 4 régiments, dits *combinés ;* ils sont à trois bataillons. Trois régiments de landwehr à deux bataillons forment deux régiments combinés.

gny-la-Grange, et le Xe à Maizières ferment le cercle d'investissement, composé ainsi de six corps, ou 150,000 hommes de première ligne. Les rapports de nos agents signalent en outre : de la 2e armée, le IXe vers Roncourt et Pierrevillers, le IIIe sur la route de Briey, et, autour de nous, les deux divisions de cavalerie du général von Steinmetz. Le quartier-général du prince Frédéric-Charles est à Malancourt, celui de Steinmetz paraît être à Ars; nous avons donc autour de nous au moins 200,000 hommes[1].

[1] Nous ne pouvions pas savoir, à cette époque, ce qu'étaient devenus les trois autres corps de la 2e armée (IVe, XIIe et la garde), avec lesquels on avait constitué, dès le lendemain d'Amanvillers, une 4e armée, dite de la Meuse, destinée à marcher sur Paris avec l'armée du Prince royal de Prusse; cette 3e armée, placée sous le commandement du Prince royal de Saxe, a été à Sedan, et forme encore, autour de Paris, la partie N.-E. de la ligne d'investissement par Argenteuil, Gonesse, jusqu'à la Marne. Elle a été renforcée par les 3 divisions de cavalerie de la 4e armée. Quant aux corps indiqués ci-dessus, ils sont toujours restés devant Metz; beaucoup en ont douté, prêtant ainsi aux Prussiens une témérité qui n'est pas dans leurs habitudes militaires; mais ils doivent être convaincus aujourd'hui, en lisant dans tous les journaux la dislocation de ces forces, après la chute de Metz, que nous avons toujours eu au moins 200,000 hommes devant nous. Ainsi, après le 27 octobre, la 1re armée a laissé à Metz et Thionville de 30 à 35,000 hommes, avec le VIIe corps et une partie de la division de réserve von Kummer (une brigade d'infanterie et une de cavalerie), sous les ordres du général von Senden, le reste de la 3e division de landwehr étant rentrée en Allemagne avec les prisonniers. Les deux autres corps de l'ancienne armée de Steinmetz (1er et VIIIe) avec la 3e division de cavalerie, soit 60 à 70,000 hommes, ont été dirigés, avec le général von Manteuffel, contre Amiens et Rouen. La 2e armée a envoyé son IIe corps au sud de Paris, sous les ordres du Prince royal de Prusse; les trois autres corps (IIIe, IXe, Xe), avec la première division de cavalerie, 90 à 100,000 hommes, ont été conduits par le prince Frédéric-Charles contre l'armée

25 août. — *Ordres pour sortir dans la direction de Thionville.* — On va décidément marcher sur Thionville ; c'est une combinaison qui paraît bien étrange au plus grand nombre. Il est difficile, il est vrai, de sortir par l'Ouest, notre ligne de retraite naturelle, car l'ennemi a placé sur la rive gauche, cinq de ses corps qui peuvent être facilement concentrés sur notre point d'attaque, et il a garni les abords de toutes les routes de plusieurs rangs de tranchées et de batteries ; le plateau de Plappeville seul pourrait nous offrir un passage dans cette direction, mais il aurait fallu y songer, dès le premier jour, conserver le débouché de la route de Saulny sur le plateau d'Amanvillers, et s'y fortifier. Il semble presque impossible maintenant d'arriver sur le plateau, en cheminant entre les bois de Châtel et de Saulny, organisés par l'ennemi pour une vigoureuse défensive. Remonter vers le Nord par les plaines de rive gauche de la Moselle est impratica-

de la Loire, de concert avec les 50 à 60,000 hommes du grand-duc de Mecklembourg (1er corps bavarois, 17e et 22e divisions prussiennes, 2e et 4e divisions de cavalerie).

L'armée d'investissement de Paris, outre l'armée de la Meuse et le IIe corps, compte encore sous les ordres du Prince royal de Prusse, la 3e armée, savoir : Ve, VIe corps, 21e division du XIe, division de landwehr de la garde, venue de Strasbourg, 2e corps bavarois, division wurtembergeoise, soit en tout devant Paris la valeur de 8 corps et demi, et de 3 divisions de cavalerie, ou 250 à 300,000 hommes.

Le XIVe corps à Dijon, de 30,000 hommes, les 1re et 4e divisions de réserve en Alsace, de 10,000 hommes chacune, la 2e division de landwehr autour de Reims, et des régiments de landwehr sur toutes les lignes d'étapes, et dans les places conquises, complètent le tableau des forces prussiennes en France. Elles s'élèvent, au moins, à 700,000 hommes de troupes de campagne.

ble, car ces plaines sont battues par les pièces, dont l'ennemi a couvert les deux côteaux opposés. Si l'on se porte en avant par la rive droite, il faut après avoir percé les lignes de Sainte-Barbe, ce qui est très possible, exécuter au-delà un passage de rivière, et l'on trouvera probablement devant soi, pour s'y opposer, au moins six corps de l'armée d'investissement. Or, nous ne pouvons agir qu'avec 120,000 hommes; il nous faudra donc, après une première bataille, gagnée je le suppose, nous avancer le long de la frontière belge, vers la Meuse [1], afin de tâcher d'y donner la main au maréchal de Mac-Mahon. Il nous paraît plus naturel d'agir dans le Sud, d'opérer autour de Metz, comme les Russes ont opéré autour de Sébastopol; la hauteur du château de Mercy devrait certainement rappeler au général Frossard le Mamelon-Vert, contre lequel, il y a quinze ans, il dirigeait si hardiment nos colonnes victorieuses; nous devrions nous en emparer, nous y fortifier, contraindre l'ennemi à nous y attaquer [2]; puis, nous élancer à la première occasion, sur ses lignes d'opération dans la direction de Nomény ou de Château-Salins : y diriger tout au moins une grande partie de notre cavalerie, dont nous n'avons que faire, inquiéter les lignes

[1] Nous y serions arrivés, selon toute probabilité, au moment même où le maréchal de Mac-Mahon, acculé à Sedan avec 120,000 hommes contre 240,000 hommes, subissait le désastre que nous ne pouvions prévoir le 26 août, il est vrai.

[2] L'ennemi aurait été ainsi obligé de ne plus se borner à prendre les villes en les bombardant inhumainement, quand il le peut, en les affamant et les étouffant sous le nombre, lorsque la place possède des canons assez puissants pour lui interdire ce mode barbare de guerre.

d'opération de l'adversaire, relever le moral de nos compatriotes, appuyer leur résistance, et, si c'était possible, aller reprendre une base dans le Sud vers Langres et Lyon.

Telle n'avait pas été la pensée du maréchal, lorsque nous avions été rejetés sous Metz le 18, et il faut bien dire qu'après sa dépêche du 20 au maréchal de Mac-Mahon il était absolument tenu de marcher vers le Nord : En agissant ainsi, disait-il, je me rap-
« proche de nos nombreuses places, je retrouve une
« base d'opérations; nous forcerons facilement le
« passage à Sainte-Barbe; puis, nous serons tou-
« jours plus forts que l'ennemi, car, éparpillé autour
« de Metz, il ne pourra nous présenter que des têtes
« de colonne, tandis que nous serons toujours massés,
« prêts à livrer bataille. »

L'argument est juste en ce qui concerne la sortie du cercle d'investissement; mais il l'est moins, ce me semble, si l'on considère le moment où il faudra franchir la Moselle, à Thionville selon toute apparence; l'ennemi, filant par la rive gauche, sera certainement en mesure de nous opposer autre chose que des têtes de colonne, au débouché de nos ponts ou de cette dernière place.

Quoiqu'il en soit, si l'opération était sérieusement arrêtée dans l'esprit du maréchal, elle ne pouvait réussir qu'aux trois conditions suivantes : 1° Supprimer tous les bagages, pour gagner Thionville en un jour, et franchir la Moselle, entre l'Orne et cette place, avec une avant-garde, dès le premier jour, afin de s'assurer le passage; 2° Envoyer d'avance l'artillerie de réserve en avant du fort Saint-Julien, afin de la faire agir tout d'abord contre le camp de Sainte-Barbe; faire porter de nuit toutes les troupes sur la rive droite; attaquer au jour, en faisant de fortes diversions au Sud vers Mercy-le-Haut, à l'Ouest avec le canon des forts Saint-Quentin et Plappeville; enlever la position de Sainte-Barbe, ce qui était très praticable, et courir devant soi sans *impedimenta*. 3° Être bien renseignés sur la marche du maréchal de Mac-Mahon, et sur la position des armées prussiennes.

Je ne sais pas si le commandant en chef pourrait répondre à cette dernière question, mais, ce qui est certain, c'est que les deux autres conditions de succès ne sont guère observées : nous sommes encombrés de bagages, et il sera impossible d'entamer l'action à la pointe du jour. On peut s'en rendre compte par l'ordre de marche suivant, qui est envoyé ce soir aux corps d'armée :

« Le 3e *corps* laissera une division à Metz; elle
« prendra position en avant de Queuleu vers Grigy.
« Les trois autres divisions, la cavalerie, l'artillerie
« iront s'établir en arrière de Noisseville, refusant
« leur droite qui sera appuyée à la route de Sarre-
« louis, la gauche sur la hauteur entre Mey et
« Nouilly, au bois de Mey. Le 4e *corps*, en avant de
« Grimont, perpendiculairement à la route de Sainte-
« Barbe, la droite près du bois de Mey se reliant au
« 3e corps, la gauche à 1,200 mètres de Villers
« l'Orme; sa cavalerie en avant; il prendra le pont
« d'amont de Chambière. Le 6e *corps*, en avant du
« bois de Grimont, la droite à hauteur de la gauche

« du 4e corps, mais refusant sa gauche jusqu'à la « cote 216, au delà de la route de Bouzonville; sa « cavalerie en avant; ce corps se servira du pont « d'aval. Le 2e *corps*, en 2e ligne, derrière le 3e, la « droite à la ferme de Bellecroix, la gauche sur les « hauteurs de rive droite du ravin de Vantoux; il « passera par la porte de France, puis par celle des « Allemands, et prendra la route de Sarrelouis. *Les « divisions de cavalerie des* 3e *et* 2e *corps*, sur le flanc « droit de leur corps, pour l'éclairer. Les *réserves « d'artillerie et les compagnies du génie* suivront leurs « corps, et se placeront derrière la 2e ligne de chacun « d'eux.

« *La garde, le corps de réserve de cavalerie, la « réserve générale d'artillerie* entre le fort Saint-« Julien et le bois de Grimont, à cheval sur la route « de Bouzonville; la gauche en arrière de Châtillon, « la droite vers la gauche du 2e corps. Ils passe-« ront par les ponts de Chambière après les 4e et « 6e corps, vers 7 heures et demie du matin proba-« blement. Grand-quartier-général au village de « Saint-Julien. Tous les services et les bagages à « Chambière.

« Les 2e et 6e corps laisseront à leurs lignes un « régiment d'infanterie et un de cavalerie; le 4e, « un régiment d'infanterie seulement; le 3e corps « un bataillon à Montigny. Ces troupes se feront « voir, et la cavalerie exécutera des reconnais-« sances. »

26 août. — *Tentative de sortie.* — On ne se met en route qu'au jour; le temps est devenu tout-à-fait

froid et pluvieux. Pour compliquer encore la situation, on découvre, seulement au moment du passage de la Moselle, que, de deux ponts construits par l'artillerie, un seul est en état de supporter les voitures ; il en résulte un très grand allongement dans les colonnes, et un retard considérable. La position se prend néanmoins en avant de Saint-Julien, par une pluie torrentielle, accompagnée de coups de vent impétueux, et de violents éclats de tonnerre. Ce brusque changement de temps rendait assurément assez difficile un mouvement offensif. Le commandant en chef le jugea « inexécutable dans de bonnes condi-« tions ; il réunit à la ferme de Grimont les com-« mandants des corps d'armée et les chefs des armes « spéciales, et le conseil fut d'avis que *l'armée de-« vait rester sous Metz*, parce que sa présence main-« tenait devant elle 200,000 ennemis, qu'elle don-« nait à la France le temps d'organiser la résistance, « aux armées en formation, celui de se constituer, « et qu'en cas de retraite de l'ennemi elle le harce-« lerait, si elle ne pouvait lui infliger une défaite « décisive. Quant à la ville de Metz, elle avait besoin « de la présence de l'armée pour terminer les forts, « leur armement, les défenses extérieures du corps « de place, et il fut reconnu qu'elle ne pourrait tenir « plus de quinze jours, sans la protection de « l'armée [1]. »

A la suite de cette délibération, que l'on aurait dû prendre au Ban-Saint-Martin avant de se mettre en route, les troupes reçoivent l'ordre de rentrer dans

[1] *Rapport sommaire sur les opérations de l'armée du Rhin.*

leurs anciennes positions ; plusieurs n'y parviennent que le lendemain matin, à cause du passage des ponts, et chacun s'installe avec un mécontentement facile à comprendre dans les bivouacs, inondés par l'orage.

27 août. — La pluie continue à tomber par torrents ; les troupes, campées dans les parties basses du Ban-Saint-Martin, sont au milieu d'un véritable lac. Le 2e corps, qui a été envoyé hier au soir à Montigny, en arrière de la levée du chemin de fer, n'est pas mieux partagé. Par suite de cette situation nouvelle, donnée à ce corps entre la Moselle et les Sablons, le maréchal Le Bœuf a appuyé sa droite à la Seille ; les 4e et 6e corps, sur la rive gauche se rejoignent à Lorry ; la garde est toujours en 2e ligne à Plappeville.

A la date du 25, un corps de cavalerie a été formé sous les ordres du général Desvaux ; il comprend la division de la garde et la division Forton. Cette masse de chevaux est internée dans l'île Chambière.

Dimanche, 28 août.— La pluie continue toujours. Dans le conseil de guerre du 26, il a été convenu, paraît-il, que, pour soutenir le moral de nos troupes, on fera des coups de mains, destinés en outre à harceler l'ennemi, et à augmenter nos ressources[1]. On

[1] Une lettre anonyme, adressée au maréchal Bazaine vers cette époque, lettre qui fut lue par chacun de nous, trace un tableau fidèle de la situation de l'armée et énonce des vérités dures, mais utiles à faire connaître :

« Monsieur le maréchal, y est-il dit, permettez à un pauvre « officier sous vos ordres de vous adresser très respectueusement

régularise, à cet effet, les troupes de partisans ou d'éclaireurs, organisées depuis quelques jours dans

« quelques observations, car il vit avec le soldat, et est plus à « même de le juger, de savoir ce qu'il fait et pense, que les géné- « raux, qui ne le voient qu'en passant.

« Il n'y a pas assez de discipline parmi les soldats et les « sous-officiers, et les officiers n'y tiennent pas assez la main. « Nos hommes pillent : il faudrait faire des exemples très sévères, « mais en présence de la troupe. Il y a beaucoup de traînards ; « on devrait casser les caporaux et les soldats de 1re classe, qui « flânent en route. Il y a des régiments qui laissent de 18 à 20 « hommes par compagnie dans les camps pour faire la soupe, « les jours de bataille, ce qui éloigne du combat 260 à 300 sol- « dats par corps, quand 3 hommes par compagnie suffiraient. « Des ordres sévères empêcheraient chacun de s'absenter du « camp, et, les faisceaux formés, de s'en aller à la débandade, « les uns pour voir le pays, d'autres pour dérober des denrées. « Depuis la journée du 18 août, les soldats doutent de leurs « chefs ; ils se plaignent qu'il leur manque toujours quelque « chose, un jour des munitions, un autre des vivres, le « plus souvent des ordres. Ils n'ont pas assez confiance dans « leurs armes ; on devrait leur faire quelques théories courtes « sur l'excellent usage qu'ils pourraient en faire. Les généraux « ne se font pas voir assez souvent ; pourquoi ne passent-ils pas « fréquemment des revues rapides? pourquoi ne vont-ils pas « dans les hôpitaux? Le soldat ne reçoit pas assez de vin et « d'eau-de-vie. Depuis Amanvillers, tout le monde est inquiet ; « on s'étonne de ne pas voir entreprendre d'opérations par- « tielles contre l'ennemi. Notre cavalerie ne sert à rien ; qu'on « en lance une partie au dehors, pour aller inquiéter les commu- « nications de l'ennemi. Nos soldats sont trop chargés ; il y « aurait lieu de faire verser leur habit en magasin. Enfin, l'ar- « mée a trop de bagages ; ils encombrent les chemins, entravent « les marches ; on pourrait sans inconvénient en réduire les « deux tiers.

« Monsieur le maréchal, toute l'armée a grande confiance en « vous ; pressez-vous de lui donner une victoire ; elle est prête à « vous seconder. Pensez à la France, pensez à votre gloire ! »

Il y avait là assurément de sérieux sujets de méditation pour un grand cœur.

chaque régiment d'infanterie ou de cavalerie; elles porteront le nom de *partisans d'infanterie ou de cavalerie de tel ou tel corps d'armée*, et se conformeront entièrement au titre XI de l'ordonnance du 3 mai 1832.

Quant aux expéditions à entreprendre, avec ou sans partisans, on a de la peine à faire comprendre à chacun qu'elles sont nécessaires, pour toutes les raisons dites dans le conseil. Ainsi l'on a écrit hier au 2e corps : « On me dit que l'ennemi organise des « dépôts à Peltre, à 3 kilom. à peine du fort Queuleu ; « nous ne devons pas tolérer cette organisation. Mon « intention est donc que, de concert avec le 3e corps, « vous combiniez une petite opération sur la gare « de Peltre. Elle pourrait être exécutée demain à la « pointe du jour. Il ne vous échappera pas, du reste, « qu'il ne s'agit, dans ma pensée, que d'un coup de « main, auquel il n'y a pas lieu de donner de trop « grandes dimensions. Dans le même ordre d'idées, « je désire que votre cavalerie inquiète et déposte au « besoin des escadrons de cavalerie prussienne, qu'on « m'assure être établis à la ferme de Saint-Thiébault, « et qui poussent journellement des partis jusque « dans Magny, où ils auraient pris cinq chevaux « dans la journée d'hier. N'y aurait-il pas lieu de « faire occuper ce village par vos avant-postes? On « assure qu'il s'y trouve beaucoup de fourrage; « il faut l'acheter aux habitants, et surtout ne pas « le laisser aux Prussiens. »

Ce matin rien n'a été fait dans ce sens. Nos approvisionnements, chacun le sait, sont fort insuffisants; il est désirable de les augmenter par tous les moyens possibles, et chacun devrait, dans la zône qui lui est confiée, rechercher par quels moyens il peut accroître nos ressources. Eh bien! le 25, il a fallu écrire d'un côté : « Je suis informé qu'en avant du « fort de Saint-Privat il y a trois meules de foin, « faites-les rentrer cette nuit. » Le 27, on a dû adresser, d'un autre côté, la lettre suivante, « votre « bulletin de renseignements signale des fourrages « dans Villers l'Orme, Chieulles, Borny, faites-les « enlever aujourd'hui. » On donne de semblables avis à tous les corps d'armée, et on signale particulièrement la ferme de Maison Rouge comme remplie de gerbes de blé. On a beaucoup de peine à obtenir l'exécution de ces petites opérations nécessaires, parce qu'on n'ordonne jamais de façon à être obéi.

29 août. — Le temps redevient meilleur et le sol sèche un peu. Je fais une tournée du côté de Moulins et de Longeville. Tous ces beaux côteaux si verts, il y a peu de jours encore, sont déjà jaunis par la présence de nos bivouacs; en plusieurs endroits, les ceps de vigne sont couchés à terre, privés de leurs fruits et de leurs feuilles; les arbres, nécessaires à nos camps, sont coupés de toutes parts; la riche campagne des environs de Metz est dévastée pour longtemps. Que d'années de labeur ne faudra-t-il pas en effet pour réparer ces ruines d'un jour!

30 août. — *Nouveaux projets de sortie.* — Ce matin, on prévient les commandants de corps d'armée, avec lesquels on est relié par un fil télégraphique depuis deux jours, que l'on exécutera peut-être un

mouvement de midi à une heure. On prescrit de faire distribuer de suite *la* ration de biscuit et *les deux* jours de lard de réserve, qui restent en magasin. Les ordres sont donnés avec un tel mystère dans les corps, qu'ils sont connus en quelques instants de tout le camp et de la ville. Du reste, il en a toujours été ainsi dans nos différentes entreprises.

Vers 10 heures, on fait connaître que l'opération projetée est suspendue, mais on recommande néanmoins de faire passer une visite de santé, de renvoyer les malingres dans la place et de réduire les bagages au strict nécessaire, dès aujourd'hui même. Pour détourner l'attention sans doute, le maréchal Canrobert est invité à examiner s'il pourrait tenter un coup de main sur Saulny, qui, dit-on, n'est pas occupé; puis, le soir, on expédie à tous les corps d'armée des ordres analogues à ceux du 25, mais avec les modifications suivantes :

« Le 3e corps commencera son mouvement *de bonne* « *heure;* sa 3e division restera à Metz. Le 4e arrivera « à 6 heures, au plus tard, sur les bords de la Moselle, « et la franchira par les trois ponts à la fois. Le « 6e pourra *probablement* commencer le passage, vers « 7 heures et quart; la garde à 8 heures et demie, « la réserve générale d'artillerie à 9 heures et quart, « et le corps de réserve de cavalerie à 10 heures. »

« Il y aura un officier de l'état-major-général à « chaque pont, pendant toute la durée du mouve- « ment de l'armée ; un officier de l'état-major de « chaque corps et de chaque division surveillera « également le passage du corps et de la division, « auxquels ils appartiennent. »

Si l'on avait prescrit ces simples mesures réglementaires, les 15 et 17, à la traversée du ravin de Mance, à l'Est de Gravelotte, et le matin et le soir du 26, aux ponts de la Moselle, on aurait évité bien du désordre et des fatigues aux troupes. Mais on utilise à peine les officiers d'état-major.

On va donc tenter encore une sortie dans la direction de Thionville. Cela paraît bien plus inconcevable, après les résolutions prises le 26, et qui ne sont plus un secret pour personne. Que s'est-il donc passé de nouveau depuis hier? Voici les bruits les plus accrédités. On dit que le maréchal a reçu ce matin une lettre, lui annonçant que l'armée du maréchal de Mac-Mahon s'approche de Stenay[1]. En outre, un des agents envoyés au dehors, et rentré aujourd'hui, a apporté des renseignements, qui paraissent fort exacts. Il est parti de Metz, le 26, avec des lettres du maréchal pour l'Empereur; il est arrivé à Verdun le 27; là, il a appris que le maréchal de Mac-Mahon était passé non loin de la place remontant sur Stenay-Montmédy, que, le 24, Verdun a été attaqué par des Prussiens, les a repoussés, et qu'on les a vus traverser la Meuse, au nombre de 30,000, sur des ponts, jetés en amont et en aval de la ville; il ajoute qu'à son retour il a rencontré le IIIe corps sur la route de Verdun, et que le prince Frédéric-Charles est venu le 29 de Doncourt à Briey[2].

[1] Cette lettre, datée du 22 août de Reims, et parvenue à Metz le 30, figure dans le *Supplément* (note IV).

[2] Les renseignements, donnés par cet agent, étaient excellents. De fait, le 24, le corps saxon, avait tenté de surprendre

31 août. — *Combat de Sainte-Barbe* (de Noisseville). *Première journée.* — L'opération du passage des trois ponts de la Moselle commence à 6 heures du matin, pour les 70,000 hommes, qui composent les trois corps campés sur la rive gauche (4e, 6e corps et garde); elle n'est terminée qu'à 5 heures du soir, environ. Quant à la réserve générale d'artillerie, placée, depuis quelques jours, sous les ordres du général Bourbaki, elle n'atteint le plateau que vers 6 heures, précèdant la cavalerie du général Desvaux, qui n'entre ainsi en ligne que fort tard.

En arrivant sur la hauteur, nos troupes s'établissent de la manière suivante : *En première ligne,* à droite, le 3e corps, avec trois divisions d'infanterie et de cavalerie en arrière de Noisseville, la droite refusée sur la route de Sarrelouis, la gauche sur la hauteur entre Nouilly et Mey vers le bois situé au Nord-Est de ce village; le 4e corps à sa gauche, perpendiculairement à la route de Sainte-Barbe; enfin, le 6e corps prolongeant la ligne et refusant sa gâuche, portée à la cote 216 de la route de Bouzonville; la cavalerie des deux derniers corps, en avant de leur infanterie.

En deuxième ligne : Le 2e corps derrière le 3e, la droite à la ferme Bellecroix, la gauche sur les hauteurs de la rive droite du ravin de Vallières ; sa divi-

Verdun, et, n'ayant pu réussir, avait passé la Meuse pour rejoindre le gros de la 4e armée prussienne, s'avançant vers l'Argonne. De fait encore, le maréchal de Mac-Mahon était au Chêne le 27, allant vers Stenay, et le prince Frédéric-Charles, avec les IIe, IIIe et IXe corps se tenait entre Metz et Verdun pour s'opposer au besoin à une marche du maréchal de Mac-Mahon vers nous.

sion de cavalerie sur son flanc droit, éclairant la route. La garde, la réserve générale d'artillerie, et le corps de cavalerie, entre le fort Saint-Julien et le bois de Grimont, à cheval sur la route de Bouzonville, la gauche en arrière de Châtillon, la droite appuyant au 2e corps.

Le grand-quartier-général, au village de Saint-Julien ; les bagages des 2e et 3e corps derrière l'armée, sur la rive droite; ceux des autres corps dans l'île Chambière.

Au premier mouvement de nos troupes, le général von Manteuffel, qui commandait les portions de ligne d'investissement que nous menaçions, avait concentré ses troupes en avant de son front[1]; la bri-

[1] Le IIe corps avait été retiré, depuis quelques jours, de la ligne d'investissement, telle qu'elle a déjà été décrite, et cette ligne n'était plus formée que par la 1re armée et un seul corps de la 2e (le Xe, établi dans la plaine de Maizières). A cet effet le VIIe à cheval sur la Moselle, en amont de Metz, s'était étendu sur la rive gauche jusqu'à Gravelotte, et le VIIIe avait garni les positions de Gravelotte à la hauteur de Saulny. Quant aux trois autres corps de la 2e armée, ils avaient été maintenus hors des lignes, sur les routes principales, par lesquelles pouvait arriver le maréchal de Mac-Mahon, parvenu aux environs de Sedan : ainsi, le IIIe était sur la route de Conflans, le IIe sur celle de Briey, et le IXe à Roncourt (18e div.), et Pierrevilliers (25e div.), près du quartier-général de Malancourt.

« Le matin du 31, les postes d'observation de l'investissement « faisaient connaître, dit le rapport prussien, que l'on aperce- « vait un grand mouvement dans les camps français, et que l'on « pouvait prévoir une lutte sur la rive droite de la Moselle. Le « général de Voigts-Rhetz se hâta de faire passer la rivière à « Hauconcourt à toutes ses forces disponibles, ainsi qu'il en « avait reçu l'ordre les jours précédents. Le prince Frédéric- « Charles fit prescrire en outre aux IIe, IIIe et IXe corps, placés « en dehors du cercle d'investissement, de se concentrer sur

gade de ligne de la division von Kummer garnissait la ligne Malroy-Charly; elle tenait sur son front le château de Rupigny, et était appuyée en arrière par la 3e division de landwehr, bientôt dirigée sur Sainte-Barbe, et remplacée à Antilly par la division hessoise. Venait ensuite la première brigade d'infanterie, établie derrière la ligne Failly-Servigny, occupant aussi Noisseville et Vremy, et ayant en réserve la 2e brigade, à l'Est de ce dernier village, contre la route de Sainte-Barbe. Plus loin, la 4e brigade occupait Mercy-le-Haut, Aubigny, Colombey, et la 3e était appelée de Courcelles vers la hauteur de Puche, le long de la chaussée de Sarrebruck; elle était plus tard amenée dans Retonfay. Quant aux deux régiments de cavalerie divisionnaire du Ier corps, ils s'étendaient de Noisseville à Colombey, et la 3e division de cavalerie était bientôt dirigée toute entière vers Retonfay par le général von Steinmetz, pour couvrir tout le terrain entre les routes de Sarrelouis et de Sarrebruck.

Tandis que l'ennemi prenait ainsi, en toute sécu-

« divers points, et se rendit de sa personne à l'observatoire du « Horimont, au nord de Fèves. Là, jugeant nécessaire de ren- « forcer le général von Manteuffel, il fit diriger aussitôt la « 25e division par Hauconcourt sur Antilly, tandis que le géné- « ral von Steinmetz envoyait de Pouilly une brigade du VIIIe « corps pour relever, à Courcelles-sur-Nied, les troupes du « Ier corps. »

Le prince resta sur le Horimont pendant le combat du soir, puis, à la nuit, retourna à son quartier-général, après avoir ordonné au général von Manstein de partir immédiatement avec sa 18e division, pour aller, par Marange et Hauconcourt, soutenir le Ier corps, si nous renouvelions notre attaque le lendemain.

rité, ses dispositions de défense, nos troupes arrivaient lentement sur le plateau et recevaient l'ordre de faire le café. Vers 2 heures, le maréchal Bazaine s'avançait sur la route de Sainte-Barbe, et, pour faire appuyer l'attaque projetée, faisait établir par le génie et l'artillerie un épaulement de batterie à gauche de cette route, à hauteur de la cote 261, dans un rentrant formé par des vignes. Six pièces de 12 de la réserve du 4e corps étaient amenées vers 4 heures derrière ce parapet, et une autre batterie de cette réserve se plaçait à droite de la route en face de Poix; de plus, on allait chercher au fort Saint-Julien trois pièces de 24 court, pour les placer également à droite de la route, et en avant de la ferme de Grimont.

A 4 heures, la lutte commença enfin par quelques coups de ces grosses pièces, et le feu s'alluma sur toute la ligne; l'ennemi, qui avait pris avec soin ses dispositions, écrasa aussitôt du feu de son artillerie les quelques batteries que nous avions placées devant lui; celle que l'on avait abritée derrière un épaulement subit en quelques instants de grosses pertes, et l'on dut les faire reporter toutes en arrière. Les canonniers Prussiens, encouragés par ce succès, allongèrent immédiatement leur tir, et couvrirent de projectiles tout le plateau jusqu'à la ferme de Grimont; nos troupes, déployées sur plusieurs lignes et couchées à terre, ne souffrirent pas heureusement de ce feu formidable, et l'infanterie ennemie resta, selon son habitude, abritée très en arrière des batteries prussiennes.

On a bien souvent dit, que, pour combattre cette

tactique constante de nos adversaires, il aurait fallu en adopter, pour notre compte, une très simple : ne pas user nos munitions de bouches à feu dans un duel inégal; faire avancer nos tirailleurs, nos compagnies de partisans, jusqu'à 800 mètres des canons ennemis, en les abritant avec soin derrière les plis du terrain ; profiter de la supériorité incontestable de notre chassepot[1], pour lancer des balles sur les batteries de l'adversaire; les forcer à s'éloigner, les poursuivre, contraindre ainsi l'infanterie ennemie à sortir enfin de ses cachettes, faire usage alors de nos canons, de nos mitrailleuses pour l'ébranler, puis l'aborder vigoureusement à la baïonnette.

Cependant, au signal donné par les pièces de la ferme de Grimont, le maréchal Le Bœuf avait porté en avant ses troupes, qui étaient en position depuis huit heures du matin. Sainte-Barbe étant dans une situation dominante, et sur la route principale que nous devions suivre pour gagner Thionville, devait être évidemment considérée comme la clef de la position ; il était naturel dès-lors de l'attaquer, en faisant avancer notre droite par Retonfay et Noisseville vers le château de Gras et vers Cheuby, de contenir l'ennemi au centre, puis de l'attaquer sur Poix et Servigny, après le succès du 3e corps, et de le rejeter ainsi sur Malroy en se rabattant vers la Moselle, le long de la route de Vigy. Il semble cependant, que,

[1] Les Prussiens, malgré leurs dénégations intéressées du temps de paix, ont tellement reconnu cette supériorité de nos armes, que leurs grand'gardes devant Metz étaient toutes munies de quelques chassepots.

dans l'exécution de ce plan, le 6e corps, placé à l'extrême gauche, sans se lancer avec trop de vigueur sur la ligne de Malroy-Charly-Failly, aurait dû assez prononcer son mouvement en avant, pour faire craindre à l'ennemi une entreprise directe sur ses ponts de la Moselle, sa ligne de retraite naturelle.

Il aurait fallu, dans tous les cas, commencer l'opération plus tôt; il aurait fallu surtout surprendre l'ennemi, et écraser son camp de Ste-Barbe par une grande supériorité d'artillerie. Il eût suffi pour cela de faire passer la réserve générale de cette arme avant la garde, qui n'était pas nécessaire pendant les premières heures du combat.

On ne prit pas cette sage précaution, et, de plus, le mouvement de l'aile droite, qui aurait dû être mené très rapidement, s'exécuta avec une extrême lenteur. De ce côté, la division Metman s'était portée du côté de Nouilly; la division Montaudon, soutenue par la division Fauvart-Bastoul (ancienne Bataille) avait marché dans la direction de Noisseville, et, avec une de ses brigades, attaquait Montoy et Flanville, qu'occupait la 3e brigade d'infanterie ennemie, sous la protection de batteries, postées en avant de Retonfay. Le 1er régiment d'infanterie prussienne, attaqué en même temps à la « Brasserie et dans Nois- « seville, était obligé », dit le rapport du général von Manteuffel, « d'évacuer ces deux points, et de se « retirer sur Servigny, pendant que des tirailleurs « français, fortement établis dans les côteaux de « vignes de Noisseville, ouvraient un feu des plus « vifs sur les batteries prussiennes, amenées en « avant de Servigny, et les forçaient même à faire « demi-tour. »

Nouilly et Noisseville furent enlevés à 6 heures et demie, et l'ennemi fut rejeté dans Retonfay, tandis que, plus à droite, deux escadrons de dragons français, ayant mis pied à terre, occupaient Coincy avec le concours de deux bataillons du général Lapasset, qui était maître de Colombey, depuis 9 heures du matin. « Mais ces attaques sur la droite « avaient l'inconvénient de détourner de l'action « principale contre Ste-Barbe », dit notre rapport officiel, « et l'on ne put aborder Servigny qu'à « 6 heures et demie du soir. » Le 4e corps en effet, maintenu déployé sous le feu violent de l'ennemi, avait dû attendre, pour se porter en avant, que le 3e corps eût effectué une partie de son mouvement tournant; quant au 6e corps, il devait se conformer à la marche du 4e. Le moment venu, la division Metman fut chargée de l'enlèvement de Servigny; sa 1re brigade y pénètre à gauche par les jardins, mais, trouvant les rues barricadées et les maisons crénelées, elle doit se retirer bientôt sous un feu violent de mousqueterie. Pour soutenir cette attaque, les deux premières divisions du général de Ladmirault se portent en avant : le général de Cissey, à droite sur plusieurs lignes, le général Grenier à gauche sur la route de Ste-Barbe, et occupant en échelons les pentes couvertes de vignes du ravin de Villers l'Orme; en arrière et en réserve, était le général de Lorencez, chargé d'appuyer le mouvement.

Villers l'Orme fut facilement enlevé, les premières tranchées prussiennes occupées, et la marche poursuivie, au son des tambours et avec beaucoup d'entrain, sur les retranchements de Poix et de Servigny.

Nos premières lignes les emportent, et le 20ᵉ bataillon de chasseurs, les précédant, se jette sur ce dernier village à la baïonnette; il pénètre dans les maisons; mais, comme les soldats de la division Metman, ce bataillon se trouve arrêté par les barricades. En vain, les 1ᵉʳ et 6ᵉ régiments d'infanterie veulent l'appuyer : l'ennemi ne consent à céder Servigny qu'à l'arrivée de la division Aymard, et il continue même à se maintenir, à la chute du jour, dans une maison crénelée, située à l'extrémité du village.

La division Grenier et la 2ᵉ brigade du général de Cissey avaient attaqué en même temps les retranchements du chemin de Failly, les avaient enlevés, mais n'avaient pu parvenir à pénétrer dans le village de Poix.

Enfin, à la gauche de notre ligne de bataille, le maréchal Canrobert avait pris possession de Chieulles et de Vany avec ses compagnies de partisans, et avait établi le général Tixier à droite, le général Lafont-de-Villiers à gauche et le général Levassor-Sorval en réserve, avec la cavalerie, face au débouché de Malroy. Le 6ᵉ corps devait se porter sur Charly. « D'après la marche des affaires au centre, je lui donnai « l'ordre », dit le rapport du maréchal Bazaine, « de « se diriger sur Failly, dont l'occupation pouvait « faire tomber Poix et Servigny. » La 1ʳᵉ division du 6ᵉ corps s'avança, en conséquence, sur le village qui lui était désigné; mais, la nuit étant arrivée, et les 3ᵉ et 4ᵉ corps s'étant repliés en arrière, « le maréchal Canrobert jugea indispensable de suspendre « le mouvement du général Tixier, afin de rester lié « au général de Ladmirault, et il fit avancer en « ligne ses autres divisions. »

On s'arrêta donc, et ce fut une grande faute, si, toutefois, on était bien décidé à percer la ligne ennemie. Il fallait profiter de l'élan donné aux troupes dans la soirée; le mouvement du centre contre Servigny et Poix s'était en effet opéré avec une grande vigueur, car, au moment où toutes choses languissaient, et où, la nuit approchant, on se demandait ce qu'on allait faire, soudain, toutes les lignes d'infanterie s'étaient mises en marche entre la route de Sainte-Barbe et le ravin de Nouilly; les tambours avaient battu la marche, et même un moment la charge, comme pour s'élancer à un assaut. On dit que la première impulsion fut imprimée à toutes ces troupes par le général Changarnier, qui était venu à Metz, à la suite des affaires du 6 août, et qui, depuis cette époque, suivait noblement en volontaire le 3e corps d'armée. Se trouvant auprès d'un bataillon, au moment où l'on se portait vers Servigny, il aurait adressé à son chef ces énergiques paroles : « Allons, commandant, en avant! Montrez « que vous avez du nerf » ; et il aurait donné lui-même le signal de la charge.

Quoiqu'il en soit, le nerf, qui paraissait un peu émoussé à la suite de nos premiers revers de la campagne, s'était réveillé tout à coup, et nous suivions tous avec émotion cet élan de notre infanterie, qui nous rappelait de si belles pages de son héroïque passé. Nous espérions qu'il serait utilisé, malgré la nuit, malgré le brouillard et l'épaisse fumée, qui s'étendaient sur les vallées. Le général de Ladmirault n'avait pas épuisé ses réserves; le 6e corps avait à peine combattu; la garde et le 2e corps n'avaient pas donné ; notre nombreuse cavalerie, qui était dans de si heureuses conditions pour agir vers les routes de Sarrebruck et de Sarrelouis, où elle pouvait menacer l'ennemi de le déborder, et se mesurer avec sa rivale, postée vers Retonfay, notre cavalerie, à part l'action de Coincy, n'avait encore rien tenté de sérieux d'aucun côté.

Ayant sous la main d'aussi nombreuses ressources, il ne fallait pas lâcher l'adversaire, qui n'avait placé en face de nous que le Ier corps, la division von Kummer, la division hessoise, des troupes du Xe corps et une division de cavalerie, soit de 60 à 70,000 hommes, répartis d'Olgy à Coincy, tandis que nous pouvions disposer sur le point décisif, entre les routes de Sainte-Barbe et de Sarrelouis, des 3e et 4e corps soutenus par la garde, c'est à dire de 90,000 hommes. Il fallait donc forcer le passage de nuit, avant que l'ennemi ne l'eût fait infranchissable. Or, le commandant en chef quitta, à 9 heures, le champ de bataille et rentra au pas à Saint-Julien, tandis qu'une fusillade assez vive s'échangeait encore entre les adversaires en présence, de Poix à Servigny. Nous étions dans Servigny, il est vrai, mais avec des régiments confondus, qu'on ne pouvait, en pleine nuit, reformer assez complétement pour organiser régulièrement la défense ; aussi, fut-il impossible de résister à un retour offensif de l'ennemi, et dut-on évacuer ce village important, pour venir occuper la ligne des crêtes, à 300 mètres en arrière.

Pendant notre courte occupation de Servigny, les soldats des deux armées, étant fort près les uns des autres, des officiers du 33e affirment avoir entendu très distinctement les paroles suivantes, dites par un Prussien à un de ses camarades : « Aujourd'hui, les « Français nous ont bien battus; s'ils nous pour« suivent cette nuit, nous sommes perdus, car nous « n'avons plus de munitions, et nous ne sommes pas « en force; mais gare à eux, s'ils attendent à de« main : nous aurons notre revanche. » On ajoute encore que, le matin du 1er septembre, un jeune officier prussien, prisonnier, interrogé par un de nos généraux, lui aurait dit en entendant le canon : « Hier, vous auriez pu enlever la position; n'y « comptez pas aujourd'hui : elle est trop forte. »

« A 10 heures du soir, » dit le rapport français, « l'armée occupait les positions suivantes : *à l'extrême « droite*, la division Castagny, du 3e corps, était « entre le fort Queuleu et Colombey, se reliant à la « brigade Lapasset, qui occupait ce dernier village, « ainsi que celui de Coincy. La division Fauvart« Bastoul, *du* 2e *corps*, était sur la route de Sarre« bruck, appuyée à Flanville; l'autre division de ce « corps (division Vergé), à Bellecroix, en réserve « avec trois régiments; son 4e régiment (le 32e) était « en soutien à Noisseville. *Dans le* 3e *corps*, une bri« gade de la division Montaudon à Montoy; l'autre « (général Clinchant) à Noisseville. Les divisions « Metman et Aymard entouraient Servigny. *Le* « 4e *corps d'armée* avait également une division « devant ce village, une autre en face de Poix et « devant le chemin de Failly; la troisième près des « deux autres et en réserve. *Le* 6e *corps* avait sa « droite en arrière de Failly, sa gauche vers la Mo-

« selle, par Vany et Chieulles. *La garde* s'était un « peu avancée : la division de voltigeurs était en « arrière du 4e corps; celle de grenadiers, en avant « du château de Grimont, de manière à couvrir nos « réserves d'artillerie et de cavalerie, qui étaient res- « tées autour du fort Saint-Julien. »

MOIS DE SEPTEMBRE.

1er septembre. — *Combat de Sainte-Barbe* (de Noisseville). *Deuxième journée.* — Prévoyant la continuation de la lutte pour le lendemain, l'ennemi avait fait arriver, pendant la nuit, de nouvelles troupes, dont il paraissait difficile de triompher le 1er septembre[1]. Chez nous, on ne releva pas, avec les réserves, les corps de première ligne, qui étaient fatigués, et l'on ne changea rien aux dispo-

[1] Le prince Frédéric-Charles n'a pas paru à Sainte-Barbe pendant les deux journées. Sachant que les 3e et 4e armées prussiennes devaient être aux prises avec le maréchal de Mac-Mahon, il restait sur la rive gauche avec les IIe et IIIe corps, prêts à marcher au premier ordre. « Dans la matinée du 1er septembre, « dit le rapport prussien, » on avait entendu des détonations « dans la direction de Montmédy (c'était comme on se l'expliqua « plus tard, le canon de la bataille de Sedan). » — Sedan est à 100 kilomètres de Metz, à vol d'oiseau! — « Mais, bientôt, elles « furent dominées par le bruit de l'artillerie sur la rive droite « de la Moselle. Le prince Frédéric-Charles se porta, vers « 8 heures, sur le Horimont. » Le IXe corps était maintenant tout entier près du Ier, avec la division von Kummer, une partie du Xe corps et du VIIe. Le rapport prussien parle du corps du général de Failly, au lieu de celui du général Frossard, et se termine en disant que, d'après les réponses des prisonniers, ni le corps du général de Ladmirault, ni la garde n'avaient quitté leurs positions de la rive gauche de la Moselle, pendant ces deux journées de combat! Combien il est difficile d'être exactement renseigné à la guerre!

sitions de la veille. L'attaque recommença au jour. L'ordre était toujours d'enlever Sainte-Barbe, mais cet ordre contenait une restriction, qui laissait percer la pensée d'une retraite : « Si l'ennemi s'est accru, » était-il dit, « on se bornera à se maintenir jusqu'au « soir dans les positions du 31, afin de revenir « ensuite sous le canon des forts et de la place de « Metz. »

Jusqu'à 7 heures, le brouillard fut si épais qu'il était impossible de distinguer l'ensemble du champ de bataille ; on n'avançait nulle part, et l'ennemi se bornait à nous inquiéter par une vive canonnade, qui avait commencé vers 5 heures du matin. Dès que le brouillard se fut dissipé, il prit l'offensive contre le 3e corps ; son feu partait des hauteurs, qui vont de Maizery à Sainte-Barbe, par Retonfay et le château de Gras. Il se porta sur le village de Noisseville, qui avait été mis en état de défense, et qu'occupait toujours la brigade Clinchant, soutenue par le 32e régiment d'infanterie ; deux fois les Prussiens sont vigoureusement repoussés, tandis qu'à l'extrême droite le général de Castagny recevait l'ordre de chercher à se rapprocher du 2e corps, dans la direction de Colombey et du château d'Aubigny.

On n'avançait ni d'un côté ni de l'autre, lorsque tout à coup la division Fauvart-Bastoul, obligée de reculer sous le feu dirigé contre elle, abandonne sa position de la route de Sarrebruck, à hauteur de Coincy. Ce mouvement de retraite, laissant à découvert la droite de la brigade de la division Montaudon, qui occupait Montoy et Flanville, le maréchal Le Bœuf prescrit à la division Fauvart-Bastoul de se reporter en avant, « ce qu'elle fit, avec une grande « vigueur, » dit le rapport du commandant du 3e corps; mais, l'artillerie ennemie l'écrasant de nouveau, le maréchal Le Bœuf fut obligé de lui donner lui-même l'ordre de battre en retraite, et la division Montaudon dut se retirer à son tour; elle le fit avec le plus grand ordre sous le feu de l'ennemi, qui reprenait aussitôt possession de Noisseville et de la Brasserie, et que nous voyions s'abriter derrière les arbres de la route de Sarrelouis, sans se hasarder à s'avancer à la poursuite de nos troupes. « Nous avons pu constater, » dit le général von Manstein dans son rapport, « que les bataillons « ennemis, placés dans Noisseville et la Brasserie, « s'étaient défendus avec une bravoure extraordi« naire, malgré le feu violent de notre artillerie. »

« C'est à ce moment, » ajoute le maréchal Bazaine dans son bulletin, « que le corps de réserve de cava« lerie se formait, pour entreprendre une charge « dans le terrain découvert, qui est en avant de « Servigny; et les divisions d'infanterie de la garde « se préparaient à en profiter, pour prononcer un « retour offensif, qui aurait entraîné très certaine« ment les troupes des 3e, 4e et 6e corps les plus à « proximité, et Sainte-Barbe eût été enlevé. »

« Les conséquences de la retraite [1] du général

[1] On a vu plus haut qu'en opérant cette retraite le général Fauvart-Bastoul n'avait fait qu'obéir aux ordres du maréchal Le Bœuf. Il n'est donc nullement responsable de l'insuccès de l'opération, si tant est que l'on puisse attribuer cet insuccès à la manœuvre exécutée par sa division, au moment où il n'y avait plus aucune chance de percer les lignes prussiennes.

« Fauvart-Bastoul furent des plus graves; le 3e corps « dut rétrograder, et l'opération que j'avais tentée, » dit en terminant le maréchal « se trouvait par suite « avoir complétement échoué. »

Pendant ce temps, le 4e corps avait maintenu ses lignes devant Poix et Servigny, malgré une vive canonnade de l'ennemi ; la division de Lorencez avait remplacé en première ligne la division de Cissey, mais n'avait pu gagner du terrain. Enfin, au 6e corps, le général Tixier avait commencé l'attaque de Failly, lorsqu'il vit l'immobilité du 4e corps, puis sa retraite, qui entraînait naturellement la sienne, et celle du corps du maréchal Canrobert. La garde, établie en partie dans des tranchées, en avant et à droite de Grimont, était restée en réserve.

La retraite était devenue nécessaire. On l'ordonna vers 11 heures, et elle fut exécutée en échelons jusque sous les forts. Le mécontentement était très vif dans tous les rangs; chacun se disait qu'une armée comme la nôtre, attaquant un point quelconque de la circonférence ennemie, devait la traverser, dès qu'elle en aurait la volonté; mais, qu'il était indispensable, pour réussir, de surprendre l'ennemi et de supprimer les bagages. Cela était clair pour tout le monde; aussi, ne put-on s'expliquer notre insuccès qu'en se disant : « Avait-on bien l'intention de « réussir[1]? »

[1] On peut se demander aujourd'hui ce que nous serions devenus, si nous avions réussi à traverser les lignes ennemies. — C'était le jour de la bataille de Sedan, et notre position vers Thionville ou Montmédy, entre les quatre armées prussiennes, eût certes été des plus critiques.

Nos pertes dans ces deux journées de luttes sont à peu près semblables à celles de l'ennemi; elles s'élèvent à 150 officiers et 3,400 hommes hors de combat.

2 septembre. — L'armée a repris ses positions autour de Metz; les 2e et 3e corps, sur la rive droite, les autres sur la rive gauche. Après cette tentative inutile pour sortir, la situation est devenue bien plus grave encore que par le passé, et la question des vivres va se poser plus impérieuse que jamais.

Le 29, on a donné l'ordre au général Coffinières, commandant supérieur à Metz, de requérir tous les bestiaux que l'on trouvera dans la place, et de les payer de façon que le kilogramme de viande revienne à 2 francs aux consommateurs; on n'a réservé que les vaches laitières, destinées aux hôpitaux et à l'alimentation des enfants, dont la mortalité est déjà malheureusement très grande. On apprend aujourd'hui que les magasins de l'armée ne possèdent plus que 385,000 rations de lard, soit 770 quintaux métriques, ce qui est bien peu de chose.

3 septembre. — *Abus de la convention de Genève.* — En allant à Metz aujourd'hui, je rencontre un collégien avec le brassard des neutres au bras; déjà, à Maison-Neuve, aux avant-postes, j'avais eu occasion de causer avec un paysan également muni du brassard, parce que, disait-il, il y avait un blessé dans sa maison. Cet abus, et beaucoup d'autres, que nous avons tous remarqués pendant la campagne, exigent une révision sérieuse de la convention de Genève. Il

paraît nécessaire, dans tous les cas, d'établir : 1° que le brassard, avec cachet spécial et croix rouge, ne doit être porté que par *les militaires non combattants* et non armés[1], qui relèvent les blessés sur le champ de bataille, et *par un petit nombre de membres civils de l'internationale munis d'une commission*, qu'ils présenteront à chaque réquisition (il est nécessaire d'édicter des peines contre le port illégal du brassard) ; 2° que les sociétés de secours aux blessés ne peuvent fonctionner qu'en arrière des lignes et dans les villes ; jamais aux avant-postes ou dans l'intérieur des camps. Les jours de bataille, les ambulances militaires seules doivent opérer ; quant aux ambulances civiles, elles ne peuvent recevoir les blessés qu'en arrière des réserves ; 3° enfin, aucune relation n'est permise entre un membre de l'internationale et l'ennemi.

Dimanche, 4 septembre. — *Commencement de la distribution de viande de cheval.* — On commence aujourd'hui la distribution régulière de la viande de cheval. Elle sera faite sous la surveillance des vétérinaires, et les chevaux, qui n'appartiennent pas à l'armée, devront en outre être visités avant l'abattage. Le taux de la ration est élevé à 350 grammes avec maintien du quart de litre de vin, accordé à chaque homme, le 22 août. Le sel commençant à faire défaut, on propose d'exploiter la source salée

[1] Les infirmiers prussiens portent le sabre ; aussi, les arrête-t-on sur le champ de bataille, et se voit-on obligé ensuite de les relâcher, en vertu de la convention de Genève, après qu'ils ont traversé et vu nos lignes.

de Bellecroix, mais on reconnaît bientôt que l'extraction de ce précieux condiment entraînerait à des frais considérables, sans le produire en quantités suffisantes. On se borne donc à se servir de cette source pour fabriquer le pain, et l'on assigne des heures aux hommes des différents corps qui viennent y chercher de l'eau pour la soupe.

5 septembre. — Il est difficile d'obtenir de nos avant-postes l'exécution rigoureuse des dispositions réglementaires du service en campagne (article 94) sur la réception des parlementaires. Le 18 août, ils envoyaient au quartier-général du maréchal Bazaine deux ecclésiastiques, chargés d'accompagner le corps du général Marguenat, tué à Rezonville; quelques jours plus tard, c'était un médecin allemand, qui suivait sans obstacle un convoi de blessés français, et arrivait ainsi, avec les conducteurs de ses voitures, jusque sous les murs de la place; plus récemment encore, un officier de hussards pénétrait sans difficultés, les yeux bandés il est vrai, jusqu'au Ban-Saint-Martin, et était admis à remettre lui-même à l'état-major général français une lettre du général von Gœben, qui aurait dû être reçue aux avant-postes, avec toutes les précautions sagement indiquées par les règlements.

6 septembre. — *Premières rumeurs sur la bataille de Sedan.* —Toute la journée d'hier, on a déclaré que, du haut du Saint-Quentin, on apercevait de la fumée dans la direction de Briey, et que l'on entendait distinctement le canon. On a cru remarquer, en outre,

un grand mouvement dans les camps prussiens qui nous entourent; beaucoup de monde passait même de la rive gauche sur la rive droite. Les suppositions les plus diverses se font jour aussitôt. Ce canon, c'est celui du maréchal Mac-Mahon, disent les uns[1], marchons au devant de lui. Ce grand mouvement vers la rive droite, c'est le commencement de la retraite des Prussiens, menacés par l'Autriche, disent les autres[2], et le bruit se répand bientôt à Metz qu'un témoin digne de foi aurait vu, le samedi 3, dans les environs de la place, le Roi et M. de Bismark, se rendant précipitamment à Berlin.

D'autres nouvelles assez étranges, qui nous parviennent dans la soirée, sont d'une toute autre nature. Deux personnes, qui ont réussi à venir de Pont-à-Mousson à Metz, déclarent qu'on aurait affiché et célébré dans la première de ces villes une grande victoire, à la suite de laquelle 80,000 français auraient mis bas les armes avec l'Empereur lui-même. Le fait ne nous paraît guère croyable. On a bien dit, il est vrai, le 3, à un de nos officiers, envoyé en parlementaire sur la route de Sarrebruck, que le prince royal de Saxe avait surpris l'arrière garde du maréchal de Mac-Mahon, et lui avait pris 3,000 hommes, ainsi que 11 canons. De plus, le soir de cette communication, nos avant-postes ont également signalé sur toute la ligne ennemie des houras, des cris d'al-

[1] Nous avons su depuis que, le 5 septembre, les Prussiens avaient bombardé Montmédy, qui est à 72 kilomètres de Metz.

[2] C'étaient nos malheureux frères d'armes de Sedan, qui se rendaient prisonniers en Allemagne; ils défilèrent ainsi par groupes nombreux, pendant plus de quinze jours, pour aller prendre le chemin de fer de Remilly.

légresse, des bruits de musique, qu'un habitant d'un village du Nord nous a dit être motivés par un grand triomphe remporté sur l'Empereur, pris, disait-on, avec toute son armée. Mais qu'y a-t-il de vrai dans ces rumeurs, qui nous parviennent ainsi de plusieurs côtés différents? N'est-il pas à présumer que l'armée du maréchal de Mac-Mahon, assaillie par des forces supérieures, a dû se retirer vers les places du Nord, après avoir sans doute subi de grandes pertes!

7 septembre. — *Nos tentatives pour correspondre avec l'intérieur du pays.* — Depuis que nous sommes bloqués dans Metz, nous avons essayé de divers moyens pour communiquer avec le dehors. Des lettres particulières, des listes de noms ont été confiées à des individus, qui, moyennant une certaine somme, s'offraient à traverser les lignes; ils n'ont pas pu y parvenir. Sera-t-on plus heureux avec les deux moyens suivants, destinés également à la correspondance chiffrée officielle : des vessies, préparées par un officier de douanes, qui aurait employé ce procédé avec succès en Afrique, sont lancées dans la Moselle vers Thionville; d'autre part, un pharmacien de l'armée prépare journellement de petits ballons pouvant porter 200 grammes de papier, et devant s'abattre après avoir parcouru environ trente lieues dans les airs; on attend pour les expédier que les vents soient favorables.

On a songé aussi à construire un aérostat dans lequel s'élèveraient deux ou trois voyageurs, mais on y a renoncé parce qu'il faudrait trop de temps, trois semaines, dit-on, pour le construire. Ne serons-nous donc plus ici dans trois semaines? On a beaucoup parlé aussi d'un ballon captif à élever au-dessus de la cathédrale ou du Saint-Quentin, à l'instar de celui de l'exposition de Paris, pour surveiller les mouvements et les travaux de l'ennemi. Mais il est impossible d'obtenir l'exécution de cette idée pratique, que nous réclamions déjà, il y a quinze ans, pour les observatoires devant Sébastopol. On a proposé, avec le même succès, de faire usage de la lumière électrique, dans le fort de Plappeville, afin de jeter, à un moment donné, un faisceau lumineux sur les avant-postes prussiens, d'assurer ainsi la marche et le tir de nos partisans, qui s'avanceraient dans l'ombre, et accableraient l'ennemi de leurs feux.

Il est vraiment étrange que l'on se refuse ainsi à utiliser tous les moyens dont la science dispose, dont on parle tant en théorie pendant la paix; ils pourraient, cependant, nous être fort utiles en ce moment. Car, enfin, nous ne savons pas ce qui se passe hors de nos grand'gardes. Où en est l'attaque de Paris[1]? Qu'est-ce que cette bataille, perdue près de Sedan ou de Stenay? Que font les puissances de l'Europe? Autant de questions, qui devraient être résolues, pour nous permettre de prendre un parti.

Nous apprenons la bataille de Sedan. — Je me plaignais ce matin, dans ce journal, de notre igno-

[1] Elle n'était pas encore commencée. Après Sedan, le quartier-royal avait été transporté, le 4 à Varennes, le 5 à Sainte-Menehould, le 6 à Reims, où il fut maintenu plusieurs jours. L'investissement de Paris ne fut complet que le 19 septembre, jour du combat de Clamart.

rance sur les événements extérieurs. Nous n'en savions rien en effet; ce soir, nous n'en savons que trop. L'ennemi, qui s'était engagé, le 24 août, à nous renvoyer d'Allemagne plus de 700 prisonniers français, en échange d'un pareil nombre d'Allemands que nous lui avions remis ce jour-là, vient enfin de nous expédier 600 soldats; mais il les a choisis parmi les prisonniers faits à Sedan, le 1er septembre. Plus de doute, nous avons été complètement battus aux environs de cette petite place. L'armée du maréchal de Mac-Mahon, composée de quatre corps : 1er (général Ducrot), 5e (général de Failly), 7e (général Douay) et 12e (général Lebrun) a quitté Châlons le 21 août, pour se diriger sur Reims. Elle est remontée au nord par Rethel, le Chêne-populeux, Beaumont, où le général de Failly surpris a subi, le 30, le grave échec, dont la nouvelle nous avait été donnée aux avant-postes. Pressée par les ennemis, l'armée française avait dû, le 1er septembre, renoncer à se porter sur Metz par Stenay, et s'était établie dans le fond de Givonne, sur la rive droite du Chiers, la droite à Sedan. L'action avait paru nous être favorable jusqu'à midi; mais l'ennemi, ayant exécuté un mouvement tournant, et renouvelé ses attaques avec une très-grande vigueur, avait réussi à écraser notre gauche; on s'était immédiatement mis en retraite sur Mézières dans le plus grand désordre[1]. Une partie de l'aile gauche, dont faisaient partie les prisonniers que nous interrogions, ayant été coupée et enveloppée par des forces supérieures, avait été forcée de déposer les armes.

[1] Je me borne à reproduire ici le dire des prisonniers.

Ces 600 soldats n'en savaient pas davantage ; mais, c'était suffisant pour justifier toutes nos craintes des jours précédents : nous ne devions plus compter sur une armée de secours ; le maréchal de Mac-Mahon, après une grande défaite et des pertes sérieuses, était rejeté sur Mézières, vers le Nord, et hors d'état de nous venir en aide désormais. Les hommes venus de Sedan ajoutent qu'ils ont eu devant eux la garde prussienne, des Saxons et des Bavarois, par conséquent des troupes des 2e et 3e armées. On leur a dit, chemin faisant, que l'Empereur était prisonnier, et que le maréchal de Mac-Mahon avait capitulé avec 80,000 hommes. C'est évidemment, disent-ils, et nous le croyons aussi, un bruit propagé par les Prussiens, pour nous décourager.

8 septembre. — Voici l'anniversaire de la prise de Malakoff ; voici le jour glorieux, où, sans avoir affamé Sébastopol, sans l'avoir menacé d'un bombardement, nous avons enlevé ses remparts en plein jour, à la suite d'un long siége de onze mois, et après un rude hiver passé dans les tranchées !

9 septembre. — Nous venons d'avoir trois jours de pluies, mêlées d'orages ; ce matin, il pleut d'une manière continue, et le temps se refroidit sensiblement. Le Ban-Saint-Martin est inondé de nouveau. Les hommes, campés sous la petite tente, sont dans des conditions hygiéniques très mauvaises, qui pourraient bientôt engendrer des maladies.

On entame notre cavalerie. — Hier, pour assurer

le service de la viande, on a dû faire livrer à l'administration mille chevaux, à raison de 40 par régiment de cavalerie; ordre a été donné à l'artillerie, au génie et au train de livrer également tous leurs animaux, hors de service. La ration d'avoine a subi aussi des modifications dans ces derniers jours; le 3, on avait eu l'imprudence d'accorder aux carabiniers et aux cuirassiers l'énorme taux de 6k20 d'avoine, aux chevaux d'officiers 5k60, à la cavalerie de ligne 4k30, à la cavalerie légère 3k75. Le foin, supprimé depuis longtemps, l'était définitivement, et sans compensation. Dès le 5, on avait reconnu les inconvénients de cette mesure, toute de prodigalité dans les circonstances où nous nous trouvons, et l'on avait déjà un peu abaissé les chiffres à ceux de 6k, 4k 1/2, 4k et 3k 1/2. Hier, on a décidé que l'on introduirait 1/5 de seigle dans la composition de la ration, une plus grande proportion pouvant nuire à la santé des chevaux.

Il est regrettable que l'on ne veuille pas prendre un parti plus radical; depuis le commencement du mois, beaucoup sont d'avis de livrer à la boucherie un certain nombre de chevaux, qui dépérissent, et de réserver ainsi toutes nos ressources d'avoine pour ceux qui peuvent réellement nous rendre des services, traîner nos pièces, nos ambulances, et constituer un bon noyau de cavalerie. On craignait, a-t-on répondu, de frapper les imaginations! Mais, aujourd'hui ne faut-il pas en arriver à décréter la condamnation de mille chevaux d'un seul coup? Les imaginations cependant n'en sont point du tout frappées, et le soldat préfère même de beaucoup recevoir une abondante ration de cheval, plutôt qu'une insuffisante distribution de bœuf.

Des surprises. — Cette nuit, un bataillon de grand'garde a laissé l'ennemi s'approcher de la ferme Bellecroix, et lui a abandonné ce poste important; on l'a repris par un vigoureux retour offensif; mais ne pourrions-nous pas nous garder de telle façon, que nous ne soyons pas sans cesse surpris par l'ennemi.

Notre confiance est vraiment parfois trop singulière. En voici un exemple officiel, qui dépasse tout ce qu'on peut imaginer.

C'était le 26 août, le jour de notre première tentative de sortie; le 6e corps avait occupé en avant du fort Saint-Julien la position, qu'il prit de nouveau, le 31, et ses compagnies de partisans, déployées en avant de lui, avaient aussitôt fait le coup de feu avec l'ennemi, lorsque, dit un rapport, « une pluie torrentielle étant survenue du Nord, le feu cesse sur « toute la ligne. Les hommes d'une compagnie, qui « occupait une pointe avancée vers les Prussiens, et « fort près de leurs tirailleurs, s'enveloppent alors « dans leurs couvertures, ne songeant plus qu'à « s'abriter de la pluie. L'ennemi, au contraire, profi« tant de l'orage, se glisse soudain vers les nôtres, à « la faveur de ravins couverts, aborde nos hommes « de flanc, les surprend et les refoule après leur avoir « tué un sergent, un soldat, en avoir blessé quatre, « et, peut être, enlevé un cinquième qui a disparu. « Au bruit de cette fusillade » (ce qui ne prouve pas une plus grande attention de la part des troupes voisines), « deux autres compagnies de partisans se

« sont portées dans la direction du combat, ont rallié « celle qui était engagée, repris l'offensive et chassé « l'ennemi. »

Cette préoccupation de nos soldats de chercher à se préserver de l'eau qui mouille, plutôt que du feu qui tue, pourrait leur mériter des éloges, si de semblables fautes n'avaient parfois des conséquences funestes pour les armées ainsi gardées.

Capitulation de Sedan. Violente canonnade de l'ennemi devant Metz. — Ce soir, nous apprenons le complément de tous les malheurs de l'armée de secours. Une centaine de prisonniers nous sont renvoyés encore par l'ennemi ; ils arrivent par une pluie battante, et répètent ce qu'ont dit leurs camarades sur la bataille du 1er, mais ils ajoutent que, rejetés en désordre contre la petite place de Sedan, qui était dominée de tous côtés par des hauteurs garnies de forces prussiennes, on a dû traiter de la capitulation de toute l'armée. Le maréchal de Mac-Mahon, blessé dès le matin, avait été remplacé par le général de Wimpffen, qui, le 2, avait signé la capitulation.

Le 3, tous nos soldats, sortis de la place en y abandonnant leurs armes, avaient été séparés de leurs officiers, et, après des privations inouïes, ils avaient été acheminés, presque sans vivres, dans la direction de Metz. En route, les Prussiens leur disaient encore que l'Empereur était prisonnier, et ils ajoutaient que Metz serait attaqué, le soir même.

Attristés par tout ce que nous venions d'apprendre, nous avions pris à peine garde à cette menace d'une entreprise contre notre camp retranché, lorsque, tout à coup, vers 6 heures et demie, une canonnade violente éclate en avant du fort Queuleu. Elle s'étend en quelques instants sur toute l'enceinte, malgré la pluie qui tombe à torrents, et fait rage pendant une heure. Est-ce une ouverture de tranchée[1]? Serons-nous attaqués, cette nuit, demain, comme on l'a dit à nos prisonniers? Toutes les suppositions sont permises. Depuis plusieurs jours, on nous signale beaucoup de mouvements, de changements de corps autour de Metz ; ainsi le IIe corps serait passé sur la rive droite vers Pange, le IIIe garderait les hauteurs de Gravelotte à Saulny. Sont-ce simplement des dislocations de troupes autour de nous, ou un accroissement d'effectif avec lequel l'ennemi, vainqueur à Sedan, voudrait tenter une surprise de la place? Cela est peu probable cependant. L'ennemi ne saurait nous faire la part aussi belle.

10 septembre. — Rien cette nuit, rien ce matin, si ce n'est la continuation du déluge. On entend une canonnade très vive dans la direction de Verdun, disent quelques-uns, de Toul disent d'autres[2]. Le vent est violent et d'Ouest aujourd'hui. Verdun est loin (58 à 60 kilomètres), mais on dit que, par un vent favorable, on entend très bien de cette place les exercices à feu de Metz. Déjà, le 5, nous avions

[1] Nous n'avons jamais pu connaître les motifs de cette canonnade violente, qui ne produisit, d'ailleurs, aucun effet.

[2] Nous avons su depuis que les Prussiens avaient bombardé Toul, ce jour-là. Cette place est à 52 kilomètres de Metz. Comment expliquer, après de pareils faits, que le 18 août, on n'entendit pas de Plappeville l'effroyable canonnade d'Amanvillers Et c'est cependant l'entière vérité.

écouté les bruits sourds d'une canonnade lointaine et violente, qui paraissaient venir de Briey, et les derniers prisonniers qu'on nous a rendus, nous ont appris que les soldats prussiens avaient parlé, ce jour-là, d'un bombardement de Montmédy.

Nouvelles de la révolution de Paris. — Une autre nouvelle bien plus grave et ignorée encore des camps, vient de m'être communiquée par hasard et sous le sceau du secret. Je suis allé chez le général *** pour affaire de service; il a envoyé, me dit-il, au grand prévôt un soldat du 93e, blessé à Rezonville, et qui s'est échappé d'Ars, ce matin même. Ce soldat déclare avoir vu à Ars une affiche, apportée de Nancy, et annonçant que la république a été proclamée à Paris; que Lyon, Marseille, Bordeaux et Rochefort ont suivi l'exemple de la capitale.

A mon retour au quartier-général, j'apprends que le fait est confirmé d'autre part. Un officier, prisonnier à Sarrebruck, vient d'être échangé; il a lu dans les journaux que, le 5, le Corps législatif a été envahi, la République proclamée, et un gouvernement provisoire nommé, avec le général Trochu, président; MM. Gambetta, Kératry et plusieurs autres, membres; le général Leflô a pris le portefeuille de la guerre; M. Jules Favre s'est chargé de celui des affaires étrangères. Il serait vrai que l'Empereur a été fait prisonnier; il aurait été envoyé à Cassel; le prince impérial serait à Londres; on ne dit rien de l'Impératrice. Le nouveau ministre des affaires étrangères aurait écrit au Roi de Prusse, pour lui dire que, d'après sa propre déclaration, la guerre qu'il soutenait, étant dirigée contre l'Empereur, et non pas contre la France, le moment lui semblait venu de montrer qu'il avait été sincère, et de faire la paix.

C'est assurément le seul terrain sur lequel on puisse se placer. L'Allemagne est désormais une, tous les désirs de la Prusse sont accomplis, et de plus elle nous laisse affaiblis et divisés. Ce serait une grande sagesse de sa part de savoir s'arrêter à temps. Le fera-t-elle? Je n'ose pas l'espérer; le parti militaire prussien veut en finir avec les importuns souvenirs d'Iena; il entrevoit des triomphes nouveaux, et ne les abandonnera pas. Quant au Roi Guillaume, il désire pénétrer en vainqueur dans Paris[1], et annexer de nouvelles provinces. En cela il est appuyé du reste par le sentiment général, que l'on a surexcité depuis plusieurs années en Allemagne, et qui déclare sans cesse vouloir en finir avec la *grrrande*

[1] Il y a moins d'un an, après une mission de plusieurs mois en Allemagne, mission pendant laquelle nous avions assisté, à Stargard, aux manœuvres du IIe corps d'armée, qui nous bloque aujourd'hui dans Metz, nous venions prendre congé du Roi de Prusse, le capitaine Costa de Serda et moi. Après le dîner, auquel nous avions été invités, Sa Majesté voulut bien nous adresser quelques paroles et finit en ces termes : « Il s'est fait de « grands changements en France depuis votre départ; vous avez « un nouveau ministre de la guerre, le maréchal Le Bœuf. Ce « qu'il a de mieux à faire, c'est de suivre les traces de son pré- « décesseur. On dit aussi que le maréchal Regnaud de St-Jean « d'Angély quitterait la garde impériale pour la grande chancel- « lerie; il irait, par suite, occuper un bien joli petit hôtel; » puis, après une pause : « Je l'ai habité en l'an XIV, » nous dit, en forme de congé, Sa Majesté prussienne.

Le souverain puissant, qui évoque ce souvenir de 18 ans devant de simples officiers français, ses hôtes d'un jour, ne doit-il pas tenir à cœur de dicter aujourd'hui la paix aux Tuileries même!

nation, terme ironique avec lequel les écrivains prussiens déguisent en vain leur haine envieuse. Que les Allemands y réfléchissent cependant! C'est pour avoir voulu également en finir avec leurs pères que Napoléon Ier, excitant leur patriotisme, a fait naître les soldats de Waterloo et préparé ceux de Sedan. Nous sommes écrasés à notre tour, il est vrai, mais, malgré toutes les prédictions tristes prononcées contre les races latines, la France se relèvera d'autant plus sûrement qu'on aura voulu l'abattre et l'humilier davantage. Nous n'aurons peut-être pas la joie de voir son triomphe; nous croyons néanmoins pouvoir espérer avec le poëte :

> Qu'un Germanicus
> Ira demander compte aux Germains d'un autre âge
> De la défaite de Varus.

Dimanche, 11 septembre. — Voici donc encore une révolution en France. Que nous réserve-t-elle? Qu'elle ne nous conduise pas surtout à un bouleversement social, dans lequel des gens sans frein moral, comme il en est tant aujourd'hui, feront la loi!

Hélas! on s'est plu à tout saper parmi nous; on a taxé de billevesées, de superstitions, les croyances les plus salutaires pour l'homme. Que peut-il lui rester dans la tempête, lorsque tout sombre autour de lui?

On nous apporte, extraite d'un journal allemand, l'invitation (Aufforderung), adressée par le général Trochu au gouvernement prussien pour lui demander l'évacuation du territoire français. Il n'est pas probable que le roi de Prusse accède à cette demande.

Il doit croire à une faible résistance de Paris, et, comme nous l'avons déjà dit, il a certainement le désir d'y entrer à la tête des armées allemandes. Nous craignons généralement nous-mêmes que la capitale ne puisse pas tenir longtemps ; aussi, accueillons-nous avec inquiétude, mais sans la rejeter comme invraisemblable, une nouvelle, qui nous vient aujourd'hui des avant-postes. Un officier prussien y aurait affirmé, sur l'honneur, à un de nos parlementaires que le Prince royal devait entrer aujourd'hui même dans Paris. Quelque douloureuse que nous semble cette catastrophe, nous sommes tellement abattus par le désastre de Sedan que nous écoutons ces faux bruits presque sans révolte.

12 septembre. — L'ennemi continue à faire passer devant nous des forces considérables[1] de la rive gauche sur la rive droite. On prétend que ces troupes vont vers Pont-à-Mousson ; est-ce pour appuyer sur Strasbourg et le prendre comme un gage, ou pour marcher sur Paris?

Parfois nous nous berçons encore de l'espérance que tout ce mouvement est motivé par le départ d'une armée, destinée à aller faire face à l'Autriche. Il est si naturel de croire que l'Europe, après nous avoir longtemps porté envie, commence à s'inquiéter de notre abaissement, et de la grandeur démesurée de la Prusse[2]?

[1] C'étaient toujours, selon toutes probabilités, les convois de nos prisonniers. Je laisse subsister cependant toutes ces notes de mon journal, afin de bien faire voir nos impressions de chaque jour.

[2] L'ennemi, loin de diminuer ses forces autour de nous, rece-

Quelle que soit la marche des événements hors de nous, il semble que nous ne devrions pas rester inactifs, comme nous le sommes depuis les combats de Sainte-Barbe; sans engager d'action générale, nous devrions harceler sans cesse nos adversaires, prendre des positions près d'eux, nous y fortifier, les forcer à nous y attaquer. On a prescrit déjà, le 2 septembre, des opérations sur Ladonchamps, Mercy-le-Haut, Courcelles-sur-Nied; on les a mises à l'étude plusieurs jours d'avance; puis on y a renoncé sur des observations de détail. C'est une mauvaise manière de faire; le chef devrait rechercher lui-même ce qu'il croit utile d'entreprendre et en prescrire l'exécution avec autorité.

13 septembre. — On a ordonné, le 10, au général Coffinières de requérir en ville tout le fourrage existant, en n'en laissant que pour trente jours aux

vait précisément, depuis quelques jours, ses premières troupes de remplacement (Ersatz-truppen). C'est vers cette époque, en effet, que de grands mouvements s'effectuaient en Prusse, pour remplir les vides causés par la guerre, et former de nouveaux corps. Les pertes étaient réparées par les bataillons et escadrons de dépôt, assemblés au moment de l'ordre de mobilisation, et dont l'instruction était assez avancée pour permettre ainsi l'envoi de renforts en France, sept semaines après leur réunion; par leur arrivée, les régiments étaient de nouveau portés au complet, car les prisonniers nous indiquaient presque invariablement, à cette époque, pour l'effectif des compagnies, le chiffre de 230 à 250 hommes. A peine les premières troupes parties, les dépôts s'occupaient sans retard d'en réunir de nouvelles.

« En outre, dit le journal allemand, d'où sont extraits ces ren-
« seignements, pour tenir garnison dans les pays occupés, des
« corps de réserve, déjà formés, étaient également, vers cette
« époque, envoyés en France. »

habitants; aujourd'hui, on mêle de la minette au seigle et à l'avoine pour la nourriture des chevaux.

Nos journées. — Depuis une semaine, rien de plus monotone que nos journées; les travaux sur les lignes s'organisent par corps d'armée, en vertu d'ordres donnés une fois pour toutes; les grand'gardes se posent régulièrement chaque jour, et chaque jour mettent en deuil, d'un côté ou de l'autre, plusieurs familles, en tuant quelque pauvre diable, placé en faction pour le salut de tous. Nos chevaux continuent à dépérir faute de nourriture; notre cavalerie en est réduite à envoyer ses chevaux à l'abattoir, ou à les voir mourir de faim au bivouac. Le jour, pendant les longs loisirs, que nous laisse notre service, nous lisons tous avec avidité quelques classiques, découverts dans une maison du Ban-Saint-Martin. Cette lecture nous procure un repos véritable; les héros de Corneille surtout nous rafraîchissent et nous fortifient par la grandeur et l'élévation de leurs caractères; avec eux, on sort du terre à terre de la situation actuelle; on parvient à donner un cours moins triste aux idées de chaque jour. Le soir, dès que nous sommes réunis, nous devisons sans fin sur les rares et incomplètes données, qui nous arrivent à travers le cordon ennemi; mais toutes les suppositions sont bien vite épuisées, le pour et le contre pouvant, dans de pareilles circonstances, être également vraisemblables.

Et pendant que notre esprit s'épuise à creuser les secrets de la situation, pendant que nous mourons presque sur place, par ennui de ne rien faire, au-delà de la ligne des sentinelles à casques, qui nous enserre étroitement, tout s'agite, tout se transforme, tout combat. Des nuées de soldats germains se sont abattues sur l'Est de notre France; nos paysans, accablés sous leurs exigences, meurent de faim, ou tout au moins se voient ruinés; la révolution se fait à Paris; l'ennemi s'en approche à grands pas; tout ce que nous avons de plus cher est dans ce mouvement; l'Europe peut-être y participe elle-même, le monde est en armes, tout est en feu! Seuls, comme dans une île déserte, ou plutôt comme dans le remous, que forme l'eau courante au coude d'une rivière, nous tournons sur nous-mêmes, enveloppés de forts et de hautes collines, qui nous cachent même une partie du ciel!

Nouvelles du dehors.—Des officiers, pris à Sedan, nous ont été renvoyés aujourd'hui par l'ennemi; ils disent que Sedan n'avait ni vivres, ni munitions; que Strasbourg s'est rendu[1], que le Prince royal approche de Paris, que la Russie et l'Autriche interviennent, mais diplomatiquement. Alors ne comptons plus que sur nous-mêmes et sur Dieu!

Une personne, qui est allée hier aux avant-postes, a pu lire des journaux allemands : ils disent que le Prince royal s'était porté de Châlons contre l'armée de Mac-Mahon, en remontant vers le Nord, et que des corps de la 2e armée, venus de Metz, s'étaient joints à lui pour écraser le maréchal à Sedan. L'Empereur se serait rendu au roi de Prusse sur les glacis de la place de Sedan.

[1] La nouvelle était très prématurée.

Il y aura bientôt 64 ans, Napoléon Ier poursuivait dans toute l'Allemagne l'armée prussienne, battue à Iena; dans une course rapide, ses généraux s'avançaient vers Magdebourg, Lubeck, suivaient les côtes de la Baltique, et toutes les forces ennemies capitulaient devant eux. Quant à l'Empereur il entrait, sans coup férir, dans Berlin, et il allait, jusque sur la Vistule, achever la défaite de ses ennemis. Il abattait, à coups précipités et faciles, la monarchie du grand Frédéric; il mettait à merci et humiliait le père du Roi de Prusse actuel.

Aujourd'hui, c'est ce Roi qui abaisse le neveu de Napoléon, ce monarque puissant que l'Europe a redouté pendant bien des années! Aussi, étonné de ce triomphe si inespéré, le vainqueur s'écrie-t-il, après son entrevue avec le vaincu : « Quel changement de « destinée! C'est comme un songe! L'entretien a « duré un quart-d'heure; tous deux nous étions très- « émus de cette rencontre. Ce que j'ai ressenti, en « songeant qu'il y a trois ans à peine j'avais vu « Napoléon au faîte de sa puissance, je ne puis le « décrire. » Devant cette émotion du vainqueur, n'y a-t-il pas lieu de lui crier : Usez modérément de votre triomphe d'un jour, et *nunc erudimini*.

14 septembre. — La pluie tombe depuis ce matin en abondance; le temps est froid et, comme lui, nos pensées sont tristes.

Il y a quelques jours, un journal de Metz détachait de nos annales une page pleine d'héroïsme, et la présentait comme exemple aux défenseurs de la cité lorraine. Il parlait de la lutte, à jamais mémorable, que Masséna soutint dans Gênes, de cette capitulation, si glorieuse, qu'au dire même de l'ennemi, « les « vaincus paraissaient avoir dicté la loi aux vain- « queurs. » Ici, nous avons quelque chose de plus qu'à Gênes, place étrangère, que notre occupation faisait souffrir ; nous avons une place française, très-française, et nous devons dire qu'elle supporte avec un véritable courage la situation dure, que les circonstances lui ont imposée ; pas un murmure, pas une plainte ; un dévouement sans démonstration, mais sûr ; un calme, qui donne de la force à la défense, et qui pourrait bien permettre l'héroïsme..... Oui, si nous avions Masséna !

« Qui veut mourir ou vaincre est vaincu rarement. »

Cette apostrophe d'Horace à l'amant de Camille se trouve sous mes yeux ce matin, et je me demande si l'état des esprits en France nous permettrait d'énoncer aujourd'hui, et surtout de mettre en pratique cette fière devise : Vaincre ou mourir. La France se soulèvera-t-elle de l'Alsace aux Pyrénées avec le mépris de la mort ; privée d'armées régulières, organisera-t-elle des guérillas, comme le fit jadis l'Espagne ; sentirons-nous assez la honte d'être emprisonnés dans Metz pour ne laisser aucun repos à l'ennemi, pour nous jeter tête baissée sur lui ; Paris montrera-t-il la même énergie ; alors, et malgré l'immensité de nos premières défaites, nous pouvons encore compter sur la victoire. Mais le bien-être, nous le craignons, nous a bien amollis ; de toutes parts, on parle de paix, et de paix basée sur une capitulation possible de Paris! On y paraît résigné. O Corneille! notre société sans énergie aurait-elle pu inspirer à votre génie l'indomptable caractère d'un Horace!

Nous ne cherchons pas à vaincre; nous ne sommes pas résignés à mourir; aussi continuons-nous à ne rien faire; on échange à peine quelques coups de fusils aux avant-postes; nous végétons autour de la place, grattant le sol et le ruinant pour bien des années. En avant de nous, nos hommes, poussés par l'insuffisance de nourriture, dépassent le cordon des sentinelles pour déterrer quelques légumes. J'allais hier sur les lignes établies par les 4e et 6e corps, de Plappeville par Lorry à Woippy. Dans un champ, des soldats des deux armées ramassaient tranquillement des pommes de terre; les maîtres de la récolte, enhardis par ce spectacle, s'étaient joints aux deux partis, et chacun remplissait à qui mieux mieux, et sans dire mot, les sacs qu'il avait apportés. Les sentinelles, entre lesquelles se trouvaient ces ouvriers de la faim, se lançaient consciencieusement quelques balles par dessus les groupes de travailleurs; mais ceux-ci ne s'en préoccupaient aucunement, pas plus que leurs chevaux affamés, qui broutaient l'herbe à côté d'eux.

15 septembre. — La ration de pain est réduite à 500 grammes; par compensation, on accorde aux hommes 400 grammes de viande, toujours avec le quart de vin. Ordre est donné de visiter les caves et les magasins des débitants de sel, pour tâcher de se procurer de cette dernière denrée. Quant aux four-

rages, la ration en est abaissée à 3k 1/2 pour la grosse cavalerie et les états-majors, 3 pour la cavalerie de ligne, 2k 1/2 pour la cavalerie légère ; on mélangera à l'avoine ou au seigle le blé, qui n'est pas d'assez bonne qualité pour faire du pain ; à défaut d'avoine ou de seigle, on distribuera du blé avec un peu de son, par substitution.

Poste aérostatique. — On a organisé un service régulier de ballons non montés ; on en fait partir, chaque jour, quand le temps le permet, et nous suivons avec intérêt le courrier quotidien, quand il s'élance au-dessus de la ville. Quelle direction va-t-il prendre ? Nos lettres arriveront-elles[1] ?..... Je ne puis assister à ces départs assez singuliers de nos correspondances, sans me rappeler chaque fois les magnifiques strophes, que Schiller met dans la bouche de Marie Stuart :

« Et ces nuages, qui courent vers le Midi, ils
« vont chercher de la France les lointains rivages.
« Nuages légers, voiliers des airs, qui pourrait s'é-
« lancer avec vous dans l'espace ! qui pourrait vous
« suivre dans votre marche rapide ! Saluez amicale-
« ment pour moi le pays de ma jeunesse. Je suis
« prisonnière, je suis dans les fers ; hélas ! je n'ai
« pas d'autre messager que vous. Rien n'entrave la
« liberté de votre course ; vous n'êtes pas soumis à
« cette Reine ? »

16 septembre. — *Premiers journaux français.* — Toute la soirée, l'agitation a été extrême. Deux pri-

[1] Plusieurs de ces billets sont en effet parvenus en territoire non occupé par l'ennemi, et ils ont été envoyés à nos familles.

sonniers français, qui ont réussi à entrer dans Metz, nous ont apporté le *Moniteur* du 7 et le *Volontaire* du 10; ce sont nos premiers journaux reçus depuis le 15 août. On se les est arrachés toute la journée; on les commente partout. Ce soir, nous pouvons nous les procurer à notre tour; aussitôt l'état-major-général se réunit dans la pièce, qui lui sert de bureau, et, à la clarté des bougies, l'un de nous lit à haute voix ces journaux, en ne nous faisant grâce d'aucun détail, depuis le titre jusqu'à la cote de la Bourse. Les autres officiers, rassemblés autour du lecteur sur les tables ou sur les bancs, sont disposés en plusieurs groupes pittoresques, diversement éclairés, et qui tenteraient le pinceau d'un Gerard Dow. Tous écoutent avec un religieux silence, que rompent parfois les exclamations, promptement réprimées, de quelques impatients. Nous apprenons ainsi, dans le *Volontaire*, que le Roi de Prusse était à la bataille de Sedan, avec le Prince royal et des troupes de la 2e armée. Nous avons surtout la bonne fortune de trouver dans le *Moniteur* l'organisation du gouvernement, dit de la défense nationale[1], terme heureux et qui doit rallier en France tous ceux, qui

[1] Le maréchal dit, dans sa brochure, qu'il a tenté le 15 et le 25 de se mettre en relations avec le gouvernement de la défense nationale et qu'il lui a adressé, en trois expéditions, la dépêche suivante :

« Il est urgent pour l'armée de savoir ce qui se passe à Paris « et en France. Nous n'avons aucune communication avec l'in- « térieur, et les bruits les plus étranges sont répandus par les « prisonniers, que nous a rendus l'ennemi, qui en propage éga- « lement de nature alarmante. Il est important pour nous de « recevoir des instructions et des nouvelles.

« Nous sommes entourés par des forces considérables, que

aiment sincèrement leur pays. Enfin nous voici un peu au courant de ce qui s'est passé à Paris.

17 septembre. — On continue à ne vouloir rien entreprendre de sérieux contre notre cercle d'investissement. On parvient cependant à faire enlever 7,500 gerbes de blé à Magny-sur-Seille, ce qui donne 3,000 quintaux de blé et de la paille.

Le maréchal Bazaine a envoyé hier soir son premier aide-de-camp en parlementaire au prince Frédéric-Charles, pour lui demander des nouvelles de ce qui se passe dans l'intérieur de la France. Le prince répond ce matin que le Roi de Prusse s'est avancé de Sedan jusque sous les murs de Paris, sans avoir rencontré la moindre résistance sur sa route, et que la République, proclamée dans la capitale, n'est pas reconnue par toutes les parties de la France.

Dimanche, 18 septembre. — On mange 250 chevaux par 24 heures, soit 50 par corps d'armée[1], et on a beaucoup de peine à nourrir ceux qui nous restent.

« nous avons vainement essayé de percer, le 31 août et le 1er sep-« tembre. »

Puis le maréchal ajoute :

« Mes missives restèrent toujours sans réponse, et aucun de « mes émissaires, qui n'étaient autres que des soldats de bonne « volonté, ne revint. Nous n'avions de nouvelles que par les « journaux allemands, trouvés sur les prisonniers, que l'on « faisait, ou, par les parlementaires, quand ils voulaient en « donner. »

[1] L'entrepreneur de la viande de boucherie les achète au prix de 230 fr. pièce ; il les paie le même prix aux officiers, quelle que soit la valeur des chevaux, leur propriété, qu'ils sont obligés de lui livrer, faute de pouvoir les nourrir.

Pour y parvenir, on invite aujourd'hui les cavaliers à faire la cueillette des feuilles de tous les arbres ; on indique celles qui sont nuisibles, et l'on prescrit de n'en donner, comme fourrage, que de 2 à 3 kilog. chaque jour. Les intendants achètent des champs de luzerne, et même des carrés de vigne pour les chevaux de leurs corps d'armée.

Encore Sedan. — Un officier supérieur qui est échangé, et qui nous vient de Mayence, nous donne des détails de plus en plus tristes sur les événements qui se sont passés à Sedan. Le maréchal de Mac-Mahon, en quittant le camp de Châlons, à l'approche de l'armée du Prince royal, avait l'intention de se rapprocher de Paris par Reims. Là, il aurait changé de direction, et se serait avancé sur Montmédy, à la suite évidemment des dépêches du 19 et du 20 août de Metz. Arrivé le 27 au Chêne, et n'ayant pas de nouvelles de notre armée, le maréchal se voyant serré de près par deux armées allemandes, se proposait de battre en retraite vers l'Ouest, lorsqu'une dépêche du général de Montauban[1] vint lui enjoindre de marcher au secours de Metz, tout mouvement rétrograde devant être le signal d'une révolution à Paris.

Surpris le 30, on avait été plus heureux le 31 ; mais les troupes étaient fatiguées, et le maréchal, rejeté sur Sedan, avait prescrit de les laisser reposer dans la journée du 1er septembre, lorsque, dès 4 1/2 heures du matin, elles furent assaillies tout à

[1] Toutes ces dépêches sont données ci-après dans le *Supplément* (note IV).

coup par l'ennemi. On connaît le désastre, la capitulation. Comme les plénipotentiaires français en discutaient les termes rigoureux : « Nous connais-« sons parfaitement votre position, répondait l'im-« placable général de Moltke, acceptez nos condi-« tions, sinon demain matin, à 5 heures, 700 pièces « canonneront la ville, et elles n'y laisseront ni une « maison debout, ni un homme vivant. » Et l'heureux M. de Bismark de s'écrier : « Vous vouliez nous « faire la guerre depuis 1815; vous nous l'avez dé-« clarée ; nous sommes vainqueurs, et nous pren-« drons toutes nos mesures, pour vous réduire à « l'impuissance de longtemps; nous sommes en « Alsace et en Lorraine; nous garderons ces pro-« vinces. » Je ne sais si nous voulions la guerre depuis 1815; mais, en voyant l'état des deux armées, un esprit impartial hésitera-t-il à reconnaître celui des deux adversaires qui s'y est constamment préparé depuis un demi siècle.

19 septembre. — La population pauvre de Metz commençant à souffrir du manque de vivres, on ordonne qu'à partir d'aujourd'hui vingt chevaux, hors de service, seront livrés chaque jour à la municipalité. On en met également un certain nombre à sa disposition pour les communes de la banlieue.

Je parcours les lignes du 3e corps. On répare à Saint-Julien une escarpe effondrée, il y a quatre mois; on doit renoncer à construire celle de la gorge, qui n'est pas commencée; les terrassements se poursuivent cependant avec activité, mais les fossés ne sont pas même terminés partout, et tout cela plus de deux mois après le commencement de la guerre. Du reste, le fort est parfaitement en état de résister maintenant à une attaque, et on l'a flanqué, à gauche de Châtillon, d'un excellent ouvrage palissadé à la gorge. De cet ouvrage, descend sur le versant Est de la Moselle une tranchée, qui atteint la rivière en face de la batterie de rive gauche de la Grange-aux-Dames, où commencent les lignes du 6e corps. On travaille activement à ces dernières lignes, en construisant des batteries, et en creusant des tranchées autour de Saint-Éloy, dans la plaine. Tout cela est aussi utile à la défense de notre camp que favorable à la santé de nos hommes.

A droite de Saint-Julien, la ferme de Grimont; sur la route de Sarrebruck, celle de Bellecroix; et, plus près de la place, le fort des Bordes sont mis en état, et rendus inaccessibles. Tout le front du 3e corps est couvert de tranchées et d'épaulements de batteries bien étudiés. Si l'ennemi faisait du moins la folie de venir nous y attaquer!

Pendant cette tournée, je suis passé près de divers campements de cavalerie. Nos pauvres chevaux sont efflanqués, et montrent leurs côtes à nu; j'en ai vu qui tombaient devant moi à la corde, et ne se relevaient plus; d'autres, conduits à l'abreuvoir, s'arrêtaient sur la route, s'abattaient et mouraient là d'inanition. Plus loin, dans l'île Chambière, des troupeaux de chevaux étaient conduits à l'abattoir; on les y attache dans la cour, comme d'ordinaire on fait des bœufs; on leur donne une maigre pitance, sur laquelle ils se jettent avec avidité, et, leur tour venu, on les met en distribution.

Plusieurs de nos montures subissent le même sort, malgré tous les sacrifices que personne n'hésite à faire pour les conserver. La ration d'avoine, souvent mélangée, est maintenant de 2 k 1/2, sans foin ni paille. Les quelques denrées fourragères, qu'après des efforts inimaginables nous avons pu découvrir dans les fermes environnantes, nous les achetons à nos frais et fort cher, afin de prolonger la vie à des animaux auxquels nous nous sommes attachés, et qui d'ailleurs nous sont nécessaires.

Installation des Prussiens autour de nous. — Un homme, échappé d'Ars, où il est depuis un mois, est arrivé ce soir à Metz. Il dit que les Prussiens se baraquent autour de la place, comme s'ils devaient passer l'hiver dans notre pays ; ils reçoivent des convois de vêtements chauds, de vivres, et de cigares (chacun en a 5 par jour). Quelques-unes de leurs femmes les ont rejoints ; plusieurs d'entre elles, venues d'Allemagne avec des voitures, ont pris dans les maisons[1] le linge, les meubles, et les ont emportés chez elles. Le pays est épuisé par les réquisitions de toutes sortes ; la misère est des plus grandes.

Nos prisonniers, venus de Sedan, étaient très mal traités ; les Prussiens ne leur donnaient rien à manger, et ils injuriaient même ceux des nôtres, qui apportaient un peu de pain à ces infortunés. Cet

[1] Le fait nous paraissait peu croyable, bien qu'il nous eût été affirmé de plusieurs côtés. Mais nous ne pouvons plus en douter, après la lecture de la circulaire de M. de Chaudordy ; cette pièce remarquable restera comme un réquisitoire écrasant contre les procédés, systématiquement employés par nos adversaires pour ruiner nos malheureuses provinces.

homme a vu plusieurs de nos officiers tendre la main, pour avoir un peu de nourriture.

L'ennemi sévit dans nos villes et nos campagnes avec sa rigueur impitoyable, et bien connue ; il pend sans autre forme de procès tout paysan, qui est convaincu d'avoir cherché à nuire à l'armée envahissante ; il fait fusiller les francs-tireurs, en vertu d'un arrêté qui est affiché dans tous les villages, et dont on nous apporte le texte ; il déclare qu'il ne nous réduira que par la famine, sans se donner la peine de nous attaquer.

20 septembre. — Un autre glorieux anniversaire ! celui de la bataille de l'Alma, notre première grande victoire en Europe, après les malheurs de la fin du premier Empire ! quel élan dans l'attaque ! quelle confiance absolue dans le gain de la journée ! Et nous n'étions que cinquante mille, en y comprenant les Anglais, que nous n'avions pas hésité à aller assister en Orient, dans une querelle, qui est bien plutôt la leur que la nôtre[1].

Cette date mémorable, nos annales la consacrent encore par un grand souvenir. Il y a 78 ans, nos pères, mal habillés, mal équipés, à peine organisés, à peine instruits ont cependant arrêté à Valmy la première invasion prussienne... Une armée comme la nôtre pourrait moins que ces soldats peu exercés de la révolution ! Il est vrai qu'à la place des Prus-

[1] Il est difficile de comprendre, après cela, que les hommes d'État anglais aient consenti un moment à régler, en 1871, la question de la mer Noire, sans la coopération de leurs frères d'armes d'Inkerman, des vainqueurs de Malakof.

siens, lents et méthodiques de Brunswick, nous avons devant nous des ennemis, qui depuis lors ont marché, poursuivant sans cesse le perfectionnement de leur organisation militaire; et, il faut le dire, ils nous ont dépassés !

21 septembre. — Le temps est toujours très beau ; il est même chaud.

Je viens de lire le carnet du commandant David du 45e, laissé pour mort, le 31 août, devant Sedan[1]. J'y trouve quelques indications intéressantes sur la situation de cette autre armée, qui a opéré loin de nous. Les mêmes reproches contre la préparation à la guerre et la direction s'y font entendre. En voyant que ces plaintes sont générales, on se dira, sans doute, qu'elles doivent être justes, qu'elles ne peuvent être regardées comme les récriminations de gens, qui ont souffert et qui sont vaincus, et, nous l'espérons, on s'empressera de constituer enfin un ordre de choses meilleur.

Réduction de notre cavalerie. — Le nombre de chevaux, que l'insuffisance des rations met hors d'état de service, dépassant les besoins de l'administration des vivres, on informe le général Coffinières que l'on est disposé à en donner un plus grand nombre à la municipalité de Metz, et à en accorder également à des habitants pour leur propre service.

On prescrit de mettre de côté pour l'administration

[1] Le commandant David, amputé du bras droit, a pu être sauvé. Avec son autorisation, je donne de nouveau, dans le *Supplément* (note V), des extraits de son carnet.

un grand nombre de chevaux, auxquels il ne sera plus désormais distribué de rations de fourrages; les corps les feront pâturer comme ils pourront, et les livreront à la boucherie au fur et à mesure des besoins. Avec les chevaux conservés, on constituera deux escadrons par régiment; les harnachements des animaux abattus seront versés dans les magasins; les cavaliers et les artilleurs démontés seront armés de chassepots, et exercés sans retard au maniement de ce fusil.

22 septembre. — *Affaire de Lauvallier.* — On a signalé, hier soir, au 3e corps l'existence de 25,000 gerbes de paille dans le hameau de Lauvallier, et l'on a prescrit de les enlever ce matin, ainsi que d'autres denrées, qui se trouveraient à Nouilly. L'opération, non exécutée à l'heure prescrite, a été reprise, sur de nouveaux ordres impératifs, dans la journée, et a très bien réussi. Il est singulier que l'initiative ne se fasse pas mieux jour sur nos lignes; devrait-on être obligé de donner sans cesse des ordres comme celui qui précède, et d'écrire des dépêches comme celle-ci : « Il y a un champ de luzerne non fauché « devant Maison-Rouge. Il ne faut pas le laisser per- « dre ! » Or, le champ de luzerne est contre nos avant-postes et notre cavalerie meurt, faute de fourrages!

23 septembre. — Nous venons de voir s'élever notre ballon journalier au-dessus de la place, puis il a pris la direction du Sud-Ouest. Un habitant du Ban-Saint-Martin nous demande avec le plus grand sérieux si nous sommes certains de recevoir des

réponses par la même voie. Il faut bien rire quelquefois ; nous avons ri.

Tentative sur Vany. — L'opération sur Lauvallier ayant été couronnée de succès, on en exécute une seconde aujourd'hui sur Vany, qui contiendrait de grandes ressources, dit-on ! (Pourquoi n'a-t-on pas profité des journées des 31 août et 1er septembre pour les rentrer ?) Le 6e corps reçoit l'ordre de déployer des troupes en avant de son front, afin d'appuyer sur la gauche le 3e corps dans son mouvement. On s'y est pris trop tard ; l'ennemi, à la vue de nos préparatifs, a développé beaucoup de forces à gauche de Charly, et a ouvert un feu vif d'artillerie, qui n'a pas permis de conquérir les approvisionnements de Vany. On ne peut pas davantage prendre possession « de 30,000 kilogr. de foin qui seraient encore, dit « une dépêche, à Lauvallier, ainsi que 20,000 kilogr. « de houille, » denrée précieuse, dont nous allons bientôt manquer.

On ne s'est pas contenté de prescrire récemment la cueille des feuilles des arbres pour l'alimentation des chevaux ; on ordonne aujourd'hui l'emploi des sarments de vigne : Mélangés à une certaine quantité de « grains insignifiante, écrit-on aux corps, ils com- « posent une alimentation suffisante, pour entre- « tenir les animaux en bon état ; et les vignes ne « souffriront pas de cette taille hâtive, si on la laisse « faire par les vignerons eux-mêmes. »

24 septembre. — La ration de viande est élevée

à 500 grammes; ce n'est pas en effet la denrée qui nous manquera, du moins tant que l'on trouvera quelques grains et des racines pour soutenir nos chevaux; mais le blé va nous faire défaut; il n'y en aurait plus que pour vingt jours, dit-on, et de l'avoine pour cinq jours. Bientôt plus de sucre; plus de sel, dont la ration a été réduite à 2 grammes et demi, depuis le 20; le riz a été ramené au taux réglementaire de 30 grammes; on en délivre un jour sur trois, avec de l'eau de vie, du sucre et du café.

J'ai parcouru aujourd'hui les lignes du 2e corps; elles sont exécutées avec beaucoup de soin et d'intelligence: on construit une batterie importante à la jonction des deux chemins de fer; on l'armera d'une ou de deux pièces de 24; en avant, le fort Saint-Privat est mis en état de défense; sur la gauche, l'inondation de la Seille est tendue, et au delà on met en état, avec une grande activité, le fort Queuleu. Je le visitais, il y a quelques jours, et je pouvais constater qu'on y avait beaucoup travaillé depuis le commencement d'août; mais combien cela était nécessaire! Aujourd'hui encore, un des bastions est fort incomplet; la gorge n'est qu'à moitié maçonnée et peu élevée, si bien que des tirailleurs, qui, après le départ de l'armée, seraient venus se poster sur le mamelon de vignes qui est entre Metz et le fort, auraient pu tuer tous les canonniers placés sur le haut du cavalier. On fait maintenant de solides tranchées avec batteries sur ce mamelon, pour protéger la gorge de Queuleu.

Des négociations paraissent s'entamer. — Nous remarquons de fréquentes allées et venues du quartier-général prussien à celui de notre commandant en chef; y aurait-il des négociations entamées? Prendrait-on pour base ce que nous venons de lire dans un journal, envoyé des avant-postes ennemis? « La Prusse, y est-il dit, ne peut traiter qu'avec « l'Empereur ou avec le maréchal Bazaine, qui tient « de lui ses pouvoirs. » Déjà, deux fois, des parlementaires sont venus jusqu'auprès du maréchal, ce qui est assez contraire, en temps ordinaire, à toutes les habitudes de la guerre ; hier soir, c'était un bourgeois[1], qui n'a pas voulu dire son nom à l'officier chargé de l'introduire. Il revient encore aujourd'hui, sous le prétexte de conduire aux avant-postes sept médecins luxembourgeois, dont le prince Frédéric-Charles aurait autorisé la sortie de Metz. Cet inconnu est en longue conférence avec le maréchal et deux autres chefs de l'armée; tout cela donne naissance à une foule de rumeurs bien diverses. L'une d'elles est si étrange que je n'ose la transcrire ici, car ce n'est, sans doute, qu'une supposition erronée; si elle était vraie, ce serait, ce me semble, au lieu d'une solution, une grande complication de plus, ajoutée à toutes les autres.

On apprend, à la suite de ces pourparlers, qu'une délégation du gouvernement français est à Tours, que Lyon aurait proclamé la république rouge, que beaucoup de villes n'ont pas voulu reconnaître la révolution du 4 septembre. Cependant, le général Trochu

[1] M. Regnier, qui a raconté sa singulière aventure dans une brochure publiée récemment.

doit toujours tenir bon dans Paris, car, s'il en était autrement, les Prussiens nous l'auraient fait savoir avec empressement. Ce n'est pas assurément, au moment où l'ennemi nous signale en France de pareilles divisions, si toutefois elles existent, que nous devons songer à jeter une base nouvelle de notre côté; la base serait peu solide à mon avis, et le projet, s'il se confirmait, pourrait gravement compromettre la discipline de l'armée. Ce serait alors le gâchis le plus épouvantable que nous ayons jamais vu.

Dimanche, 25 septembre. — Ce matin, un ordre du maréchal dissout le corps de cavalerie et met de nouveau le général de Forton sous les ordres directs du commandant en chef; un général de brigade prend le commandement de la division de cavalerie de la garde, et... (ici l'étonnement de tous devient profond), le général Desvaux remplace, à la tête de la garde, le général Bourbaki... en mission.

Le général Bourbaki, aide de camp de l'empereur, commandant de la garde impériale, est parti, ce matin, en bourgeois, accompagné des médecins de l'internationale, et bien évidemment avec un laissez-passer du quartier-général prussien. Hier, nous ne pouvions que faire des suppositions; mais est-il téméraire aujourd'hui de penser que l'on veut tenter des négociations avec la dynastie tombée? Il n'y a aucune chance de voir réussir un semblable projet, et si l'habile diplomate, qui le sait mieux que personne, a donné son consentement à la mission occulte de ce messager mystérieux, c'est évidemment pour gagner du temps. Mais, comment peut-on supposer ici que les troupes enfermées à Metz consentiront à patronner une semblable entreprise? Nous n'avons pas le droit d'imposer un gouvernement au pays, et jamais armée n'a gagné à jouer un semblable rôle ; la nôtre perdrait tout à le prendre. Il faut, tout le monde le dit hautement, se hâter de chasser l'ennemi, puis consulter la France, fonder le gouvernement qu'elle aura choisi, et tâcher ensuite de le consolider. Nous en avons grand besoin.

26 septembre. — L'agent secret a apporté une mauvaise nouvelle ; Toul a succombé, il y a trois jours[1].

La situation. — Les journaux de la localité se font les interprètes des réclamations d'un grand nombre : « Que fait l'armée? » disent-ils. « Elle entrave la dé-« fense de Metz ; elle diminue ses approvisionne-« ments ; qu'elle s'éloigne. Elle n'a qu'un rideau de « troupes devant ses lignes : 50,000 hommes tout « au plus. » J'ai déjà dit plus haut ce que je pensais de cette assertion, fort peu fondée à mon avis. Nous avons sept corps complets autour de nous : les trois corps de la 1re armée, et quatre de la seconde ; en

[1] Toul, selon l'usage des Prussiens, avait été sommé de se rendre au milieu d'août, puis bombardé par de l'artillerie des troupes du VIe corps. L'intimidation n'ayant pas réussi, les Prussiens avaient continué leur marche sur Châlons, ne laissant autour de la place qu'un cordon d'investissement, jusqu'à l'arrivée de gros calibres d'artillerie. Le 10 septembre, le bombardement avait été repris, et, ce jour-là, nous l'avions entendu de Metz ; le 23, Toul capitulait. Le siége avait été conduit par le duc de Mecklembourg, avec une brigade de la 17e division d'infanterie et la 17e brigade de cavalerie.

outre, la division de réserve von Kummer, qui est très forte, et des Prussiens faits prisonniers parlent même de landwehriens des VIIe et VIIIe corps, qui seraient à proximité de la place ; cela fait au moins 200,000 hommes, qui nous entourent. Ils ont coupé toutes les routes, garni tous les débouchés de batteries formidables, protégé leur infanterie par plusieurs lignes de défense, appuyées à de solides villages : c'est donc une bataille à livrer, et il ne faut pas se le dissimuler, nous sommes arrivés à l'extrême limite de la période, pendant laquelle nous pouvons exécuter une tentative définitive de sortie. Après l'échec de Sedan, nous étions réduits à ne plus compter que sur nos propres forces ; il nous fallait alors attendre, pour nous mettre en route, le milieu de septembre, c'est à dire le moment où les armées, qui avaient combattu le maréchal de Mac-Mahon, étant parvenues sous Paris, seraient trop éloignées de nous pour venir renforcer celle du prince Frédéric-Charles. Or, déjà, vers cette époque, nos chevaux commençaient à souffrir. Nous avions cependant, et nous avons encore à peu près nos attelages de pièces, et une moitié de notre cavalerie en état de marcher. Je crois donc que la sortie, mais la sortie du côté de Remilly et de Nomény, aurait dû et aurait pu être tentée depuis le 12 septembre environ. Chaque jour elle devient de plus en plus difficile ; à la fin du mois, elle sera peut-être impossible.

Mais si l'on ne veut pas tenter une aussi grande entreprise, pourquoi ne pas profiter au moins de notre position centrale pour nous jeter en forces sur un point de la ligne ennemie, l'écraser, et rentrer ensuite dans notre camp. C'est l'opinion du général Coffinières, ce n'est pas celle du maréchal, qui s'en défend ainsi devant moi : « Le commandant supérieur de « Metz est officier du génie ; il se croit assiégé, et « veut, se conformant aux règles de l'art, exécuter « des sorties sur les travaux de l'ennemi. Mais, notre « situation n'est pas celle d'une place régulièrement « assiégée ; l'ennemi a des batteries, il est vrai, mais « elles sont fort loin ; elles ne sont pas dirigées sur la « ville, mais elles le seraient sur l'armée, si elle ten- « tait de passer. Il n'y doit pas laisser de pièces la « nuit, comme dans un siége, et l'on ne peut dès- « lors obtenir, en y arrivant, que des résultats très « minimes. Par contre, toujours obligés à faire une « longue retraite, on est accompagné dans ce mou- « vement rétrograde, par un tir rapide, meurtrier, « qui cause de nombreuses pertes, encombre nos « ambulances déjà trop remplies, et décourage les « hommes... Je ne puis donc faire, et ne veux faire « que des opérations utiles. »

*

27 septembre. — *Opérations sur Peltre, Colombey et Ladonchamps.* — Pour se conformer à cet ordre d'idées, le maréchal ordonne aujourd'hui une double opération sur Peltre et Ladonchamps. Avis en a été donné, en ces termes, au général commandant le 2e corps : « Le général Lapasset m'a communiqué le « projet arrêté pour exécuter le coup de main sur « Peltre et au delà, si c'est possible. Il l'exécutera « sans retard. ». On invite également le maréchal Le Bœuf à se porter sur Colombey et Lauvallier, « où « il y a du fourrage et de la houille », ajoute-t-on.

Enfin, l'enlèvement du château de Ladonchamps est confié au 6e corps.

L'attaque de Peltre commence à 9 heures du matin, et est très bien conduite. Un train, préparé dans la gare de Montigny, débarque soudain des hommes dans le premier village, occupé par l'ennemi, et y surprend les avant-postes, tandis qu'à gauche nos troupes enlèvent, vigoureusement aussi, le château de Mercy. Sur les deux points, on fait prisonniers 150 hommes et 2 officiers; on ramène beaucoup de bétail, et, résultat fort important, on saisit quelques journaux.

Pendant ce temps, le 3e corps exécutait son fourrage à Colombey, et le 6e enlevait Ladonchamps, en y prenant aussi quelques hommes. Pour se venger de cette surprise, les Prussiens, dès le soir, après notre retour vers Metz, incendient le château de Mercy, le village de Peltre, les Petites-Tapes, et la Maison-Rouge d'amont; triste vengeance de l'ennemi contre des victimes, fort innocentes de leurs revers.

Nos pertes s'élèvent à 20 tués dont 2 officiers, et à plus de 300 blessés dont 9 officiers.

28 septembre. — Il nous est bien difficile de ne pas nous livrer, chaque jour, à des conversations interminables sur la situation présente, sur ce qu'on aurait dû faire, et sur l'avenir qui nous est réservé.

Parfois, je ne puis m'empêcher de me poser à moi-même cette redoutable question, qui pourrait bien avant peu sortir du domaine des hypothèses. Nous avons été irrités, nous avons souffert avec la France de la capitulation de plus de 100,000 hommes devant

Sedan; qu'arrivera-t-il, dans vingt jours, un mois au plus, les vivres nous manquant, le mauvais temps et les maladies nous achevant, qu'arrivera-t-il de nos 140,000 soldats? Question saisissante, qui chaque jour se dresse plus impérieusement devant nous, et qui m'épouvante.

Journaux allemands. — Nous avons trouvé plusieurs nouvelles dans le paquet de journaux allemands enlevés hier aux avant-postes. Les corps que nous avons autour de nous sont bien ceux que l'on désignait encore ces jours-ci ; nous sommes entourés par 7 à 8 corps d'armée ou 200,000 hommes. Devant Paris, se trouve la 3e armée avec 5 corps et demi et la 4e armée, dite de la Meuse, formée de trois corps de la 2e, et commandée par le prince royal de Saxe. Ces forces, réunies à une nombreuse cavalerie, présentent un effectif d'au moins 250,000 hommes, autour de la capitale.

29 septembre. — Hélas! les nouvelles sont mauvaise aujourd'hui. Le prince Frédéric-Charles nous annonce que Strasbourg a capitulé le 28[1]. Hier donc,

[1] La division badoise a commencé faiblement l'investissement de Strasbourg du 11 au 17 août; il n'a été complet qu'après l'arrivée du général von Werder, et l'on peut dire que, le 28 seulement, les communications ont été coupées. La garnison de Strasbourg n'a pu faire que peu de sorties; elle ne se composait que de débris de régiments battus à Wœrth et de gardes-mobiles. Suivant l'usage prussien, on bombarde la place le 28 août, puis on commence le siége le 29. La première parallèle est ouverte du 29 au 30, la deuxième du 1er au 2 septembre. La place fait deux sorties, le 2 septembre et le 9; la 3e parallèle est ouverte du 13 au 14. La nuit suivante, le glacis de la lunette 53 est cou-

cette héroïque ville s'est rendue, à bout de vivres et de munitions sans doute, dans tous les cas avec une garnison trop faible. Les maisons incendiées, la cathédrale endommagée, dit-on, témoignent de l'acharnement de ses ennemis, les Badois, et de la persistance avec laquelle l'Alsace a voulu affirmer sa volonté de rester française. Le restera-t-elle? La Prusse aura-t-elle la sagesse de ne pas s'attacher cette Lombardie aux flancs, ou montrera-t-elle une fois de plus au monde, que la prospérité rend les nations aussi folles que les hommes?

30 septembre. — *Metz. Prix des denrées.* — Hier, je suis allé à Metz. Quelles tristesse dans les rues! Partout des convalescents, des hommes jeunes encore estropiés pour toujours. De plus, la petite vérole s'est déclarée à l'hôpital. On parle même de cas de typhus, de scorbut; il y a beaucoup de malades dans la ville et la mortalité des enfants malheureusement est très grande.

Les magasins sont presque vides; le prix de toutes choses s'est considérablement accru. Ainsi, le kilog. de bœuf se paie 9 fr.; de veau, 14 fr.; de mouton, 10 fr.; et tout cela est naturellement fort rare. La douzaine d'œufs vaut 6 fr.; le kilog. de haricots, 3 fr.; d'oignons, 4 fr.; de pommes de terre, 1 fr. 20; de raisin, 1 fr. 20. Les 100 kilos d'avoine se paient 50 fr.; de paille, 25 fr.

ronné; la lunette est prise le 20 : une deuxième est enlevée du 21 au 22, et la ville, abîmée par les projectiles ennemis, n'ayant plus de munitions de bouches à feu, est obligée de se rendre le 28 septembre.

Comme je l'ai dit plus haut, les journaux de la localité se plaignent de ce que le voisinage de l'armée diminue les ressources de la ville. On leur répond « que la population a tort d'émettre une pareille ac- « cusation, car l'armée a ses magasins distincts de « ceux de Metz ; elle n'y achète rien, et donne même « des chevaux aux habitants. » Cela est vrai pour le pain et la viande, qui sont les denrées principales ; mais il est certain que, pour toutes les autres, l'armée, par une consommation considérable, fait élever le prix de toutes choses, et en tarit vîte la source.

MOIS D'OCTOBRE.

1er octobre. — *Situation fournie par l'intendant.* — L'intendant de l'armée vient de donner, à la date du 30 septembre, l'état de nos ressources pour le mois d'octobre, basé sur un effectif de 180,000 hommes. L'effectif réel des rationnaires, y compris les malades, mais non compris la garnison de Metz (gardes mobiles, dépôts et division de Laveaucoupet), est, dit-on, de 160,000 hommes.

Si les indications données par cette situation sont exactes, nous n'avons plus que quatorze jours de pain, biscuit, blé ou farine à donner à ces 160,000 hommes, et, le 15, il ne nous restera plus à consommer que de la viande de cheval. Nous n'aurons plus alors qu'à capituler, ou à livrer une bataille dans des conditions désavantageuses, avec des hommes épuisés, sans cavalerie, sans artillerie. N'aurait-il pas été préférable de prendre une décision avant le terme fatal, et de tenter le sort des armes depuis quinze jours, au lieu d'entrer dans la voie de négociations fâcheuses?

On continue à employer tous les expédients possibles pour remplacer l'avoine, qui va nous manquer complétement; après les feuilles et les sarments de vignes, on a prescrit, le 27 septembre, l'usage du tourteau de colza, à raison de 500 grammes la ration, en recommandant de l'imbiber d'eau, de le concasser, et de le mélanger dans la musette avec la maigre pitance d'avoine de distribution. Le 30, on a délivré, dans la même proportion, des betteraves, dont l'intendance a pu se procurer cent quintaux.

A la même date, on a ordonné de délivrer cinquante chevaux, par jour, à l'abattoir municipal, ce qui oblige chaque corps d'armée à désigner, tous les matins, 55 victimes, tant pour ses propres besoins que pour assurer la nourriture des habitants de Metz ; ce chiffre est bientôt élevé à 75.

Correspondances des familles.—Par une tolérance de l'ennemi, que nous ne nous expliquons pas, on nous laisse, depuis deux jours, adresser des lettres à nos familles par parlementaires[1] ; quelques-unes arrivent du dehors à un petit nombre d'heureux, fort enviés de tous, et les prisonniers que nous avons faits récemment, et que l'on n'a pas encore échangés, sont naturellement admis à pareille faveur. Toute cette correspondance, de quelque côté qu'elle vienne, est, il va sans dire, soumise à la censure dans les deux camps. Je suis parfois chargé de cette lecture, et je dois dire que je ne sais rien de plus pénible, et de plus consolant à la fois. Il est bon, en effet, de voir combien, en face de la mort, les cœurs paraissent accessibles aux sentiments généreux. Rien de plus touchant que ces lignes, dans lesquelles les plus

[1] La tolérance n'a pas été de longue durée.

durs en apparence se font doux pour apaiser la douleur d'une mère, d'une femme, d'une sœur; pour leur bien laisser voir que la santé est parfaite, pour cacher toutes les privations, tous les dangers, parfois des blessures; rien de plus charmant que ces gaies et affectueuses paroles, adressées aux plus petits de la famille, que l'on veut charmer par un souvenir. Et puis, chacun de ces soldats termine sa lettre par des tendresses, comme si ces derniers mots écrits pouvaient être les derniers!

Mais cette lecture est aussi bien triste, car j'y vois partout mêmes douleurs; les mères y expriment les mêmes souffrances, et de ce côté-ci, comme de l'autre côté du Rhin, ce cri : « Mon fils, ou Mein Sohn » est tout aussi pénétrant, tout aussi déchirant dans les circonstances présentes. Ces seuls mots font deviner toutes leurs larmes, toutes leurs angoisses, et que de fois, hélas! ces témoignages d'amour maternel ne trouvent-ils plus qu'un cadavre! J'ai sous les yeux le portefeuille d'un landwehrien, resté sur le théâtre du combat de Ladonchamps; voici les lettres de sa mère, celles de sa fiancée; il les a toutes gardées; on y retrouve les luttes du départ, les anxiétés de la séparation, les espérances du retour; on y parle de la Noël, que l'on fêtera certainement en famille. Le pauvre garçon manquera au rendez-vous : il est tombé avec plusieurs, bien loin des siens; on l'a enterré dans un champ avec quelques-uns de ses compatriotes, même de ses ennemis, et rien, jamais rien ne vous redira, pauvre mère, pauvre fiancée, où il repose, et s'il a pu penser à vous en mourant!

Hier, une de ces pages touchantes nous arrivait

du fond de l'Allemagne pour un soldat blessé ; il est mort depuis un mois à l'hôpital ; il était père de famille, et l'on ne peut répondre à ceux qui l'aiment que par un acte de décès. Aujourd'hui, c'est le corps de l'une de ces victimes que l'on réclame avec instances pour le rendre à sa famille ; je veux m'assurer par moi-même qu'il est impossible, ainsi qu'on le prétend, de satisfaire à une prière aussi légitime, et je vais au cimetière de l'armée, dans l'île Chambière. Là, le gardien me montre la tombe recouverte, dans laquelle a été enterré, il y a un mois, le brillant hussard de Zieten ; ils sont là 2,000 des deux nations, sur huit rangs de hauteur. On me conduit ensuite à la fosse béante, qui doit recevoir les hécatombes, que la mort fera ces jours-ci. Quel spectacle, et combien il est propre à rabaisser l'orgueil de l'homme ! Au fond de cette excavation, vingt-quatre cadavres sont étendus côte à côte, enveloppés d'un linceul, et à l'air libre ; quelques traits du visage, parfois la tête, un membre sortent du drap mortuaire, et je contemple en silence, et tristement, ces corps immobiles, amaigris, défigurés, quelques-uns mutilés, qui ont tous souffert ici-bas, et qui ne sont plus. Voilà donc l'homme ! Je m'éloignai lentement, en murmurant tout bas ces mots, si célèbres d'Hamlet : « To be or not to be. » Ne pas être, ... la mort, quelle pensée désespérante pour ceux qui ont le malheur de croire tout fini, dès que le corps est retourné à la terre !

Dimanche, 2 octobre. — Je veux citer encore la lettre suivante, trouvée à Ladonchamps, le 27 septembre :

« Cher frère Fritz, j'ai ta lettre, la première qui « me soit parvenue dans cette campagne ; j'y vois « que tu es arrivé en bonne santé au pays, et je « m'en réjouis. Pour moi, je vais bien, je suis « gai, et j'espère, avec l'aide de Dieu, continuer « longtemps ainsi. Que dis-tu de cette campagne? « N'est-ce pas une marche triomphale? Nous aurons « cependant une dure journée encore devant Paris, « et devant Metz ; les deux places sont difficiles à « enlever, mais je pense toutefois que l'on aura plus « vîte raison de la première que de la seconde, où, « je te l'ai déjà dit, chaque ouvrage est une vraie « forteresse. Avant-hier, après-midi, nous avons « combattu, nous, le Xe corps, à côté du Ier, qui « était attaqué par l'ennemi, et qui avait besoin de « secours. Notre artillerie est excellente, et nous « avons soin de ne pas nous tenir dans le rayon du « chassepot.

« Du reste, rien de nouveau, si ce n'est que l'au- « mônier de la division a reçu ce matin la croix de « fer avec plusieurs autres, parmi lesquels de sim- « ples soldats. A Mars-la-Tour, le 16 août, notre « régiment avait perdu presque tous ses officiers et « 1,400 hommes. Le 16e régiment, à notre gauche, « a éprouvé presque les mêmes pertes. Ne peux-tu « pas m'envoyer quelques florins pour un soldat, « qui est en même temps ton frère? Tout est ici fort « cher, ce qui te paraîtra naturel, et quand la faim « se fait sentir, adieu joie et valeur ; tout cela dispa- « raît bien vite. Je termine en embrassant ma chère « mère, Joseph et Mina. Adieu jusqu'au retour pro- « chain et joyeux. »

« *P. S.* Je t'enverrais bien quelque chose du « champ de bataille du 18 août, mais je ne le puis « guère ; patience donc jusqu'à la paix.

« *Ton frère Wilhelm.* »

La lettre est datée du 25 septembre; elle est à côté d'une autre, dans laquelle la mère de ce soldat, qui devait être un instituteur, se réjouit de voir son fils devant Metz plutôt que devant Paris, où la guerre fait tant de victimes, dit-elle ; et il était tué, le 27, à Ladonchamps, pendant son service de grand'-garde. Ses dernières lignes vont être envoyées aux siens ; la chère mère, Joseph, Mina se réjouiront à la pensée de cette paix prochaine, de ces souvenirs du champ de bataille que Wilhelm leur promet, et, quelques jours plus tard, à la lecture de la liste des pertes du 28, leur joie se changera en deuil.

Occupation de Ladonchamps. — Le 4e corps a enlevé, hier, le châlet Billaudel, et pris possession du village de Lessy, que l'on n'aurait jamais dû abandonner. Ce matin, d'après les ordres du maréchal, on se porte de nouveau sur le château de Ladonchamps, que l'on n'avait pas conservé le 27, par suite d'un malentendu, ou d'instructions mal données. On s'y établit définitivement cette fois-ci, et l'on s'y maintient, malgré une tentative de l'ennemi pour le reprendre, de 5 à 6 heures du soir. Pour se venger de ces différents coups de main, les Prussiens continuent à mettre le feu aux villages qui nous entourent ; ils incendient sans pitié aujourd'hui une maison de Sainte-Ruffine avec leurs batteries du Point-du-Jour.

Je ne comprends pas cette persistance à vouloir s'avancer vers le Nord, au lieu de préparer nos voies vers le Sud. Là, le château de Mercy offre une position dominante excellente, qui est sous le canon de Queuleu, et qui nous permettrait de déboucher vers Remilly, si nous le voulions fermement un jour. Sur la rive gauche, le plateau de Saulny nous offrirait encore une position meilleure que Ladonchamps, situé dans la plaine et en pointe, par conséquent dans une situation très désavantageuse sous le feu croisé des batteries, établies par l'ennemi à Malroy, Olgy et Sémécourt. « L'ennemi nous inquiétera sans doute « les premiers jours, » répond le maréchal aux objections qui lui sont adressées à ce sujet, « mais il « finira par se lasser, et le château nous restera. Or, « il m'est absolument nécessaire pour l'accomplisse- « ment de mes projets futurs ; car, si la mission que « j'ai confiée au général Bourbaki ne réussit pas, il « nous faudra, à cause du manque de vivres, prendre « un parti. Nous nous dirigerons alors vers le Nord « pour aller nous ravitailler à Thionville, qui a reçu « de nombreux approvisionnements ; l'occupation de « Ladonchamps nous facilitera cette entreprise, et « nous ferons ainsi la navette entre les deux places ; « peut-être même, si les événements nous favorisent, « pourrions-nous aller vivre en pays ennemi ! » Tout cela, avec notre armée, qui va s'affaiblissant chaque jour, et 200,000 Prussiens nous accompagnant sur les hauteurs dans ce mouvement de navette ! Est-ce sérieux ?

Je devrais le croire à entendre le maréchal, qui continue ainsi : « Mais, pour nous porter en avant,

« il nous faut du biscuit; or, nous n'en possédons « que deux rations par homme, et l'intendance me « demande dix jours pour en confectionner une troi- « sième. Je dois donc attendre encore, ne voulant « me mettre en route qu'avec quatre jours de vivres, « y compris le pain du jour. Ne perdons pas de vue « d'ailleurs que nous avons ici la seule armée véri- « table, dont puisse disposer le pays; *conservons-la* « lui donc, surtout en présence d'événements comme « ceux de Lyon, où la république rouge vient d'être « proclamée! »

Il est impossible cependant de songer à conserver cette armée par le seul moyen honorable, par une sortie, qui en reporte une grande partie en rase campagne, si l'on doit attendre encore dix jours pour avoir trois rations de biscuit; car, nous n'aurons plus, vers le milieu d'octobre, les forces nécessaires pour percer la ligne d'investissement, et nous laisserons de plus Metz sans vivres suffisants pour résister longtemps à un siége. Quant à chercher à la conserver par des négociations d'une certaine nature, c'est vouloir semer en elle des germes de désordre et d'indiscipline, qui la détruiraient sans retour. Il ne lui restera donc plus que la captivité, c'est à dire sa ruine complète, si l'on ne prend le parti de se présenter résolûment aujourd'hui même à l'ennemi, avec l'intention arrêtée de le culbuter et de traverser ses lignes.

Ce parti, on ne le prend pas, et la situation s'aggrave tous les jours; chaque matin, on attend une décision du commandant en chef, qui n'en prend aucune; pendant ce temps, les vivres se mangent, et le soir arrive, sans qu'on ait rien fait de plus utile que la veille. « Ce qui a manqué dès le début de la guerre, » me disait aujourd'hui un général, « c'est un plan de « campagne ; on ne voit pas que l'on ait eu un but « militaire, ou qu'on l'ait jamais poursuivi. » C'est très vrai, et aujourd'hui encore, comme au commencement d'août, on vit au jour le jour, faisant des petites opérations, parce que des lettres anonymes y poussent ; mais on paraît tout attendre d'une situation politique, que l'ennemi a intérêt à faire traîner en longueur.

3 octobre. — On a donné l'ordre, hier, de faire des distributions, de manière à compléter chaque homme à deux jours de biscuit, un jour de lard, et quatre jours de vivres de campagne. Aujourd'hui, on réorganise le service du train, en réduisant considérablement le nombre des voitures, et en augmentant les attelages, en raison de l'état d'épuisement des chevaux. Ainsi, le grand-quartier-général aura 70 voitures à quatre au lieu de deux chevaux, et 26 voitures à six. Le 2e corps, 43 voitures à quatre chevaux ; les 3e et 4e corps, chacun 26 voitures à six chevaux ; la brigade Lapasset, 11 voitures à six. Le 6e corps, 80 voitures à deux roues et à un cheval.

Les journaux allemands, saisis aux avant-postes dans les dernières affaires, contenaient les rapports officiels prussiens des batailles de Wœrth, de Sedan, d'Amanvillers, etc. ; ils nous permettent de nous faire enfin une idée très exacte de la répartition des armées ennemies depuis le commencement de la guerre, et de la marche générale des opérations.

4 octobre. — *Nos vivres.* — Si l'on s'en était rapporté exactement à la situation des vivres, donnée le 20 août par l'intendant, nous n'aurions pas dû dépasser la fin de septembre; or, on a vu, par les renseignements nouveaux, fournis au commencement de ce mois, que l'armée est encore approvisionnée pour 15 jours; cela tient à ce que, d'une part, l'intendance avait exagéré à dessein les effectifs et n'avait donné qu'approximativement l'état des magasins au mois d'août, tandis que, de l'autre, nos ressources s'accroissaient sensiblement par les expéditions faites à Lauvallier, Peltre, Ladonchamps, Sainte-Agathe. Pourquoi n'a-t-on pas songé à réunir, dès le mois d'août, dans le camp retranché, toutes ces ressources des pays environnants? Nous aurions encore notre cavalerie, notre artillerie, des vivres pour l'hiver, et nous serions prêts à aider les armées de secours, qui doivent certainement se former en France actuellement[1]. Mais l'initiative est tellement morte chez nous que, maîtres de Ladonchamps, on attend encore des ordres pour enlever des richesses, qui se trouvent dans la ferme voisine : « Il y a à Sainte-Agathe des « quantités considérables de fourrages, doit-on écrire

[1] Je tiens d'une source très digne de foi que, lors des premiers mouvements de retraite de l'armée du Rhin au mois d'août, un des plus hauts fonctionnaires de Metz était allé avec d'autres notables chez le commandant supérieur, pour le presser de faire réquisitionner toutes les denrées dans les villages des environs et de les faire rentrer dans Metz, ainsi que dans les forts, et que cet officier-général s'y serait refusé, en disant qu'il ne fallait pas alarmer la population! Quelle réponse! voilà bien le complément de toutes les imprévoyances de cette campagne.

« le 3 du quartier-général, enlevez-les cette nuit « même. » Aujourd'hui, il faut continuer les mêmes avis : « Il y a encore 150 gerbes de paille de blé non « battues dans Sainte-Agathe; les prendre la nuit « prochaine. » Demain, après-demain, on devra faire encore mêmes invitations.

Bruits de départ. — Les commandants des corps d'armée et les chefs de service se sont réunis ce soir au quartier-général, et déjà de tous côtés on parle de départ; ces quatre jours de vivres distribués, cette organisation du train, ce conseil de guerre et surtout une dépêche du général Coffinières, en date du 1er octobre, dépêche que tout le monde se trouve connaître, ont donné l'éveil dans les camps. Le commandant supérieur de Metz expose dans cette lettre : « Qu'il ne « peut assurer la défense de la place, en cas de dé- « part de l'armée, que si on lui laisse la division de « Laveaucoupet (qu'on voulait lui retirer), environ « 5,000 cavaliers démontés, mais bien encadrés, des « dépôts bien organisés, le tout devant présenter un « effectif de 20,000 hommes, nécessaires, dit-il, à la « garnison de Metz et des forts. » Il ajoute que la garde nationale sédentaire et la garde nationale mobile ne sont bonnes qu'au service intérieur ; pourquoi donc cette dernière ne peut-elle pas former, après deux mois et demi, de bons soldats, tandis que l'ennemi envoie ces jours-ci, dans ses régiments de ligne, des recrues, qui n'ont pas plus d'ancienneté de service? La réponse est simple : nul n'en est chargé chez nous, et dès lors, rien ne se fait.

Il n'est pas inutile de reproduire ici la dépêche par

laquelle on fait droit aujourd'hui aux réclamations du général Coffinières : « Vous demandez 20,000 hom- « mes pour la défense de Metz, et le 14 août, il n'en « fallait que 18,000, alors que les travaux de la place « n'étaient pas terminés ; on estimait alors, il est vrai, « que les gardes nationales mobile et sédentaire pou- « vaient être avantageusement utilisées, même pour « l'artillerie. Depuis lors, une loi a appelé sous les « drapeaux tous les anciens militaires jusqu'à 40 ans ; « l'avez-vous exécutée? Vous avez, dans tous les cas, la « garnison proprement dite, la division Laveaucou- « pet, les petits dépôts, les douaniers, les gardes na- « tionales mobile et sédentaire. Si l'armée fait mou- « vement, je ne vous retirerai aucune de ces troupes ; « je vous laisserai même les hommes de l'artillerie, « leurs officiers et l'escadron du 12e chasseurs, puis « la division Laveaucoupet, qui a 8,488 hommes, et « les petits dépôts, qui sont de 11,600 hommes. En- « fin, vous recevrez les cavaliers démontés, suivant « votre désir, avec des officiers pour les commander, « soit 5,000 hommes au moins. Vous aurez donc « 25,000 hommes de troupes régulières, sans comp- « ter les gardes nationales, qui sont nombreuses. « Vous pourrez, avec cela, remplir votre mission, et « même mobiliser une partie de ces forces pour les « petites opérations. »

5 octobre. — Rien de nouveau encore ce matin ; les bruits de sortie s'accréditent toujours ; on prescrit une visite de santé dans les corps et le renvoi des malingres dans la place ; on ordonne de prendre la même mesure à l'égard des malades des ambulances.

Le temps continue heureusement à être très beau. Je me trouve à Ladonchamps avec le malheureux propriétaire de ce joli château, saccagé à l'intérieur par les soldats, et abîmé à l'extérieur par les projectiles de l'ennemi; la ferme est incendiée, et le petit parc est occupé par une batterie de pièces de 12 de siége ; quel bouleversement ! quelles ruines ! Les champs environnants sont cependant encore assez verts pour nos hommes et nos chevaux affamés ; ils s'y précipitent, et l'on y récolte une assez grande quantité de pommes de terres, de betteraves et de légumes. Quant à la ferme voisine de Sainte-Agathe, je l'ai dit, elle regorge de paille de blé.

6 octobre. — Diverses mesures nouvelles paraissent encore indiquer le projet de s'éloigner de Metz ; ainsi on ordonne qu'en cas de mouvement la redoute des Bordes sera « occupée par les cavaliers démontés « du 3e corps, qui doivent rester dans la place. »

S'agit-il d'une opération générale, d'une tentative sérieuse pour quitter le camp retranché ; alors, plus de retards; mais, au moment du départ, nous pourrons jeter le cri de l'ancienne marine, exécutant la délicate manœuvre de virer de bord : « A Dieu va ! »

Il ne semble pas cependant que les projets du commandant en chef soient aussi arrêtés qu'on le laisse supposer. Pourquoi, en effet, s'il en était autrement, écrirait-il au maréchal Le Bœuf cette singulière dépêche : « Je vous ai entretenu d'une opé-« ration à tenter sur Courcelles sur Nied : voici le « moment; *étudiez-la,* et dites-moi demain comment

« vous l'exécuterez. Je mettrai à votre disposition « une division de la garde et une division et demie « du 2e corps. »

Toutes ces rumeurs sont naturellement parvenues dans le camp ennemi. Ce matin un fæhnrich, que l'on a enlevé devant le 4e corps, déclare que, depuis trois jours, on sait nos projets de sortie et qu'on se prépare à nous recevoir. « Vous nous trouverez, « ajoute-t-il, cinq contre un, à supposer que vous « soyez 70,000 combattants, comme nous le pen- « sons. Quant à nous, nous avons récemment reçu « de nombreux renforts d'Allemagne. » Ces paroles laisseraient donc entendre que nous avons devant nous de 300 à 350,000 hommes; l'exagération est manifeste; il est vrai que, par compensation, il est beaucoup d'habitants de Metz, et même d'officiers qui persistent à dire, *à vue de nez,* que nous ne sommes entourés que par 50,000 Prussiens[1].

La vérité, au milieu de ces extrêmes, tous les gens sensés la connaissent; nous avons environ 100,000

[1] On a reproduit les mêmes commentaires à propos des lignes d'investissement de Paris. Je les trouve consignés dans une lettre de M. Gambetta à M. Jules Favre, en date du 16 janvier : « Si vous sortiez aujourd'hui, demain, après-demain, *profitant « du moment où les Prussiens ont dégarni leurs lignes* pour « opposer 200,000 hommes à Chanzy, 100,000 hommes à Bour- « baki, vous réussiriez encore. » .... Et plus loin : « Chanzy a « eu à supporter l'effort d'une armée de plus de 200,000 hommes, « commandée par le prince Frédéric-Charles et le duc de « Mecklembourg. *Les renforts, venus de Paris,* l'ont accablé. » M. Gambetta pouvait ignorer que le *seul* IIe corps, venu d'ailleurs de Metz, avait été détaché de Paris au commencement de janvier, vers l'armée de l'Est; mais aujourd'hui que les faits sont connus, on n'a plus le droit de s'appuyer sur les suppositions erronées du gouvernement de Bordeaux.

combattants à opposer à 200,000 ennemis; ceux-ci ont des positions que leurs nombreux canons rendent d'un accès difficile; ceux-là ne peuvent compter que sur les baïonnettes ou à peu près, car on sait où en sont leur artillerie et leur cavalerie. Ils passeront cependant encore, si vous le voulez; mais hâtez-vous, si, par ce sacrifice, vous espérez sauver et Metz, et l'honneur du drapeau.

Loin de se décider, on paraît prendre ce soir le parti de rester dans le camp retranché; ce matin encore, on envoyait des officiers dans tous les corps d'armée pour demander si l'on était prêt au départ; une conférence avec le commandant supérieur de Metz et le général commandant l'artillerie a lieu dans la journée, et elle est suivie de dispositions qui paraissent indiquer la volonté de ne plus s'éloigner. Ainsi, n'ayant plus d'avoine à donner aux chevaux, et voulant utiliser le plus possible ces animaux, notre dernière ressource, on prescrit d'en *boucaner* un certain nombre, la pénurie de sel ne permettant pas d'en conserver autrement la chair[1]. D'où vient ce changement, si toutefois on a jamais songé à sortir? Du propos du fæhnrich, disent les uns (et ce serait assez singulier), d'un article de journal, qui annonce la prise de Montretout, disent les autres.

Paris, toujours Paris, n'a-t-on pas compté un peu trop sur la pensée antipatriotique de sa chute? N'est-ce pas là la clef de toutes les hésitations du commandant en chef? Et, en effet, si la capitale se rendait ces jours-ci à l'ennemi, le gouvernement français,

[1] Le procédé ne paraît pas avoir réussi.

n'ayant pas eu le temps de réunir des troupes de campagne, ne pourrait qu'accepter les conditions de paix du Roi de Prusse. Dans cette hypothèse, l'armée du maréchal Bazaine, pourvue de vivres jusqu'au milieu d'octobre, victorieuse dans plusieurs batailles, et non entamée par l'ennemi, sortirait pleine de gloire d'une situation fort difficile ; et quel critique insensé d'ailleurs pourrait prétendre ensuite que, la guerre continuant, cette armée aurait pu être réduite à capituler comme celle de Sedan, à livrer une place de premier ordre à ses adversaires ! Cela ne serait accepté par personne, et l'on répondrait hardiment à ces faiseurs d'hypothèses que, pour ne pas en arriver à ces dures extrémités, on se serait fait jour les armes à la main, eût-on dû périr jusqu'au dernier!

Mais loin de nous ces vaines espérances de triomphe; la réalité est là devant nous : Paris s'apprête, grâce à Dieu, à une résistance héroïque, et ceux qui ont compté sur sa faiblesse pour édifier leur gloire n'ont plus à s'appuyer que sur eux-mêmes.

7 octobre. — *Combat de Bellevue et de Saint-Remy.* — Le temps se couvre aujourd'hui, va-t-il changer? Que deviendront alors nos chevaux, amaigris, mal nourris, attachés en plein air, et nos hommes, toujours campés sous la petite tente, bon nombre dans des parties basses et humides, avec une alimentation insuffisante, et un moral que l'on ne cherche pas à relever?

Ne se décidant pas à sortir en masse, on prescrit ce matin au 6e corps « d'exécuter un grand fourrage « vers les Grandes et les Petites Tapes, avec l'appui

« des 4e et 3e corps sur les flancs, et d'une division « de la garde comme réserve. »

Le 2, la division von Kummer venait à peine de changer de bivouacs avec le Xe corps, envoyé sur la rive droite à Malroy, lorsque nous l'avions attaquée et délogée de Ladonchamps. C'était encore cette division, qui occupait, le 7, par ses avant-postes, les points de Bellevue, Saint-Remy, les Grandes et les Petites Tapes, lorsqu'elle en fut rejetée par notre 6e corps. Appuyés aussitôt de leur brigade de réserve et soutenus à droite par la 9e brigade (IIIe corps), venue de Norroy sur le bois de Woippy, à gauche par la 38e brigade (Xe corps) accourue de Malroy à Amelange, les landwehriens cherchent en vain à reprendre les positions, que nous avons conquises sur eux, et que nous n'abandonnons que le soir. L'extrait suivant du rapport officiel français fera connaître plus en détail les différents épisodes de cette journée :

« Le maréchal Canrobert était en position à « une heure, s'étendant de la Moselle au bois de « Woippy, à hauteur des Maxes, de Ladonchamps « et de Sainte-Agathe. La division de voltigeurs de la « garde, à laquelle on avait adjoint les quatre compa- « gnies de partisans de la division Tixier du 6e corps, « occupait le milieu de la plaine; elle était sur trois « lignes, disposées à 500 mètres l'une de l'autre. « A sa droite, le 9e bataillon de chasseurs de la divi- « sion Tixier bordait la Moselle, observant la rive « droite, et destiné à répondre au feu de l'ennemi « venant de Malroy. A sa gauche, le bataillon de « chasseurs de la garde était massé derrière la ferme « de Sainte-Agathe; plus à gauche encore, se trou-

« vait la brigade Gibon, de la division Levassor-« Sorval, avec les compagnies de partisans des 3e et « 4e divisions du 6e corps; cette brigade occupait le « bois de Woippy, et devait en déboucher sur Sainte-« Anne et le hameau de Bellevue.

« Au signal donné, toutes les troupes s'ébranlent « en même temps; la 1re brigade de voltigeurs dé-« passe les Maxes, refoule les tirailleurs ennemis, en-« lève Franc-longchamps, et pousse ses propres tirail-« leurs jusqu'à hauteur des Grandes Tapes; pendant « que la 2e brigade s'empare de Saint-Remy, où elle « rencontre une résistance énergique. A peine nos « troupes ont-elles dessiné leur mouvement que l'en-« nemi ouvre sur elles une violente canonnade des « batteries d'Olgy et de Malroy, de Sémécourt et de « Fèves et aussi de celles, qu'il a placées dans la « plaine, en avant de Maizières. Malgré l'intensité « de ce feu, et les pertes sérieuses, qu'il nous fait « subir, la division Deligny, entraînée par l'exemple « énergique de ses chefs et de ses officiers, n'en « continue pas moins son mouvement en avant; les « Grandes Tapes sont enlevées par la 1re brigade, et, « bientôt après, la 2e reste maîtresse des Petites « Tapes. Le bataillon de chasseurs de la garde avait « pris, en même temps, le hameau de Bellevue, « qui fut immédiatement mis en état de défense, et « il était venu s'embusquer dans un fossé, à 500m en « avant des maisons de ce hameau.

« A l'extrême gauche, la brigade Gibon, précédée « des compagnies de partisans, avait traversé les « bois de Woippy, et s'était jetée sur Sainte-Anne, « dont elle ne s'empara qu'après de sérieux efforts;

« mais elle se trouva alors devant le feu des batte-
« ries et des tranchées ennemies, et eut en outre à « supporter une vive fusillade, dirigée sur sa gau- « che, que les troupes du 4e corps n'appuyaient pas.

« A 3 heures, tout le terrain attaqué était en notre « pouvoir ; notre première ligne avait atteint le « ruisseau des Tapes et le bordait depuis le chemin « de fer jusqu'à la Moselle. Cependant l'ennemi sem- « blait augmenter d'heure en heure le déploiement « de son artillerie, et des réserves considérables « apparaissaient dans le lointain ; je jugeai dès lors « prudent, pour parer à toute éventualité, et bien « qu'une partie des troupes du 6e corps fut encore « en deuxième ligne, d'appeler comme réserve la « 1re brigade de la division Picard, des grenadiers de « la garde ; je la fis placer à la gauche, les zouaves « entre le bois de Woippy et Sainte-Agathe, et le « 1er grenadiers à Maison-rouge, avec deux bat- « teries de la garde.

« L'appui, que je voulais faire donner au maré- « chal Canrobert par la diversion des 3e et 4e corps, « n'avait pas produit tout le résultat que j'en atten- « dais. Au 3e corps, la division Aymard, qui avait « été chargée par le maréchal Le Bœuf d'occuper « les positions indiquées, n'avait pas dépassé, sur la « route de Bouzonville, la tranchée, que l'ennemi y a « établie, entre la Moselle et le village de Rupigny, « et elle se trouvait ainsi dans l'impossibilité d'agir « contre les ouvrages de Malroy. Sa 2e brigade avait « enlevé rapidement les villages de Chieulles et de « Vany, et s'étendait, par sa droite, jusqu'à Villers- « l'Orme et Mey, sur la route de Sainte-Barbe. Ce

« mouvement fit, sans doute, craindre à l'ennemi « une nouvelle attaque de ses positions de Poix et « de Servigny ; car il déploya bientôt de ce côté des « forces considérables, appuyées d'une nombreuse « artillerie. Le maréchal Le Bœuf fit alors avancer « la division Metman, à la droite de celle du général « Aymard, sur le versant Nord du ravin de Vantoux, « jusqu'à Lauvallier; mais tout se borna sur ce point, « de la part des Prussiens, à une démonstration, « dans laquelle ils n'engagèrent que leurs batteries.

« A la gauche, ce fut la division Grenier, du « 4e corps, qui fut chargée de soutenir l'opération du « maréchal Canrobert. La 1re brigade occupa Lorry, « Vigneulles et le bois de ce nom, sans coup férir, « les petits postes ennemis se retirant devant nous ; « la 2e, à laquelle on avait adjoint le 5e bataillon de « chasseurs, pénétra dans le bois de Woippy en « même temps que la brigade Gibon, et s'avança « au-delà jusque dans la direction de Villers-le-« Plesnois; elle occupait seulement le poste ruiné « de la Tuilerie, et le vallon de Saulny, où elle « se maintint en-deçà du village. Mais les troupes « ne gardèrent pas assez longtemps leurs positions ; « elles suivirent un mouvement de retraite momen-« tané de la brigade Gibon pendant l'attaque de « Sainte-Anne, et se retirèrent jusqu'auprès de « Woippy, se bornant dès-lors à observer les débou-« chés des bois, pour arrêter tout mouvement de « l'ennemi du côté de la plaine.

« En présence de l'intensité du feu de l'ennemi, « qui ne diminuait pas et de la direction conver-« gente, qu'il lui avait donnée sur les points dont

« nous nous étions emparés, il n'était pas possible « de réaliser l'opération de fourrage, que j'avais voulu « faire; nos voitures n'auraient pu traverser un ter- « rain, sillonné en tous sens par les obus, et force fut « de les faire rentrer au camp. Je fis maintenir néan- « moins les troupes sur les positions conquises, afin « d'affirmer notre succès, et je ne donnai qu'à 5 heures « et demie l'ordre de se replier dans l'intérieur de « nos lignes. La retraite se fit dans le meilleur ordre, « sous la protection de notre artillerie de campagne « et de nos batteries de position ; elle ne fut pas in- « quiétée par l'ennemi, autrement que par le feu de « ses batteries, quoiqu'il pût disposer alors de forces « considérables ; il était d'ailleurs tenu en respect « par notre poste avancé de Ladonchamps, où la bri- « gade de Chanaleilles s'était établie dès le début « de l'action, et s'était solidement maintenue sous « une véritable pluie d'obus; c'était là pour nos « troupes un point d'appui redoutable, dont tous les « efforts de l'ennemi avaient tendu inutilement à « nous déloger. Les divisions des 3e et 4e corps sui- « virent le mouvement du maréchal Canrobert, et « se retirèrent également, sans être inquiétées.

« Bien que l'opération de fourrage projetée n'ait « pu avoir lieu, cette journée n'en constitue pas « moins pour nos armes un brillant succès. Nos « troupes s'y sont vaillamment comportées, et l'en- « nemi, chassé de toutes ses positions, abandonnant « ses tranchées et ses ouvrages, a laissé entre nos « mains 535 prisonniers dont 4 officiers. Malheureu- « sement nos pertes sont sérieuses ; elles s'élèvent à « 1,257 hommes, mis hors de combat, et se répartis- « sent ainsi :

« Officiers : 11 tués, 53 blessés, parmi lesquels on « compte 3 officiers généraux.

« Troupe : 90 tués, 981 blessés, 122 disparus. »

L'ennemi porte celles du IIIe corps et de la division von Kummer à 65 officiers et 1,665 hommes; il faut y ajouter les 535 prisonniers faits par nous.

Le soir, les Prussiens, selon leur habitude, mirent le feu aux villages des Tapes.

Nouvelles de l'extérieur. — L'ennemi nous a renvoyé encore, dans la journée, une centaine de soldats échangés, qu'il nous devait ; ils ont été pris à Paris, Strasbourg et Toul; ceux qui ont été faits prisonniers dans ces deux dernières villes prétendent que la défense a cessé trop tôt, que l'on avait encore beaucoup de vivres et de cartouches; il n'y aurait même pas eu de brèche à Strasbourg ; mais les édifices étaient écrasés de bombes, et, ajoute l'un de ces prisonniers, s'il y avait encore des cartouches d'infanterie, il peut certifier qu'il n'y avait plus de poudre pour les pièces d'artillerie.

Quelques-uns ont été capturés devant Paris dans ce combat du 19 septembre, dont nous avons lu, ce matin, la première nouvelle par le télégramme suivant du roi à la reine de Prusse : « Le Ve corps et le 2e bavarois, « soutenus par la tête du VIe corps, après avoir passé « la Seine à Villeneuve-Saint-Georges, au Sud de « Paris, ont attaqué sur les hauteurs de Sceaux » (à Villejuif et Montrouge, dit une autre dépêche) « trois divisions du général Vinoy, pris un ouvrage « et sept canons. Mon régiment (7e grenadiers) a « encore fait beaucoup de pertes. L'investissement

« sur la ligne de Versailles à Vincennes est fait par « la 3e armée. »

Les hommes pris dans cette affaire, dite aussi de Châtillon, nous donnent quelques détails sur la défense de Paris, qu'ils disent parfaitement organisée; les volontaires y sont fort nombreux, et des approvisionnements abondants ont été réunis dans l'enceinte des fortifications. Ils arrivent tous de Mayence, et sont venus à Metz par Wissembourg, Saverne et Nancy ; sur divers points les nôtres leur ont dit furtivement que la résistance s'organise à l'intérieur, que les francs-tireurs se défendent dans les Vosges et inquiètent les convois de l'ennemi.

Mais ici, qu'allons-nous devenir dans tout ce mouvement national? On compte assurément sur nous; et, au lieu d'appuyer ce magnifique élan, ne marchons-nous pas droit à une catastrophe qui va peut-être le paralyser complétement?

8 octobre. — Je veux citer encore une lettre que l'on me montre ce matin; on l'a trouvée sur un soldat de la landwehr, tué le 1er octobre aux avant-postes; elle est adressée à sa femme, et débute par quelques observations au sujet d'une petite maison de commerce, que le ménage tient en Silésie; elle continue ainsi :

« ..... A partir d'aujourd'hui, 30 septembre, tu « recevras probablement tous les jours de mes nou- « velles. Pris comme secrétaire du sergent-major, « je vis avec lui et le secrétaire du bataillon, et je « reste aux bagages en cas d'alerte. Or, ces alertes « ne manquent pas en ce moment; au contraire, les

« Français ne nous laissent plus un seul instant de « repos. Avant-hier, ils se sont amusés à nous en- « voyer des boulets de 72 livres ; heureusement, ils « ne nous ont pas fait de mal ; mais, comme nous « étions à la Saint-Michel, nous avons jugé à propos « de changer de propriétaire, et de chercher un lo- « gement plus sûr. Nous sommes allés derrière la « montagne ; et les Français, l'ignorant, ont encore « tiré gaîment aujourd'hui sur les gourbis de l'an- « cien emplacement.

« Aujourd'hui, il nous est arrivé un général ; on « dit qu'il va nous remplacer cette semaine avec les « troupes qui ont assiégé Strasbourg.....

« Je ne voudrais pas entrer à l'ambulance, car « j'aurais peur d'y devenir plus malade. Cepen- « dant ceux qui, étant dans ces ambulances, sont « favorisés par la Providence, vont quelquefois d'un « seul trait jusqu'à Berlin. Les autres, au contraire, « sont couchés comme des chiens. A Remilly, j'en ai « vu, qui, très grièvement atteints, étaient étendus « cependant sur la terre nue, même pendant la nuit. « On ne leur donnait que du café et un peu de pain « blanc..... »

Pauvre diable, il n'était pas le lendemain aux bagages, malgré ses fonctions de secrétaire ; il n'avait même pas la bonne chance de n'être que blessé pour aller d'un trait jusqu'à Berlin. De combien de soldats, de combien de familles n'est-ce pas là l'histoire !

Voici la pluie, pluie fine et pénétrante, qui paraît vouloir durer. Nos pauvres chevaux ne reçoivent plus d'avoine à partir d'aujourd'hui [1] ; ils se placent

[1] On leur en délivrait encore à peu près 1 kilog. depuis quelques jours.

tristement, la croupe tournée à la pluie, la tête basse, repliés sur eux-mêmes, pour rassembler un peu de chaleur vitale, qu'ils perdent plus rapidement par cette froidure, et qu'une maigre nourriture ne saurait entretenir. J'ai déjà parlé de nos hommes, si mal installés sous les petites tentes; nos blessés de l'île Chambière ne sont guère mieux, vu leur état; les grandes baraques, dans lesquelles on les a groupés pendant l'été, sont froides, nullement disposées pour la saison rigoureuse, et l'on ne paraît pas y songer. Comme j'en faisais l'observation, il y a peu de jours, à un fonctionnaire, en parcourant l'hôpital : « mais j'espère bien que nous ne passerons pas ici l'hiver, » me répondit-il avec vivacité. Toujours la même imprévoyance; dans toutes les régions on vit au jour le jour. Il est clair que l'armée ne passera pas l'hiver ici, puisqu'elle n'a pas de vivres, mais les blessés de l'hôpital pourront-ils, quoiqu'il nous arrive, recevoir une autre installation aux premiers jours de froid? Nous y voici, et mon interlocuteur est bien obligé de réparer enfin sa coupable insouciance.

Ce qu'il faudrait faire. — Nous sommes vraiment ici comme des condamnés à mort, dont les jours sont comptés. Si encore notre chute ne devait frapper que nous seuls! mais quelle influence désastreuse n'aura-t-elle pas pour Paris, pour l'intérieur qui se lève, et qui doit avoir déjà quelques ressources prêtes! Voilà tout à coup plus de 150,000 ennemis, auxquels notre anéantissement va permettre de se porter sur la capitale, ou sur d'autres points du territoire, pour y étouffer toute résistance! Que faire? On prétend que l'on a posé cette redoutable question aux généraux de division, et qu'on leur en demande la solution par écrit. S'il en est ainsi, leur perplexité doit être grande. Beaucoup d'entre nous pensent encore que, pour éviter un nouveau Sedan, il faut absolument, coûte que coûte, se faire jour, mais sans tarder davantage. Laissons à Metz *tous* nos bagages, et lés canons que l'on ne pourra pas traîner; formons un corps de cavalerie peu nombreux, mais solide, avec les quelques chevaux de troupe qui nous restent, et les montures d'officier; attelons le plus d'artillerie possible avec les chevaux des fourgons, qui sont en bon état encore, et des chevaux de réquisition; ayons, en outre, des attelages haut le pied, qui donnent des renforts et de la viande pendant les premiers jours, et qu'avec l'infanterie valide, trois jours de biscuit ou de pain dans le sac, les officiers, bissac au dos comme la troupe, on s'élance, d'ici à deux ou trois jours, par ce temps de brume, dans la direction de Remilly; on y laissera du monde, mais 80,000 hommes passeront peut-être; ils marcheront rapidement vers Nancy, avant que le cercle des troupes prussiennes ne se réunisse contre eux; ils se disperseront, s'il le faut, en corps d'armée, pour marcher plus rapidement, mais en se soutenant toujours; et fussent-ils anéantis, ils auront sauvé l'honneur des armes.

Mais capituler comme nos malheureux compagnons d'armes, livrer la clef de la Lorraine, comme vient de se rendre, sous le canon du moins, celle de l'Alsace, voilà des faits qui seront difficilement compris par les historiens! voilà des douleurs qu'il faut avoir ressenties pour les comprendre!

Ce que nous pouvons dire, nous, les acteurs passifs de ce lamentable drame, c'est que tout s'est réuni pour nous créer une position inextricable. Il y a eu de la fatalité dans toute cette campagne, mais il y a eu surtout une coupable imprévoyance dans la préparation, de l'impéritie dans l'exécution au début, et il y a, dans la direction actuelle, des indécisions funestes, de faux calculs et un manque absolu de fermeté.

Dimanche, 9 octobre. — Eh quoi ! les résolutions viriles reprendraient-elles le dessus aujourd'hui ? voici qu'on demande à tous les corps d'armée la situation numérique des combattants.

La pluie n'a pas cessé de tomber hier et toute cette nuit ; c'est une dure épreuve pour nos camps.

Je reviens de Metz où j'ai vu un grand nombre de personnes attendre l'ouverture des boutiques de boulanger ; on vient de décider que chaque famille recevrait une carte municipale, indiquant le nombre de ses membres, et par conséquent la quantité de pain qu'elle pourrait acheter chaque jour ; on a prescrit en outre des peines sévères contre la revente de cette denrée de première nécessité.

Dans l'armée, la composition des rations a été modifiée aujourd'hui : celle de pain ou biscuit est réduite à 300 grammes, tandis que l'on donne, par contre, 750 grammes de viande de cheval. De plus, une indemnité de 0f.25 est accordée à la troupe, en sus de celle (0f.12) qui lui est déjà allouée, en remplacement de vin ; enfin une ration d'eau-de-vie sera délivrée tous les deux jours. De distributions de fourrages, ainsi que je l'ai dit, il n'en est plus question ; les quelques chevaux de troupe, qui nous restent, sont conduits dans de maigres prairies, et y vivent comme ils peuvent ; la prolongation de leur existence dépend désormais du plus ou moins de dévouement de leurs cavaliers ; quant aux officiers des différentes armes, ils continuent à faire tous les sacrifices possibles pour conserver leurs montures ; ainsi, nous avons pu nous procurer encore aujourd'hui un sac de seigle et d'avoine, mais au prix de 80 francs les 100 kilogrammes.

Nos pertes officielles. — On établit aujourd'hui l'état de nos pertes officielles ; je le donne en détail plus loin[1]. Elles s'élèvent, depuis le commencement de la guerre, pour les cinq corps actuellement sous Metz, aux chiffres suivants :

DÉSIGNATION.	TUÉS.	BLESSÉS.	DISPARUS.	TOTAUX.
Officiers	320	1,331	209	1,860
Troupes	3,041	22,082	11,155	36,278
Totaux. . .	3,361	23,413	11,364	38,138

Quelle hécatombe, si l'on veut ajouter à ces pertes, déjà si considérables, celles des autres corps de l'armée du Rhin à Wissembourg, à Wœrth et dans la campagne de Sedan?

[1] Voir *Supplément*, (note VI).

10 octobre. — La pluie, toujours une pluie diluvienne! Les chevaux s'abattent par dizaines à la corde, et sur les routes; on ne voit que tombereaux, chargés des corps de ces pauvres animaux, et traînés par les squelettes, qui se tiennent encore debout. Plus de cavalerie, plus d'artillerie possible, dit-on ce matin autour de nous; une ration de pain insuffisante pour nos hommes, dont c'est l'aliment préféré. Le soldat triste, découragé, incapable peut-être d'un effort énergique. Attendra-t-on la dernière heure pour prendre un parti? Je me sens envahi par de sombres pensées, car je ne vois plus clair devant nous. Paris va résister sans doute, et cette résistance sera son honneur, si l'on songe au petit nombre de troupes régulières et aux redoutables éléments de discorde qu'il renferme dans ses murs; le reste de la France se lève de son côté, et, par des efforts héroïques, essaye de rejeter les envahisseurs au delà de nos frontières; et tant de dévouements seraient paralysés dans quelques jours par ce seul fait que Metz n'aura bientôt plus de vivres! Et cependant le terme fatal approche; il n'est plus éloigné. Il faudrait donc agir, et l'on paraît tout au contraire vouloir temporiser, négocier encore; on semble n'attendre que du dehors la solution des difficultés de notre position.

Conseil de guerre. — Un conseil est réuni depuis quelques heures; il entend les avis que chaque commandant de corps d'armée a décidément été chargé de recueillir auprès de ses généraux de division[1].

[1] Voir dans le *Supplément* ci-après (note VII) la lettre, écrite

J'entends dire ici que la plupart des chefs de l'armée sont d'avis qu'une tentative de sortie ne saurait offrir aucune chance de succès ; il ne nous reste d'autre ressource, pensent-ils, que de traiter avec l'ennemi, et de tâcher d'en obtenir les conditions les moins désavantageuses possible ; l'un de ces chefs résume à peu près en ces termes, devant moi, les raisons de la majorité des généraux :

« Ce qui nous reste de cavalerie est incapable de « rendre de grands services, et peut tout au plus « fournir encore une charge vigoureuse ; l'artillerie « devra être abandonnée sur les routes, faute d'attelages ; le soldat, affaibli par les privations, ne « supportera pas huit heures de marche, ainsi qu'il « le faudrait pourtant le premier jour ; ne se sentant « pas soutenu par le canon, il hésitera devant les « nombreuses pièces, et les ouvrages multipliés de « l'ennemi ; il s'apercevra promptement que l'on veut « passer, sans s'occuper des pertes, et, voyant qu'on « ne relève pas les blessés, son moral l'abandonnera. « Vous verrez alors, pour un seul homme atteint, « quatre ou cinq combattants sortir du rang, sous « prétexte de relever leur camarade, mais réellement dans le but de rentrer à Metz, en l'y rapportant ; nul ne pourra les retenir.

« En admettant cependant que, malgré toutes ces « difficultés, on perce les lignes, après avoir laissé « 20,000 hommes sur le champ de bataille, on ne « pourra pas s'avancer très loin, sans être entamé. « Harcelée par la cavalerie et l'artillerie, exposée

à ce sujet par le maréchal Bazaine, et le procès-verbal du Conseil tenu, le 10 octobre, au quartier-général.

« à des alertes continuelles, l'armée ne pourra que « se débander le deuxième ou le troisième jour; les « hommes sans vivres, par la difficulté de s'en pro- « curer dans un pays ravagé, ne pourront pas exé- « cuter des marches forcées, après des nuits passées « en plein champ, dans la boue. Ce qui ne sera pas « détruit ou pris se dispersera de tous côtés, et le « sacrifice de l'armée ne sauvera pas Metz, qui n'a « pas plus de vivres que nous-mêmes. Ainsi donc, « ajoute le général, par suite de ce manque de « vivres, quel que soit le parti auquel on s'arrête, « le triple résultat suivant est inévitable : l'armée « du Rhin est perdue pour la France; la place de « Metz ne pourra pas tenir plus de quinze jours; « enfin, après ces deux grands désastres, rien n'em- « pêchera plus les troupes, qui nous investissent, « d'aller sous Paris ou dans l'intérieur de la France. »

Et c'est là l'opinion de la majorité des généraux de notre armée! C'est vraiment un rêve! Je n'ai pu encore envisager avec cette netteté la possibilité d'une capitulation, plus inacceptable à mon sens que celle de Sedan, car elle serait conclue sans l'héroïsme d'un combat, sans privations sérieusement éprouvées. Nous pesions, depuis quelques jours, le pour et le contre, mais sans cesser de supposer, d'après certaines mesures du commandant en chef, que l'on songeât toujours à tenter une dernière fois le sort des armes.

11 octobre. — Mais, s'il est constaté que nous ne pouvons pas sortir, il faut au moins, chacun le répète aujourd'hui, que nous attendions, pour traiter,

jusqu'à la limite la plus extrême, afin de donner aux événements extérieurs, sur lesquels on a trop compté depuis le commencement de septembre, le temps de se produire. Il faut que nous endurions des privations sérieuses, qui nous excusent devant la France de l'abandon, dans lequel nous allons la laisser. Quinze jours peuvent faire beaucoup pour la résistance de Paris et pour l'Europe.

L'Europe, quelle faute grave elle commet! elle a peur en ce moment d'entrer en lutte avec la Prusse, que la fortune comble; elle s'en repentira un jour. Avant peu, elle saura ce qu'il lui en coûtera pour avoir laissé égorger la France, sans élever la moindre protestation. Elle accepte, presque gaiement aujourd'hui, l'amputation de son bras droit, qui, s'il lui a été quelquefois trop lourd, a du moins toujours été prêt à se lever pour les nobles causes; elle regrettera certainement bientôt d'avoir raillé ce qu'elle a appelé notre *Don Quichottisme*.

Résolutions. — Nous ne savons pas ce qui a été décidé dans le conseil; nous pouvons cependant conclure des mesures suivantes, prises à la suite de la réunion, que l'on ne songe pas à tenter une sortie, mais seulement à prolonger, le plus possible, la durée de la résistance, en réduisant la ration, ce qu'on aurait dû faire depuis longtemps d'ailleurs :

« Enlever aux ambulances tout ce dont elles peu-
« vent se passer en matériel et médicaments, et l'en-
« voyer aux hôpitaux de Metz; conduire près des
« fosses, creusées aux avant-postes, les chevaux qui
« paraissent devoir mourir dans les vingt-quatre

« heures, et les y abattre, afin de ne pas être obligés « de les traîner ainsi en voiture hors des campe- « ments, ce qui devient chaque jour plus difficile.

« A partir d'aujourd'hui 11, le pain sera fait pour « tout le monde, sauf pour les malades, avec de la « farine de *boulange*. On donnera toujours les rations « de vin et d'eau-de-vie. Les officiers des grades « inférieurs recevront, outre l'indemnité de vivres, « 1 fr. par jour, à dater du 9, époque à laquelle on « a réduit la ration de pain.

« La garde livrera gratuitement des chevaux aux « habitants, qui lui en demanderont ; on en délivrera « aussi à des officiers, en échange des chevaux « qu'ils auront été obligés d'envoyer à la boucherie. « La division de cavalerie du général de Forton don- « nera, par jour, 40 chevaux aux vivres-viandes, et « échangera ses meilleures montures contre les ani- « maux en mauvais état de l'artillerie.

« La solde de la deuxième quinzaine d'octobre « sera payée, de suite, aux officiers et à la troupe ; « on préparera même les états de paiement du mois « de novembre, pour tout le monde. »

On acquiert, en même temps, la certitude que les magasins de la place ne sont pas mieux approvisionnés que ceux de l'armée. Ainsi le général Coffinières fait connaître qu'il n'a plus que 110,000 rations de riz ; il demande qu'on n'y touche pas, afin « *d'équilibrer autant que possible les ressources de* « *la place et celles de l'armée, qui a quatre jours de* « *vivres de réserve.* »

Metz ne peut donc décidément pas tenir plus que nous. On a cependant trouvé encore, le 8, du blé, de la farine, des denrées fourragères et du vin dans les communes de Montigny, des Sablons et de Lessy ; on a même donné l'ordre de prendre tout ce qui n'était pas nécessaire aux habitants, en le payant aux prix fixés vers la mi-septembre, savoir : blé 31 fr.; farine 48 à 50 fr.; foin 25 fr. ; paille 20 fr. ; avoine 45 fr. Quant à nous, nous payons déjà quelques sacs d'avoine, découverts à grand peine dans des greniers par nos ordonnances, à raison de 100 fr. et bientôt 125 fr. les 100 kilogrammes.

Bruits répandus dans Metz. — Des rumeurs insensées se répandent aujourd'hui dans la ville; on va jusqu'à les reproduire sur des affiches : « Paris, » dit-on, « a été dégagé; l'ennemi est en pleine re-« traite, après de nombreuses pertes; des troupes de « secours s'avancent de Nancy, pour nous tendre la « main . . . . . » Que sais-je encore? Et on colporte tout cela avec une joie confiante! Hélas, il ne faudrait rien moins que cet heureux concours de circonstances, non pas pour nous permettre de vaincre ici, mais pour nous épargner la honte qui nous attend sous peu de jours !

Malgré l'invraisemblance de tous ces bruits, ils ont agité à ce point la population, que le commandant en chef de l'armée juge utile d'entrer enfin en communication avec elle. Jusqu'alors, il s'était borné à faire connaître les événements qui s'étaient accomplis en France au commencement du mois dernier, par l'ordre général suivant, en date du 16 septembre:

« D'après deux journaux français du 7 et du « 10 septembre, apportés au quartier-général fran- « çais par un de nos prisonniers, échappé de capti- « vité, l'Empereur Napoléon serait captif en Alle- « magne ; l'Impératrice et le Prince impérial auraient « quitté Paris le 4 septembre, et un pouvoir exécutif, « sous le nom de gouvernement de la défense natio- « nale, s'est constitué dans la capitale. Il se compose « de MM. (suivent les noms).

« Nos obligations militaires envers la patrie en « danger restent les mêmes. Continuons donc à la « servir avec dévouement et avec la même énergie, « en défendant son territoire contre l'étranger et « l'ordre social contre les mauvaises passions. »

Depuis cette époque, plus un mot du maréchal sur ce qui se passe au dehors ; tous se demandent s'il est parvenu à se mettre en relations avec le gouvernement de la défense nationale. Aujourd'hui on apprend, par une proclamation, affichée dans Metz, que *jusqu'à ce jour le commandant en chef n'a reçu aucune communication du nouveau gouvernement.*

12 octobre. — Le général Coffinières fait exécuter des perquisitions dans Metz, afin de requérir les denrées alimentaires qui peuvent encore se trouver chez des particuliers.

Un aide-de-camp du prince Frédéric-Charles est venu hier au quartier-général apporter une dépêche au commandant en chef. On nous raconte que, pendant la conversation, le maréchal aurait demandé à l'officier ce qu'il y aurait de vrai dans tous les bruits, mis en circulation à Metz. A quoi réponse fut naturellement faite, que ces bruits étaient précisément le contraire de la vérité, que les troupes françaises étaient battues de toutes parts, et Paris toujours cerné; qu'il répugnait seulement au Roi de bombarder la capitale, et que les Parisiens attendaient, pour se rendre, l'exemple des Messins. Réponse non moins facile, et non moins prévue du maréchal : « Vous attendrez « longtemps, Messieurs les Prussiens ! »

Et dire que cette parole, qui serait fière, héroïque, admirée, si elle pouvait être consacrée par les événements, sera démentie dans quelques jours, et que, dès lors, elle ne peut que nous être des plus douloureuses ! Les heures se comptent maintenant une par une ; elles passent rapides et mornes, car chacune nous rapproche du terme fatal, vers lequel nous tendons depuis un mois, sans rien faire pour le conjurer. C'est bien, comme je l'ai déjà exprimé, le supplice du condamné à mort !

Nouveau conseil. Départ du général Boyer pour Versailles. — Au milieu de quelques agitations, qui commencent à se produire dans certaines régions de l'armée, le maréchal réunit encore le conseil des commandants de corps et chefs de services. Nous ne savons rien de la conférence, ce qui est déjà un progrès.

Mais des bruits étranges se propagent dans les camps. Un nouveau parlementaire aurait été envoyé, hier soir, par le prince Frédéric-Charles. Le commandant en chef prussien, après s'y être d'abord refusé, aurait accordé un sauf-conduit au général Boyer, chef de cabinet du maréchal Bazaine, pour se rendre à Versailles avec une mission, arrêtée dans le conseil de guerre du 10.

On se répète à l'oreille les clauses bizarres de cette mission : « La ville laissée à elle-même pour se dé-« fendre ; évacuation des blessés ; départ de l'armée « avec armes et bagages pour le Sud de la France « ou l'Algérie, sous la condition d'y rester jusqu'à la « fin de la guerre. » Et on se berce de l'espoir d'obtenir ces conditions pour les deux raisons principales suivantes : « Raison d'humanité ; un dernier effort, « de notre part, pourra être infructueux, dira le gé-« néral Boyer à M. de Bismark, mais il laissera 20 « à 30,000 hommes, de chaque côté, sur le champ « de bataille ; évitez ce sacrifice aux deux nations, et « vous n'en obtiendrez pas moins, comme vous le « désirez, l'annulation d'une armée, qui est encore « redoutable. En second lieu, raison politique ; la « France est en ébullition, et nous sommes la seule « force capable, après la guerre, de contenir la révo-« lution sociale, qui peut gagner l'Allemagne et l'Eu-« rope[1]. »

Le premier point touchera peu nos ennemis. Ils devraient être plus sensibles au second, qui n'est pas sans valeur pour un gouvernement conservateur, mais pour cela il faudrait, en outre, qu'ils fussent capables d'un élan de générosité, et cela n'est pas

[1] Les événements du 18 mars ont trop prouvé la justesse de ces craintes; mais M. de Bismark, certain de pouvoir écraser, à son heure, l'émeute avec ses masses victorieuses, devait-il être touché des maux que la révolution sociale ajouterait chez nous aux calamités de la guerre ! Nous ne le pensons pas, et c'est en cela peut-être que la Commune a pu lui paraître « avoir un grain de bon sens. »

possible. Les clauses de Sedan ; l'humiliation complète ; voilà quels seront leurs derniers mots ! Ils feindront néanmoins de nous combler d'égards, feront traîner les négociations en longueur, et nous obligeront ainsi, en nous prenant par la faim, à nous rendre à discrétion !

Malgré tout, sans attacher grande espérance à une semblable négociation, on se prend, sur le point de sombrer, à la considérer comme une solution acceptable. Elle sauvera l'armée d'une dislocation complète, se dit-on, elle la préservera de la captivité, de la honte de livrer ses armes et ses drapeaux. Il est d'ailleurs bien entendu, que l'armée ne se conservera unie sur un coin du territoire que pour seconder, après la paix, les volontés du pays, et non pour les combattre.

13 octobre. — La pluie a repris depuis hier, et le temps, devenu un peu froid, s'est radouci. Quelle nuit pour les pauvres soldats qui veillent, l'arme au poing, dans les tranchées !

On attend le général Boyer dans la soirée, comme si les communications entre Metz et Paris avaient encore la sûreté et la rapidité du temps de paix. Le maréchal demande confidentiellement des renseignements sur les routes du Sud, afin de tenter une sortie, si la réponse apportée de Versailles par le général est défavorable. Voici les bases de ce projet, plus ou moins sérieux : Les 2e et 3e corps marcheront à gauche par la route de Château-Salins ; la garde, par celle de Nomény, au centre ; le 4e et le 6e corps, à droite, par celle de Coin-sur-Seille. On envoie des agents pour s'assurer encore de l'état des défenses sur ces différentes lignes de sortie, et des dispositions de troupes ennemies. On fera requérir tous les chevaux des habitants et ceux des officiers de troupe, qui en possèdent plus d'un, afin d'atteler l'artillerie et de monter quelques escadrons de cavalerie.

Des réformes dans l'armée[1]. — La journée est longue; je l'emploie à me demander encore ce que va devenir notre armée après une épreuve aussi grande. Je crois d'abord que nul n'osera plus contester désormais la nécessité du *service obligatoire*, des *armées permanentes*, et de leur *endivisionnement même en temps de paix*. Je pense ensuite que tout le monde aura compris aussi l'urgence de revenir à une *discipline ferme*, qui nous rende la force, que nous avons incontestablement perdue. Ce relâchement dans la discipline, je le sais, tient beaucoup à l'état de notre société; mais on peut cependant le combattre par la pratique rigoureuse des marques extérieures de respect, par l'obligation de l'uniforme pour tous les grades, par une juste sévérité et une grande dignité dans le commandement. Cette dignité, on ne l'obtiendra qu'en choisissant avec soin le corps d'officiers, en exigeant de lui une instruction qui le relève aux yeux de la troupe, en s'attachant surtout à ne faire parvenir dans les grades élevés que des chefs capables de porter le lourd fardeau du commandement.

[1] Depuis mon retour en France, j'ai essayé de développer ces diverses pensées dans un *Projet d'organisation de l'armée française*.

Pour cela, il faut s'efforcer enfin de faire prédominer les idées de justice; il faut toujours accorder les récompenses aux plus dignes, et non pas, comme il est arrivé trop souvent, aux plus adroits et aux plus souples.

Ces principes généraux posés, il me paraît indispensable d'étudier les questions suivantes. Tout d'abord, il faut modifier le *Ministère de la Guerre*, d'où partent les ordres, destinés à faire mouvoir l'armée. L'organisation de ce ministère est vicieuse de tous points; elle est ce qu'elle était, lorsque le général Foy en signalait, à la Chambre, en traits si vifs et si vrais, tous les inconvénients; elle est même plus défectueuse qu'alors, car elle s'est encore compliquée depuis cinquante ans. Il faut, avant tout, lui donner de l'unité, en créant, *au dessus des directeurs*, un chef d'état-major-général de l'armée ou du ministère, comme on voudra l'appeler; il n'y a que ce moyen de centraliser les divers bureaux, et d'éviter que chacun rende des décisions contraires.

Le corps d'état-major est à réformer. Son mécanisme a été faussé chez nous, si bien qu'on s'en prend sans cesse à lui des fautes de la direction, comme si les officiers, qui le composent, étaient autre chose que des agents du commandement. Ce corps n'est pas dans sa voie; qu'on l'y replace, et il saura la suivre.

Il nous faut aussi une *école supérieure* de la guerre, bien constituée, pour répandre le goût des hautes études militaires dans l'armée;

Une *loi de recrutement*, prescrivant le service obligatoire, l'abolition du remplacement et un temps de présence sous les drapeaux suffisant[1], pour avoir : 1° une excellente armée active, pourvue de cadres formés avec soin ; 2° des réserves exercées et susceptibles d'être promptement appelées ; 3° une garde du territoire, apte à remplacer l'armée dans les places, dès les premiers jours de la campagne ;

L'*endivisionnement permanent* de toutes nos forces, et même leur réunion en corps d'armée ;

Une étude sérieuse des principes de la *mobilisation*, afin de prévenir le retour des lenteurs et des fautes, signalées dans les premières pages de ce journal ;

Une modification complète de l'*administration* militaire contre laquelle se sont élevées tant de plaintes, plus ou moins fondées ;

Une instruction sérieuse et raisonnée pour notre *infanterie*, que l'on doit surtout exercer au tir et au service des avant-postes ;

Une éducation toute nouvelle à donner à notre *cavalerie ;*

Un accroissement considérable de notre *artillerie ;*

Une liaison plus intime des *trois armes*, par des réunions fréquentes dans des camps, etc.... [2].

[1] Je pense que la durée du service doit être de dix ans, dont quatre *sous les drapeaux*, trois dans la *réserve*, et trois dans une *garde du territoire*, comprenant ainsi des anciens soldats.

[2] Il faut en outre adopter, pour toutes les armes, des uniformes commodes ; il faut surtout bien définir en paix ce que l'on doit emporter en campagne. Faute d'avoir arrêté ces mesures si simples en temps utile, on a dû, à l'arrivée des troupes à la frontière, faire verser les bonnets à poil, shakos, demi-couvertures, guêtres de cuir, etc., dans les magasins de Metz, et même dans des maisons à Boulay, Forbach, où tous ces effets ont été enlevés, dès les premiers jours, par l'ennemi. Les képys, qui

Que de choses encore n'aura-t-on pas à réviser pendant la paix[1]?

Mais comment poursuivre cet examen au moment même où la belle armée, que j'ai sous les yeux, est conduite à grands pas à la désorganisation et à la ruine!

14 octobre. — Hier au soir, orage violent avec tonnerre et grêle. Il a plu une partie de la nuit.

On attend toujours le retour du général Boyer pour prendre une détermination. Reviendra-t-il mieux que le général Bourbaki, dont la loyauté paraît avoir été complétement surprise par les menées de l'agent mystérieux. Cet agent, auquel on donne le nom de Régnier, avait obtenu du prince Frédéric-Charles l'autorisation de faire sortir de Metz un général français, mais il avait été averti, paraît-il,

devaient remplacer les shakos pour toute l'armée, leur étaient envoyés de Paris, et, le 1er août, on se félicitait d'en recevoir bientôt une quantité suffisante pour pouvoir remplacer le bonnet de police, « qui, » disait une dépêche officielle, « n'est pas gra- « cieux sous les armes! »

[1] Ces demandes ne sont pas nouvelles; nous les avons toutes formulées déjà, dans plusieurs publications, depuis 1866. Nous les retrouvons énoncées aujourd'hui dans une « *Note sur l'organisation militaire de la Confédération du Nord* », qui vient de paraître, avec cette inscription mystérieuse : « *Wilhelmshœhe, janvier* 1871. » La lira-t-on mieux que tous les écrits, tous les rapports, livrés depuis plusieurs années au public, ou entassés dans le dépôt de la guerre, et qui ont donné, sous toutes les formes, bien des notes sur l'organisation militaire allemande? Nous le désirons ardemment; mais nous ne pouvons nous empêcher de regretter que l'on n'ait pas ouvert les yeux plus tôt, et que l'on se soit obstiné à combattre tous les officiers, qui poussaient le cri d'alarme, en les accusant de prussianisme.

que ce général ne pourrait pas rentrer ensuite dans la place. On n'a assurément rien dit de cette clause, qu'il n'aurait pas acceptée, au général Bourbaki, et l'on rapporte qu'après avoir échoué dans une mission, dont il ne s'était chargé que par dévouement, et dans laquelle il a été dupe, il demande vainement, de Luxembourg, à revenir parmi nous.

C'était aujourd'hui le terme administratif de nos ressources en farine ou blé. Si l'on n'avait pas réduit la ration à 300 grammes de pain de boulange, il ne devrait plus nous rester que les vivres de réserve déjà distribués aux hommes, et consommés d'avance par eux, selon toute apparence, au lieu d'être conservés dans le sac.

On a enterré des morts des deux armées, hier à Ladonchamps; pendant l'armistice, un des officiers prussiens a mis en circulation dans nos camps les nouvelles suivantes : « Le fort d'Issy serait au pouvoir « des Allemands, qui, de là, bombarderaient Paris; « dans la capitale même, le général Trochu serait « aux prises avec la révolution sociale, conduite aux « barricades par Rochefort. »

Il y a eu de l'agitation hier à Metz dans la soirée. Le maire a dû haranguer la foule pour la calmer. Mais, aujourd'hui, la garde nationale, continuant la manifestation de la veille, est venue demander au général Coffinières d'être admise à monter la garde dans les forts, afin d'assurer la défense de la ville; « nous sommes trahis, vendus, disent-ils, » et pour calmer ces défiances, suite naturelle des malheurs publics, de l'insuccès et des souffrances, on décide que la milice citoyenne partagera avec la ligne la surveillance des portes de Metz.

Dans ces circonstances, le maréchal croit devoir adresser aux commandants des corps d'armée la note confidentielle ci-après :

« Dans le but de prévenir les officiers et soldats contre les manœuvres des agents de certain parti, et notamment contre les fausses nouvelles et les insinuations perfides, que les journaux et les brochures répandent à profusion, le maréchal commandant en chef pense qu'il serait utile de lire dans les régiments, à l'appel de midi, le passage suivant d'une proclamation du général Trochu, gouverneur de Paris, traduite d'un journal allemand du 2 octobre, qui a été saisi sur un prisonnier prussien.

« Une panique, que n'a pu dissiper l'énergie d'un « excellent chef et de ses officiers, s'est emparée du « régiment provisoire des zouaves, qui se trouvait à « notre gauche dès le commencement de l'action[1]; la « plus grande partie de ce régiment est rentrée en « désordre dans la ville, en y répandant la terreur. « Pour expliquer leur fuite, ces hommes disaient « qu'ils avaient été d'avance voués à une destruction « certaine; pourtant, ils ne comptaient ni morts, ni « blessés; qu'ils manquaient de munitions (on con- « stata qu'ils n'avaient fait aucun usage de celles « qu'ils avaient en leur possession); et enfin, qu'ils « avaient été trahis par leurs chefs. Les malheurs « qui nous ont accablés au commencement de la « guerre, ont eu pour résultat d'amener dans Paris « des soldats fauteurs de désordre, qui ont perdu

[1] C'est l'affaire du 19 septembre, dont il a été parlé plus haut.

« toute crainte des punitions, et tout respect pour « leurs supérieurs. »

« Tel est, en effet, le but que se proposent les fauteurs de désordre, c'est d'affaiblir le sentiment du devoir, qui doit unir le soldat à ses chefs. Cependant l'union ne fut jamais plus nécessaire aux intérêts de la patrie, et, plus que jamais, nous devons avoir confiance les uns dans les autres. Aussi, le maréchal commandant en chef continuera-t-il à communiquer à l'armée tous les événements, qui surviendront ou qui parviendront à sa connaissance, pouvant intéresser notre destinée et celle de la France. De son côté, que l'armée reste persuadée que ses chefs n'ont qu'une seule pensée: c'est de lui montrer le chemin de l'honneur et du devoir, en marchant à sa tête. »

Je viens de parcourir Metz; partout j'ai vu des gardes nationaux en armes, des soldats en grand nombre. Je suis sorti par la porte Mazel ; j'ai regardé quelque temps ces ouvrages bien construits, en bon état, qui semblent défier toute attaque; les pièces sont intactes sur les remparts; les magasins sont remplis de munitions, les piles de projectiles alignées en arrière des canons. Je suis rentré par la porte Serpenoise, sur les murs de laquelle des inscriptions rappellent d'héroïques souvenirs. Tout m'a paru si formidable qu'une reddition sans combat me semble la dernière des hontes. Mais pour combattre, il nous faut aller au devant de l'ennemi, car il ne se hasardera jamais contre ces redoutables défenses; et cependant chaque journée qui s'écoule rend plus difficile ce dernier acte de désespoir.

15 octobre. — *Canonnade entendue dans les environs de Metz.* — Toute la journée le temps a été pluvieux, sombre, triste. Le général Boyer n'est pas revenu.

Depuis 24 heures, tout le monde s'agite dans les camps et la ville. Des forts Plappeville et Saint-Quentin, de nos grand'gardes de l'Ouest, de l'observatoire de la cathédrale, on a signalé une canonnade, qui a duré hier jusqu'à la chute du jour, et même une partie de la nuit; elle a repris avec intensité ce matin, et paraît avoir cessé, vers une heure de l'après-midi. Le commandant du fort Saint-Quentin allait jusqu'à parler d'une fusillade, qui se rapprochait de la place, puis avait fini par s'éloigner. Le bruit venait, disait-on, de la direction de Gorze à Gravelotte, ou de Pont-à-Mousson, ou de Verdun. Un agent, rentré ce matin des environs d'Amanvillers et de Saulny, prétend même qu'il l'a entendue dans la direction de Thionville. Les imaginations aidant, on s'écrie à Metz que 50,000 francs-tireurs viennent nous donner la main, et que nous les laissons massacrer. Nous croyons plutôt à un bombardement de Verdun ou de Thionville [1], car une bataille ne se prolonge pas la nuit, et nous ne pouvons malheureusement pas croire au voisinage d'un corps assez organisé, assez fort pour livrer, avec du canon, un combat de plusieurs jours dans nos environs.

Une rumeur assez singulière est venue cependant porter le doute dans les esprits les plus sensés. Ce

[1] En réalité, il s'agissait du bombardement de Verdun, qui fut canonné les 13, 14 et 15 par les troupes prussiennes.

matin, dit-on, deux de nos hommes étaient allés sans armes au delà de Woippy, pour arracher des pommes de terre, en avant de nos lignes, lorsque soudain ils se trouvèrent en présence de trois Prussiens, dont un sous-officier. Stupéfaction et embarras mutuels, suivis tout à coup d'une reconnaissance fort inattendue : le sergent prussien se trouvait avoir été commis d'une maison de commerce, dans le midi de la France, avec un de nos maraudeurs ; on s'accoste, on se donne la main, on parle de la situation présente. Chacun convient qu'elle n'a rien de divertissant ; chacun souhaite la conclusion prochaine de la paix et le retour au comptoir, abandonné depuis quelques mois : « cela ne « se fera pas attendre, dit en terminant le sous-offi- « cier, car, pour Metz, nous savons bien que nous le « prendrons un jour ou l'autre par les vivres ; mais « ce qui pourrait retarder nos affaires, ce qui nous « préoccupe, c'est l'armée qui vient à votre secours, « et aujourd'hui même nous lui livrons une grande « bataille. » Il y a lieu de croire que ces Prussiens, ignorant également le bombardement de Verdun, supposaient comme nous que la canonnade, dont le bruit lointain parvenait jusqu'à eux, était une preuve de l'engagement de deux armées. Toujours est-il que le propos colporté dans les corps, et répété au commandant en chef par les deux militaires, qui l'avaient recueilli, excita davantage encore les esprits et les anima contre ces chefs qui, disait-on de toutes parts, laissaient égorger nos frères !

Le maréchal, ne pouvant par ses renseignements démêler la vérité dans tous ces bruits, fit prescrire aux grand'gardes « d'observer avec soin si l'ennemi

« ne dégarnissait pas ses lignes devant nous, et d'en « avertir de suite. »

On adressa, en outre, à la garde la dépêche suivante, qui laissait croire encore à quelques velléités de sortie générale :

« Utilisez pour l'artillerie les chevaux de troupe « du train des équipages, devenus disponibles *puis-* « *qu'il n'y aura plus de vivres à transporter*, ainsi « que les chevaux des équipages régimentaires, qui « ne seraient pas utilisés dans les corps de troupe. « Je n'ai d'ailleurs nullement l'intention de faire « entrer dans la place les artilleurs de la garde, qui « n'auraient plus à servir leurs pièces, pas plus que « vos cavaliers démontés. La garde toute entière « suivra le mouvement de l'armée. Quant au maté- « riel, qui ne pourra suivre faute de chevaux, le « général commandant l'artillerie de l'armée le fera « rentrer dans Metz. »

Et comme, aujourd'hui, deux commandants de corps d'armée demandaient de nouveau, des instructions pour les bagages : « Vous êtes libre de résoudre « cette question, comme vous l'entendrez, en vous « inspirant des nécessités urgentes de la situation », leur répond-on. C'est toujours le même système ; au lieu de prescrire, d'une manière générale et avec fermeté, ce que l'on veut, au lieu de déclarer ici la suppression radicale de tous les bagages, on donne à ceux qui le demandent des consultations partielles, qu'ils sont libres de suivre ou de ne pas suivre.

Recherche des pommes de terre aux avant-postes. — J'ai déjà parlé des communications illégales, qui se faisaient aux avant-postes, où se portent nos hommes sous la pression de la faim. Hier, elles ont pris des proportions telles, que l'on se serait cru en plein armistice, et qu'il a paru urgent d'y mettre enfin bon ordre. Beaucoup de nos soldats, franchissant les lignes avec les corvées régulières, se sont avancés jusqu'au bois de Woippy ; là, ils faisaient paître leurs chevaux, et remplissaient en même temps des sacs de pommes de terre, dont ils admiraient la grosseur, lorsqu'ils s'entendent hêler, et levant la tête, sont désagréablement surpris par la vue d'une patrouille prussienne, postée au coin du bois. Interdits, ils ne savent trop s'ils doivent se sauver, ou rester sur place ; mais leur étonnement redouble, et leurs craintes s'apaisent, à la vue des signes de leurs ennemis, qui les appellent à eux, en brandissant non leurs armes, mais une bouteille de rhum. Ils approchent alors, et entrent en conversation. Les Prussiens demandent si nous manquons de vivres dans Metz. Les nôtres répondent qu'ils ont suffisamment de pain, de viande, de café, de sucre, de riz et de vin, mais que ce dont ils souffrent le plus, c'est de ne pas avoir de sel ; à quoi les braves ennemis répliquent par le don généreux de toute leur provision de cette précieuse denrée. Puis ils disent à nos soldats de se hâter d'enlever leurs pommes de terre, parce qu'ils vont être relevés, et que leurs successeurs ne seront peut-être pas aussi bons enfants qu'eux. Ils sont Polonais, disent-ils, mariés, pères de famille, et naturellement fort désireux de retourner chez eux.

Bientôt ce fait isolé se généralise, et le maréchal Canrobert le signale dans un rapport : « Malgré un

« cordon serré de tirailleurs, un grand nombre « d'hommes, trompant toute surveillance, et se faufilant à travers le bois de Woippy, se sont trouvés « en présence d'un poste prussien de 14 hommes, « près de Sainte-Agathe : ce poste les a appelés par « signes. Nos hommes ont répondu à cet appel, et « les ennemis, qui sont du duché de Posen, leur ont « offert à boire, leur ont fait manger de la soupe, et « ont arraché pour eux des pommes de terre. Je « donne des ordres pour que ce fait ne se renouvelle plus. »

Mais comment arrêter des hommes poussés par la faim? C'est du moins l'avis de quelques bonnes âmes comme celle de ce landwéhrien....., tristement tué ces jours-ci aux avant-postes : « Les Français « nous font pitié, » écrivait-il à sa femme dans une lettre trouvée sur lui, « ils meurent de faim, et « ils viennent gratter la terre devant nous, pour « avoir des pommes de terre et des racines. Nous les « laissions faire. Mais le prince Frédéric-Charles, « qui a eu connaissance de tout cela, a donné l'ordre « d'empêcher cette récolte, et force nous est de tirer « sur ces malheureux. »

On tire du reste, et beaucoup, sur d'autres points, et même à Ladonchamps; les Prussiens ont pris l'habitude de canonner des villages chaque jour. Ainsi, Sainte-Ruffine, Maison-Neuve, Scy reçoivent leurs bordées quotidiennes, et à des heures régulières. Cela ne fait aucun mal aux soldats, mais détruit des maisons, et quelquefois tue des habitants; c'est tout simplement barbare.

Dimanche, 16 octobre. — Rien de nouveau. Le temps est toujours couvert, humide ; hier, le brouillard était intense, et, par moments, on n'apercevait même plus le sommet du Saint-Quentin. Le Ban-Saint-Martin n'est qu'une flaque d'eau et de boue au milieu de laquelle s'élèvent, comme des ilots, les pauvres petites tentes de toile qui servent d'abris à nos hommes.

En ville, les soldats se précipitent à la suite des corvées, malgré les défenses renouvelées hier même. Quelques-uns y commettent des désordres, vont demander du pain dans les boulangeries et de l'argent dans les maisons particulières[1]. C'est un abus, qui dure depuis longtemps déjà, et contre lequel il aurait fallu sévèrement réagir. Les mauvais soldats seuls se rendent coupables de ces infamies, et l'on en aurait eu promptement justice avec une volonté plus énergique. Nos hommes ont 300 grammes de pain de boulange, 750 grammes de viande de cheval, du café, du riz, une ration de vin et 0f.25 de supplément de solde. Ce n'est pas l'abondance, mais ce n'est pas encore la famine.

Quelle joie ce soir ! Un mot, le premier depuis deux longs mois, m'annonce que tous les miens sont en bonne santé. J'y vois avec bonheur que les hommes de tout âge sont à leur poste de Français, dans l'enceinte de Paris ! Puissent tous ces sacrifices, tous ces dévouements généreux, s'ils ne nous sauvent pas, nous régénérer au moins dans l'avenir ! Le parlemen-

[1] A dater d'aujourd'hui, chaque habitant de Metz ne reçoit plus que 400 grammes de pain de boulange, sur la présentation d'une carte. C'est prendre bien tard une pareille mesure.

taire qui a apporté ces bonnes nouvelles, à moi et à plusieurs de mes camarades, annonce le retour du général Boyer. Quelle solution apporte-t-il?

17 octobre. — La journée de dimanche avait été assez belle hier; aussi la ville et les camps fourmillaient-ils de promeneurs civils et militaires, circulant sans animation et avec une tristesse profonde au milieu du spectacle désolé, qu'a produit la guerre autour de Metz. Malgré ce calme apparent, les esprits se montent cependant chaque jour davantage contre l'inaction de l'armée, contre son chef, que l'on ne craint pas d'accuser tout haut de trahison. Les résolutions, que devra prendre aujourd'hui le conseil de guerre, et qui seront décisives, ce semble, mettront-elles le feu à cette traînée de poudre que l'on aperçoit depuis quelques jours dans Metz et dans l'armée?

On a prescrit hier de passer une revue des cartouches et des vivres de réserve des hommes.

Nouvelles de l'extérieur. — Un sous-officier ennemi, fait prisonnier hier devant le 3e corps, a entendu lire à l'ordre de sa division, que, le 10 octobre, les Prussiens avaient combattu au nord d'Orléans un corps français organisé, que la bataille s'était continuée le 11, et que les Français ayant été définitivement repoussés, Orléans avait été occupé par les Allemands [1]. Ces faits sont confirmés par le général Boyer, revenu dans la journée; ce général aurait ajouté, d'après M. de Bismark, que les Prussiens

[1] Orléans était en effet tombé au pouvoir de l'ennemi, le 11, à la suite du combat d'Artenay livré la veille.

marchaient sur Bourges sans rencontrer de résistance, que Rouen et le Havre auraient demandé des garnisons ennemies par crainte de soulèvement dans la population. On lui avait fait le plus triste tableau de la situation intérieure de la France; plus d'armée régulière, plus de gouvernement; celui de Tours se serait transporté à Toulouse, puis à Pau. Enfin, à l'extérieur, aucune intervention des puissances, et réclamation de la Savoie, de Nice et de la Corse par les Italiens. L'invraisemblance de la plupart de ces bruits ressort de leur exagération même; s'ils ont été en réalité apportés par le général Boyer, on peut dire que les Prussiens ont un peu abusé, à son égard, du droit de tromper ses adversaires[1].

Il nous donne cependant une bonne nouvelle; aucun fort de l'enceinte de Paris n'est au pouvoir de l'ennemi, ainsi que le bruit en avait couru ces jours-ci. Le Roi aurait déclaré qu'il ne bombarderait pas la grande ville, ne voulant pas être appelé l'Attila moderne[2], et désirant respecter notre capitale comme nous avions respecté Rome, en l'assiégeant. « Je sais « combien la ville a de vivres, aurait-il ajouté, j'at- « tendrai qu'elle capitule devant la faim, puisque je « n'ai rien à craindre d'une armée de secours. »

Ici le temps presse; les approvisionnements vont faire défaut, et les tiraillements se font de plus en plus

[1] Ni Bourges, ni le Havre, ni Rouen n'étaient menacés même par les Prussiens; quant à la réclamation de l'Italie, il va de soi qu'elle était de pure invention.

[2] Deux mois plus tard, on ne reculait plus devant une épithète aussi sanglante, et Paris était bombardé !

sentir entre la place et le commandant de l'armée française. Ainsi, le général Coffinières s'oppose à une distribution, attendue avec impatience par l'armée, et le maréchal doit lui écrire la dépêche suivante : « Il « est indispensable que la distribution de pain soit « faite le 18, pour la journée du 19. On me dit que « vous avez arrêté la fabrication ; cette ration est « indispensable, et je ne saurais trop insister pour « qu'elle soit donnée aux hommes. Cela vous est « d'autant plus facile que le 3e corps verse aujour-« d'hui 270 quintaux de blé dans les magasins de « Metz. »

Les difficultés et les récriminations sont devenues telles de part et d'autre que le général Coffinières a offert sa démission il y a quelques jours. Le maréchal lui a répondu hier : « qu'il ne peut l'accepter, « qu'il a toujours toute sa confiance ; que l'un et « l'autre ont fait, dans l'esprit des règlements, tout « ce qu'il était possible de faire pour améliorer une « situation, résultant des rapides événements de « guerre, qui se sont succédés en août et septembre. » Parler de règlements, lorsqu'il s'agit de la destruction d'une pareille armée, de la perte de notre première place de guerre, de la ruine de la France! Et quel jugement sévère les contemporains d'abord, l'histoire impartiale ensuite, ne porteront-ils pas sur *ces prétendus efforts* des uns et des autres, sur cette capitulation à laquelle ils auront abouti. Triste étude, et qui fera saigner bien des cœurs français!

Mouvement des hôpitaux. — Le nombre des malades, en traitement dans les hôpitaux et les ambulances, s'élevait, le 1er octobre, à 14,514, dont 8,581 blessés. Il était, le 16 octobre, de 15,343, dont 7,600 blessés.

Depuis huit jours, l'augmentation journalière des hommes en traitement est de 100; le nombre des décès est de 50 à 60 par jour, la plupart blessés.

18 octobre. — *Conseil de guerre pour entendre le général Boyer revenu de Versailles.* — Le conseil, auquel assistait le général Changarnier, s'est réuni aujourd'hui pour entendre le général Boyer. Ce dernier, qui n'a eu de rapports qu'avec des Prussiens, rapporte, dit-on, de tristes impressions sur l'état intérieur de la France. Le Roi aurait déclaré ne pas vouloir traiter avec le gouvernement de la défense nationale; il consentirait à laisser sortir de Metz l'armée du maréchal, avec armes et bagages, et à l'interner sur un point neutralisé du territoire français, à condition qu'elle proclamerait le Prince impérial[1]. Avons-nous bien compris? Le Roi de Prusse, qui a déclaré ne faire la guerre qu'à l'Empereur, demanderait aujourd'hui la restauration de sa dynastie, après l'avoir renversée lui-même à Sedan! C'est à ne pas le croire.

Nous ne connaissons pas du reste toutes les résolutions prises par le conseil[2]; toutefois, nous appre-

[1] C'est évidemment ce que le *Rapport sommaire* appelle : subordonner *à une question politique* les avantages qui seraient accordés à l'armée du Rhin.

[2] Les voici, telles que les relate le même *Rapport sommaire :*
« Il fut décidé, à la majorité de sept voix contre deux, que le
« général Boyer retournerait à Versailles et, de là, se rendrait
« en Angleterre, dans l'espoir que l'intervention de l'Impératrice

nons qu'à l'issue de la réunion un parlementaire est allé porter une lettre aux avant-postes pour demander l'autorisation d'envoyer le général Boyer à Londres auprès de l'Impératrice. Quelle démarche incroyable! Mais c'est de la démence! Aussi le vote n'a-t-il pas eu lieu à l'unanimité. On va perdre un temps précieux à entamer des négociations stériles, dangereuses, et tout à coup l'épuisement des vivres nous mettra à la merci du vainqueur. Un officier du prince Frédéric-Charles vient à 5 heures, pour apporter sans doute l'acquiescement au départ du général Boyer. L'ennemi aurait bien tort assurément de ne point accepter une pareille proposition, qui fait traîner les affaires en longueur et nous conduit fatalement au terme de nos ressources.

Nous avons cependant quelques jours de vivres de plus que nous ne pensions; certains corps d'armée avaient amassé des approvisionnements, dont ils ne se vantaient pas dans les recensements généraux; on répartit les excédants de chacun entre tous les corps.

« régente auprès du Roi de Prusse obtiendrait des conditions « plus favorables pour l'armée de Metz.

« Il fut résolu à l'unanimité que le maréchal commandant « en chef *ne saurait accepter aucune délégation*, pour signer les « bases d'un traité impliquant des questions étrangères à l'ar- « mée, *celle-ci devant rester en dehors de toute négociation poli- « tique.*

« La mission du général Boyer n'avait donc d'autre but que « de tâcher de faire sortir l'armée du Rhin de la situation pénible « où elle se trouvait et de la conserver à la France. Je ne reçus « plus aucune nouvelle directe de cette mission, mais j'appris « plus tard qus ces loyales tentatives n'avaient pas pu aboutir, « les garanties demandées par l'autorité allemande ayant paru « excessives, et leur acceptation ne dépendant en aucune « façon des chefs de l'armée. »

Nous avons encore aujourd'hui 20,000 chevaux, y compris ceux des officiers, qui sont mieux conservés, pour les raisons, dites plusieurs fois dans ce journal; chaque jour, on en perd un millier de morts, ou de tués par la boucherie. Nous pouvons ainsi arriver à peu près à la fin du mois avec de la viande, mais sans pain, les distributions devant en cesser le 20. A dater du 21, on entamera, si on les a, les deux rations de biscuit de 500 grammes, qu'une décision a déclaré devoir suffire à l'alimentation de trois jours, et, le 24 au matin, les hommes ne recevront ni pain ni biscuit; nous avons ainsi des ressources suffisantes pour vivre tant bien que mal jusqu'au retour du général Boyer; mais, à ce moment, serons-nous en état de sortir?

19 octobre. — *Départ du général Boyer pour Londres.* — Un nouveau conseil se réunit ce matin, et le général Boyer part ensuite pour son étrange mission.

Le maréchal Bazaine et un général, commandant un corps d'armée, viennent de déclarer à des officiers qui nous le redisent, qu'ils regardent comme impossible de percer les lignes ennemies. Nous sommes donc placés entre une capitulation à discrétion, ou un internement dans le Nord avec l'Impératrice, ramenée par le général Boyer, que l'on envoie à cet effet à Londres! Hier, cela pouvait paraître une méchante nouvelle, inventée à plaisir par un mauvais plaisant; aujourd'hui, il faut absolument le croire, c'est bien la combinaison, approuvée par la majorité du conseil!

Mais s'il est impossible de se faire jour, n'attendra-t-on pas au moins que l'on ait souffert, comme souffrirent les soldats de Masséna? N'attendra-t-on pas que les horreurs de la faim nous aient lavés de ne pas avoir affronté en temps opportun les canons du cercle d'investissement? A quoi le général désigné plus haut, qui connaît ses troupes, et s'en occupe beaucoup, aurait répondu :

« Détrompez-vous, le soldat souffre déjà; l'officier « a pu, par des provisions faites d'avance, par des « conserves, grâce à de l'argent et à des moyens de « transport, se ménager des ressources qui, si elles « ne lui donnent pas l'abondance, l'empêchent cepen- « dant de sentir encore les privations. Il n'en est « pas de même de nos hommes; la diminution et, « dans peu de jours, la suppression du pain, qui « est un aliment presque indispensable du Français; « l'alimentation, consistant presque exclusivement « en viande sans sel; les nuits humides et plu- « vieuses, passées sous la petite tente; le service de « garde ; l'ennui et le découragement, qui gagnent « nos soldats, tout cela commence à les éprouver, et « ne permettra pas d'attendre au-delà d'une limite « très rapprochée. Dans quelques jours, ils ne pour- « ront plus supporter leurs misères, et il faudra « absolument traiter. Je considère une sortie comme « impossible ; je suis en cela de l'avis de mes géné- « raux de division. Je l'ai exprimé, par écrit, au com- « mandant en chef, et je suis prêt à signer aussi « l'avis de capituler ; si l'on voulait absolument mar- « cher à l'ennemi, on ne serait pas suivi par les « hommes, et il se produirait une débandade « affreuse, peut-être une révolte contre les officiers,

« et une capitulation sans conditions, à la merci du « vainqueur, ainsi que cela a eu lieu pour l'armée du « maréchal de Mac-Mahon. »

A un officier, qui citait au maréchal Bazaine des exemples de places, ayant prolongé la défense, malgré la famine, le maréchal aurait répondu : « Il « n'y a plus de vivres, et je ne veux pas en demander « à Metz, qui s'est irritée à tort contre l'armée, et « s'est plainte de sa présence, après l'avoir retenue « sous ses murs. Or, sans vivres, on n'est plus « maître d'une agglomération de 140,000 hommes. « Le commandant d'une place ordinaire assiégée a « une garnison restreinte, qu'il tient sous la main, « et avec laquelle il maîtrise la population, dès « qu'elle souffre ; ici tout échappe, population et « armée, si bien que l'on doit obéir à la foule, sans « espérance de pouvoir la conduire. » Tout cela est très vrai malheureusement.

En résumé, il faudra capituler ; et, comme ce mot répugne à tout le monde, on cherche une solution impossible. On a vu, en effet, des armées victorieuses imposer, toujours à tort à mon sens, un souverain à leur pays ; mais conçoit-on des troupes vaincues, qui prétendraient restaurer une dynastie rejetée, il y a peu de semaines, par la nation !

20 octobre. — On me dit ce soir qu'à l'arrivée du général Boyer à Versailles, le général de Moltke, dont la rigueur impitoyable à Sedan nous a déjà été signalée par nos prisonniers, aurait déclaré que l'armée de Metz devait subir les mêmes conditions que l'armée de Mac-Mahon. Cependant M. de Bis-

mark, mettant la question sociale en avant, aurait écouté les propositions de l'envoyé du maréchal Bazaine, tout en déclarant que l'on ne traiterait qu'avec le gouvernement impérial, le Roi ne voyant pas de pouvoir assez stable en France, pour garantir à la Prusse le traité à intervenir. MM. Gambetta et de Kératry seraient partis en ballon de Paris, pour organiser la défense nationale; mais le Midi parlant de fédération, et le Nord demandant des garnisons prussiennes, l'accord paraissait, disait-on, impossible entre les partis.

C'est à la suite de ces diverses communications que le conseil de guerre aurait résolu d'envoyer le général Boyer à l'Impératrice régente, avec mission de lui parler à peu près en ces termes :

« Madame, l'Empereur nous a mis dans l'em-« barras; vous seule pouvez nous en faire sortir; « votre devoir est de le faire. Venez au milieu de « l'armée de Metz, et la Prusse consentira alors à ce « que cette armée, dernier soutien de l'ordre, se retire « dans le Nord. On y réunira les anciennes Chambres « et l'on traitera. Mais, nous ne nous engageons pas « à restaurer l'Empire, même avec une régence. On « fera appel au pays, lorsque la paix sera faite, et « nous nous soumettrons tous à son verdict. »

S'il est vrai que le Roi ne veuille traiter qu'avec la dynastie déchue, s'il est vrai qu'on doive faire un appel à la nation, on peut comprendre, à la rigueur, qu'un conseil de guerre aux abois ait songé à cette étrange combinaison. Mais les anciennes Chambres, que l'on veut convoquer, quelle influence auront-elles? Et l'Impératrice, consentira-t-elle jamais à apposer sa signature au bas d'un traité, qui morcellera la France? A ces objections on aurait répondu, dans le conseil, que le moyen proposé était le seul qui permît d'éviter la captivité; car, pour une lutte violente, aucun de ses membres n'y songe plus. Mais que dira Paris de votre moyen égoïste, qu'en dira surtout le gouvernement de *la défense nationale?*

Pendant que l'envoyé du maréchal Bazaine se rend à Londres pour traiter cette question singulière, nous mangeons notre dernier pain, et nous voyons tomber par jour un millier de chevaux. La ville de Metz présente, de plus en plus, l'aspect d'une ville assiégée; les magasins s'épuisent; les enfants et les grandes personnes tendent la main dans la rue; les portes ne s'ouvrent plus qu'à 7 heures du matin, et sont fermées à 4 heures du soir, pour restreindre autant que possible le séjour des militaires, qui, malgré toutes les défenses, viennent y chercher des provisions. On se demande partout ce que l'on va devenir: les bruits d'arrivée de l'Impératrice, de capitulation de l'armée, de reddition de la place se répandent partout, et causent aujourd'hui plutôt de l'abattement que de l'agitation. Les journaux contiennent encore quelques articles d'abonnés, qui parlent de la lutte jusqu'à ce que le dernier homme soit tué, enseveli sous la dernière maison de la ville, mise en cendres; mais, tout cela, ce sont des articles; nulle part, dans les conversations, je ne vois cette résolution énergique, qui aurait pu (car elle serait impuissante aujourd'hui) sauver la situation, il y a encore un mois; je n'ose même, dans ces pages, dire toute ma pensée : mais il semblerait qu'après avoir accablé le gouvernement impérial, au moment de sa chute, un certain nombre d'hommes soient pris de remords, en voyant la possibilité d'une restauration, et qu'ils se préparent, par le silence, à une évolution nouvelle !

21 octobre[1]. — *Visite de nos bivouacs.* — Le temps est affreux, il pleut presque toute la journée et le Ban-Saint-Martin n'est qu'un amas de boue. J'en ai fait le tour ce soir, pendant une éclaircie, à la tombée de la nuit, qui vient vîte dans cette saison ; je me suis arrêté près de chaque bivouac ; tous étaient silencieux. C'était cependant l'heure de la soupe du soir (du bouillon de cheval sans pain ni sel) ; les feux étaient allumés avec peine, le bois étant trop humide ; un vent violent renvoyait la fumée dans les yeux des cuisiniers. Les hommes, enveloppés dans leurs manteaux, et glacés, malgré cela, sous la pluie, qui les mouille depuis le matin, reçoivent dans leurs gamelles leurs chétives portions, rentrent sous leurs petites tentes, mangent rapidement, puis s'étendent, et cherchent à s'endormir, s'ils ne sont pas de garde.

A côté d'eux, les chevaux s'affaissent à chaque

[1] On lit dans le *Rapport sommaire :*

« Le 21 octobre, j'adressai, en six expéditions, à Paris et à « Tours, la dépêche suivante :

« A plusieurs reprises, j'ai envoyé des hommes de bonne vo- « lonté pour donner des nouvelles de l'armée et de Metz. Depuis, « notre situation n'a fait qu'empirer, et je n'ai jamais reçu la « moindre communication, ni de Paris, ni de Tours. Il est « cependant urgent de savoir ce qui se passe dans l'intérieur du « pays et dans la capitale, car, sous peu, la famine me forcera « de prendre un parti, dans l'intérêt de la France et de cette « armée. »

instant à la corde; on en mène paître cependant aux avant-postes, pour les empêcher de mourir et conserver notre dernière ressource alimentaire; nul ne songe plus à leur faire traîner des canons! On leur apporte à manger des feuilles d'automne; ils frappent la terre du pied, à l'heure où naguère on leur donnait l'avoine. Ils se mangent réciproquement la queue, la crinière; ils arrachent l'écorce de quelques arbres qui sont près d'eux, tandis que les soldats abattent les hautes branches pour leur cuisine, en attendant qu'ils jettent à terre leurs troncs presque séculaires. Ceux des chevaux qu'on a pu abriter avec quelques planches, vont jusqu'à dévorer les montants de leurs grossières écuries, les barres qui les séparent, les voitures placées près d'eux. Ce spectacle devient plus affreux chaque jour.

Tout cela nous conduit fatalement à une capitulation. Je souffre à la pensée de ce que souffrira la France, qui pourra difficilement comprendre les impossibilités dans lesquelles nous nous trouvons, protégés, comme nous le sommes, par une ceinture d'ouvrages formidables et garnis d'une artillerie écrasante, mais sans vivres, sans canons de campagne à atteler, sans cavalerie, sans espoir d'être secourus, et enveloppés de tous côtés par une armée très supérieure en nombre.

22 octobre. — On a autorisé, le 19, l'intendant de la garde à acheter, par réquisition, du blé, de la farine, des fourrages et du vin, qui se trouvent, dit-on, dans les maisons, situées sur les emplacements occupés par la garde; l'ordre prescrit de prendre tout ce

qui n'est pas indispensable aux habitants. Le 20, la ration de café et la ration de sucre ont été réduites à 10 grammes chacune.

La *Gazette du Weser* du 10 octobre, trouvée hier, sur des prisonniers, faits par les avant-postes, nous montre que Paris tient toujours ; mais elle prétend que la désorganisation et l'anarchie seraient partout en France. Nous voyons, en outre, par ce journal, que les Prussiens ont formé deux corps nouveaux : le XIIIe et le XIVe [1], et que les Badois, compris dans ce dernier corps, auraient remporté, le 6, à Etival, dans les Vosges, un avantage sur des francs-tireurs.

Je crois utile, bien qu'il m'en coûte, de donner un dernier exemple de la négligence avec laquelle se fait parfois notre service de sûreté. En voyant combien souvent nous péchons sur ce point, nous prendrons peut-être enfin la résolution de nous corriger de fautes non moins graves que périlleuses. Le trait, quelque invraisemblable qu'il paraisse, est véridique de tous points ; il vient de nous être conté par l'officier de jour, envoyé en parlementaire sur la route d'Ars. Plusieurs de nos hommes s'étant avancés, suivant leur habitude et malgré la défense, entre les lignes de sentinelles pour déterrer des pommes de terre, deux soldats prussiens s'étaient portés en avant de leurs épaulements et les avaient chassés à coups de fusil. Nos gardes n'avaient pas répondu à ce feu. Étonné de leur silence, l'officier s'approche de la sentinelle, placée contre le cimetière ; il la trouve très attentive en apparence, mais de fait en-

[1] Voir *Supplément* (note III).

dormie. Il continue sa ronde et parvient ainsi à la barricade de la route, derrière laquelle se trouve le soldat le plus rapproché des vedettes prussiennes : « Pourquoi ne ripostez-vous pas lorsqu'on fusille vos « camarades, » lui demande l'officier : « Je n'ai rien « vu, rien entendu, mon commandant, » réplique la sentinelle, bien abritée d'ailleurs dans la tranchée, et s'inquiétant peu de ce qui se passe en avant d'elle.

Notre parlementaire revient en arrière et se plaint au chef du poste de la négligence de cet homme : « Qui donc est en faction à l'avancé, » demande ce dernier au caporal de pose? « C'est Langlumé, » répond celui-ci, qui a tout entendu, « et il n'y a pas de « plus dégourdi dans la compagnie. » La faction terminée, le soldat revient au poste. Interrogé de nouveau par son officier : « Je n'ai pas tiré, » dit-il à son lieutenant, « parce que je n'ai rien vu; mais « j'aurais vu les Prussiens, que je n'aurais pas tiré « davantage. » « Et pourquoi ? » s'écrient avec indignation les officiers présents. « Essayez donc vous-« même, » leur réplique aussitôt le trop dégourdi Langlumé en montrant son arme; « mon fusil ne « part pas ! » Le fait était vrai, mais en voici l'explication : il pleuvait à torrents, et Langlumé, en homme prudent, s'était dit que son chassepot se rouillerait pendant la faction et qu'il aurait du mal à le remettre en état; il s'était alors muni d'un fusil hors de service, et ni sous-officiers, ni officiers n'y avaient pris garde, bien que ce soldat, le dégourdi de la compagnie, fût chargé d'occuper le poste le plus avancé vers l'ennemi.

Rigueurs des Prussiens en France. — La discipline de nos ennemis est sévère, mais leurs rigueurs envers les populations sont excessives ; partout ils font des réquisitions en argent et en nature, dont ils exigent impitoyablement le paiement. Sur le moindre prétexte, ils mettent le feu aux villages, en expulsent les habitants. Le 18 octobre, ils viennent occuper, au nombre de 5 à 600, le village de Montoy, entre les routes de Sarrebruck et de Sarrelouis, chassent sans autre explication les malheureux paysans de leurs maisons, et leur déclarent qu'ils n'y rentreront pas avant la fin de la guerre. Ils continuent à fusiller nos francs-tireurs, et ne répondent pas aux réclamations qu'on leur adresse officiellement à ce sujet.

Dans les villes qu'ils occupent, outre les contributions, qu'ils se font payer sur le champ, ils obligent les habitants à nourrir les officiers et les soldats. La carte de chacun des repas, ainsi imposés aux citoyens et aux municipalités, est exactement arrêtée par le commandement supérieur, et tous les détails en sont réglés avec la précision la plus minutieuse. L'affiche, placardée le 1er octobre à Strasbourg, et que je donne ci-après *in extenso*, peut du reste faire parfaitement connaître la manière dont nos ennemis se conduisent[1]. On y verra à quel régime est soumise la France, dont on consomme ainsi la ruine, mais chez laquelle en retour on sème une haine profonde. Que penser en effet de la cruauté d'une semblable mesure, prise à Strasbourg, peu de jours après un siége désastreux, à la porte de l'Allemagne, d'où il est si facile de faire

[1] Voir *Supplément* (note VIII).

venir tous les approvisionnements, nécessaires à l'armée prussienne! Et l'on veut annexer ces pays alsaciens et lorrains avec de pareilles tendresses! Et ce sont les Allemands du Sud qui dépècent avec cette rapacité leurs voisins de l'Alsace! Il est vrai qu'il y a quatre ans à peine ils ont été traités de la même façon par *leurs alliés* d'aujourd'hui, et ils font tout simplement revivre, en ce moment, les règlements alimentaires si célèbres de leurs vainqueurs d'alors!

On défend les communications aux avant-postes. — Malgré les défenses renouvelées chaque jour, les avant-postes continuent à communiquer entr'eux. En faisant une tournée du côté de Lessy, je viens de rencontrer un grand nombre de nos soldats le long du chemin de fer de Verdun. Ils sont chargés de raisins, qu'ils enlèvent dans une vigne, placée à proximité des avant-postes prussiens; ils rentrent gaîment dans leurs bivouacs avec tous ces fruits; parmi eux deux chasseurs, un bâton chargé de grappes sur les épaules, rappellent à merveille le tableau des envoyés de Moïse, au retour de la terre de Chanaan.

Une pareille tolérance de la part de nos ennemis est bien étrange; ce doit être, pour une armée, aussi disciplinée que l'armée prussienne, le résultat d'une consigne. En effet, on parle de paix à nos hommes; on facilite la désertion d'un certain nombre d'entr'eux; le mal devient même assez grave pour que la circulaire suivante soit adressée par le maréchal aux commandants des corps d'armée :

« Les hommes dépassent les sentinelles, se mettent « en rapport avec l'ennemi, qui, par des encourage-

« ments déloyaux, et sous prétexte de fraterniser, « les entraîne dans les lignes opposées, où ils sont « faits prisonniers de guerre, lorsqu'ils refusent de « déserter. On leur rappellera qu'ils sont passibles « de mort, comme déserteurs devant l'ennemi, et on « recommandera aux avant-postes d'assurer l'exécu- « tion de l'article 87 du service en campagne, leur « ordonnant d'arrêter les cantiniers et domestiques, « qui cherchent à aller en avant d'eux. »

Dimanche, 23 octobre. — On attend toujours le général Boyer; nous nous demandons en quoi son retour rendra la situation meilleure; il nous faudra, ou nous constituer prisonniers, ou, si les projets en l'air réussissaient, aller au devant d'une guerre civile avec la *défense nationale*, pour restaurer le gouvernement impérial? A-t-on sérieusement réfléchi à cette éventualité, et s'est-on bercé du fol espoir d'être suivi par l'armée dans une tentative aussi déraisonnable, aussi criminelle!

La viande de cheval va nous manquer. — Notre dernière ressource, la viande de cheval va bientôt, faute d'avoine, nous manquer complétement; nous n'aurons plus que les montures conservées par les officiers avec leurs deniers. Déjà le 21, on écrivait au général Coffinières que « les ressources des corps « d'armée ne permettraient pas de satisfaire, pour la « journée du lendemain, à la livraison des chevaux « nécessaires à la subsistance de la garnison de Metz, « et qu'en conséquence on invitait le commandant « supérieur à faire un prélèvement sur les chevaux,

« qui existaient dans cette place ». Et comme le général Coffinières, surpris par cet ordre, répondait qu'il ne serait pas en mesure de pourvoir, pour le 22, à l'alimentation de sa garnison, le maréchal ordonnait de fournir encore à Metz, pour cette journée, dix chevaux par corps d'armée.

Le 23, « pour prolonger l'existence des chevaux « des escadrons de partisans et des escadrons de ser- « vice des grands quartiers-généraux, nécessaires à « la transmission des ordres, on autorise les com- « mandants de corps d'armée à faire remplacer les « chevaux épuisés par des chevaux d'officiers, pro- « priété de l'État. On réserve au ministre le soin « de résoudre la question du report, sur une nou- « velle monture, des annuités, acquises par l'offi- « cier. »

24 octobre. — Aujourd'hui, le général de Ladmirault fait connaître que « les ressources en chevaux « du 4e corps ne pourront plus bientôt suffire aux « besoins du service des vivres-viande. Les régiments « de cavalerie n'ont que les chevaux d'officiers et « quelques chevaux de troupe; dans les batteries « d'artillerie, il n'y a plus que les montures des offi- « ciers et huit chevaux de trait; l'infanterie possède « encore, par régiment, sept chevaux ou mulets « pour bagages et les chevaux des officiers. Il n'y a « plus de chevaux et de mulets à livrer à la bou- « cherie que dans le train, *et, si je suis obligé d'y « puiser, il n'en restera plus dans deux ou trois « jours.* »

A cette peinture, assez triste de l'état des approvisionnements, le maréchal fait répondre immédiatement : que cette situation lui est connue, « que celle « des autres corps n'est pas différente, et que le « général est dès-lors autorisé à recourir aux ani- « maux du train, mais en réservant les mulets, pour « ne les sacrifier qu'à la dernière extrémité. »

La journée d'hier a été d'une longueur mortelle pour tout le monde; il a plu tout le jour; il pleut encore, et la persistance du mauvais temps, en affaiblissant les hommes, n'est pas propre à leur inspirer des résolutions énergiques.

Séance du 22, tenue par le conseil municipal de Metz. — Je lis ce soir dans l'*Indépendant de la Moselle* le procès-verbal de la séance du conseil municipal de Metz, tenue samedi soir. Le général Coffinières s'y est rendu : « Il a voulu, dit-il, exposer « nettement la situation de la ville au point de vue « de l'alimentation; les distributions de pain ne « pourront plus être faites à la garnison et à la popu- « lation que pendant un très petit nombre de jours; « quant aux chevaux, l'armée n'en délivrant plus « désormais, la garnison devra abattre les siens « pour vivre, et l'on devra, d'autre part, requérir et « mettre en vente ceux que possèdent les habitants ». Puis, le commandant supérieur de Metz demande au conseil s'il est vrai « qu'il y aurait chez des particu- « liers des approvisionnements considérables, qu'ils « cacheraient avec soin. » A cette interpellation, le conseil répond à l'unanimité « que cette rumeur « est absolument fausse, les habitants n'ayant en ré-

« serve chez eux que quelques provisions de mé-« nage, ressources insignifiantes pour les 120,000 « bouches à nourrir dans l'enceinte de la ville et des « forts ». L'un des membres, prenant à son tour la parole, fait remarquer au général Coffinières que, par contre « on prétend que l'autorité militaire « aurait réuni d'importants approvisionnements, « notamment dans la caserne du génie ». Le général réplique « que l'assertion est non moins erronée, « ainsi qu'a pu s'en convaincre une commission, « dont le maire de la ville faisait partie, et qui a « dressé un inventaire exact de ce que contiennent « les magasins militaires; ces magasins seront du « reste ouverts à tout habitant qui voudra lui-même « faire la preuve de la pénurie de nos approvision-« nements. »

Le conseil ayant ensuite demandé si l'on pouvait compter sur l'assistance d'une armée de secours, le général répond avec la même facilité « qu'en dehors « de toute possibilité de ce genre le devoir du com-« mandant d'une place assiégée est assurément de « résister tant que cela lui est possible; mais que, « si on lui demande son opinion personnelle, il dé-« clare n'avoir aucune raison d'attendre un secours « quelconque ». Et, avant de se retirer, il précise avec soin la situation de l'importante place, confiée à sa garde. « Dans un très petit nombre de jours, « dit-il, toutes nos ressources seront épuisées; nous « n'avons pas, il est vrai, subi un siége régulier, « grâce à la présence de l'armée; mais cette armée « a combattu autour de nous, comme la garnison de « la place l'aurait fait dans un siége, et notre posi-

« tion est aujourd'hui, au point de vue des approvi-
« sionnements, ce qu'elle serait à la fin de la lutte,
« si cette lutte avait eu lieu[1]. »

Que tout cela fut vrai, je n'en fais pas de doute; que cela dût être dit dans la réunion des notables de la cité, d'accord; mais qu'on le laisse insérer, le lendemain, dans des journaux soumis à la censure, journaux qui, le soir même, sont portés à l'ennemi, c'est vraiment trop fort! On ne se livre pas ainsi, pieds et poings liés.

Il y aurait, du reste, beaucoup à dire à ce sujet. La situation est bien telle qu'on vient de la décrire; elle est fort mauvaise; mais à qui la faute? Que la garnison d'une place, pourvue d'approvisionnements limités, soit de 10,000 ou de 100,000 hommes, elle doit évidemment finir par succomber, même sans siége, si elle est entourée par une force très supérieure, qui arrête ses tentatives de sortie, et si elle n'est pas secourue de l'extérieur. Mais nous pouvions reculer ce terme forcé de la capitulation, afin de donner ainsi aux armées de la Loire le temps

[1] Pendant notre captivité, nous voyons Paris passer par les mêmes phases douloureuses. Un article de *la France*, du 10 novembre, intitulé : *Sommes-nous perdus?* aurait pu certainement être écrit un mois plus tôt à Metz. En voici la conclusion : « En « un mot, nous demandons deux choses : avons-nous l'espérance « d'être secourus du dehors, et pour combien de temps possédons- « nous encore de vivres? Avez-vous une bonne réponse à faire à « ces deux questions, nous pourrons alors résister avec courage? « Mais, dans le cas contraire, pourquoi Paris se sacrifierait-il « à la France, qui le contemple lutter l'arme au bras? » Et, le 22 novembre, la *Gazette de France* disait dans la capitale ce qui a été dit maintes fois dans Metz, en octobre : « Une sortie aurait « pu réussir, il y a quatre semaines; elle n'est plus possible au- « jourd'hui que les lignes ennemies sont complètes. »

de prendre de la consistance, et peut-être de nous sauver. Dès le 13 août, en effet, le général commandant supérieur de Metz savait qu'il serait bloqué, puisque l'armée se préparait à battre en retraite sur Verdun ; il aurait dû dès lors faire sortir toutes les bouches inutiles et accumuler des vivres pour plusieurs mois dans le camp retranché. On peut, il est vrai, objecter que le camp, renfermant de nombreuses ressources rassemblées depuis le commencement de la campagne pour l'armée agissante, on en avait plus qu'il n'était nécessaire pour un long siége, du moment que cette armée s'éloignait de la place. Soit, mais, le 17 au matin, on n'avait plus cette excuse, car la rentrée de nos troupes sous le canon de Metz était décidée ; or, la ville ne fut bloquée que le 19 et les villages environnants regorgeaient de denrées de toute espèce. Deux mois de plus de vivres, c'était peut-être tout ce qu'il fallait pour conjurer de nouveaux malheurs. En second lieu, et ici c'est la responsabilité du commandant de l'armée qui est en jeu, on n'aurait jamais dû se résigner à mourir lentement avec plus de 100,000 hommes sous l'étreinte d'une force même double. J'ai dit qu'en septembre on espérait sans doute voir la guerre se terminer avant l'épuisement de nos vivres, et que, dans cette pensée, on laissait écouler les jours, sans songer qu'en même temps s'affaiblissaient la force matérielle et morale de l'armée. Au commencement d'octobre, les nouvelles de Paris firent évanouir ces singulières espérances ; mais le moment d'agir était passé, et l'on ne pouvait songer à sortir du camp retranché qu'en courant les chances d'un immense désastre. C'est alors que les fautes succédèrent aux fautes, que des négociations fatales s'engagèrent, et rien ne pourra arrêter maintenant notre marche vers un désastre d'un autre genre, et non moins immense.

25 octobre. — *Insuccès de la mission du général Boyer*. — De la pluie toute la journée, avec un vent violent.

Les commandants de corps sont convoqués pour ce matin ; le maréchal fait demander confidentiellement des détails sur les défenses et les lignes de la route de Briey ; il en sera de ce renseignement comme de celui des routes du Sud. Quel temps d'ailleurs pour lancer des hommes, affaiblis par les privations, et démoralisés par l'ennui.

Vers le milieu de la journée, nous apprenons une grave nouvelle, annoncée déjà hier, mais fort en l'air. Le prince Frédéric-Charles a fait savoir qu'au quartier-royal on ne voyait plus la possibilité d'aboutir à un résultat avec des négociations politiques. L'Impératrice aurait refusé de se prêter à la combinaison proposée ; elle juge sans doute la partie perdue pour la dynastie impériale, et a du moins le bon sens patriotique de ne pas vouloir nous présenter son fils, tenant à la main le traité qui morcellera la France. Quoiqu'il en soit, la dernière combinaison des politiques est évanouie, et nous nous retrouvons, comme il y a quelques jours, en face de la question des vivres. Plus de pain ! Ah ! le calcul a été bien fait par nos ennemis; de négociations en négociations, ils nous ont conduits à ce terme final, où les plus courageux sont obligés de taxer de folie une tentative de sortie.

Je vois beaucoup d'excellents citoyens, attristés de ce refus de l'Impératrice; non qu'ils veuillent imposer la dynastie au pays, car ils étaient décidés à se soumettre à la volonté nationale, loyalement consultée; mais ils avaient cru à la possibilité d'éviter, par ce singulier moyen, la honte d'une capitulation, de conserver au pays une armée, pour lutter contre l'anarchie, et de traiter avec un ennemi, qui a déclaré ne vouloir entrer en négociations qu'avec un gouvernement régulier. Pour ma part, je dois avouer que ce refus me délivre d'un grand poids. On prétendait en vain que c'était la seule solution acceptable; je redoutais cette singulière manière de restaurer, sans s'engager à soutenir ensuite ceux qui vous tendaient la main; on courait au devant de la guerre civile et avec qui? avec le gouvernement, qui a pris le beau nom de gouvernement de la défense nationale. La seule base qu'on eût pu accepter à mon sens, c'eût été de demander, d'*exiger, en menaçant de tout détruire à Metz*, que l'armée se retirât, avec le maréchal Bazaine, sans patronner tel ou tel prétendant, dans le midi de la France, qu'elle s'y soumît sincèrement au gouvernement actuel, qu'elle attendît la réunion de Chambres nouvelles, librement convoquées, et qu'elle appuyât le régime choisi par la nation, quel qu'il fût. Dans ce rôle loyal, l'armée ne se serait pas débandée, elle n'aurait pas été suspectée par le pays, et elle aurait été certainement approuvée par le général Trochu, ses collègues et ses troupes, tandis qu'avec l'Impératrice on devait être certain de les avoir tous pour adversaires.

Le général Changarnier est envoyé au quartier-général prussien — Le conseil de guerre, ayant reçu communication de ce qui précède, et, dit le *Rapport sommaire* (qui seul peut nous donner certains détails sur ces derniers jours), « désirant être complétement « et définitivement édifié sur les intentions du quar- « tier-général de l'armée allemande à notre égard, « pria M. le général Changarnier..... de se rendre « auprès du prince Frédéric-Charles, pour tâcher « d'obtenir, non une capitulation, mais un armistice « avec ravitaillement, ou la faculté pour l'armée de « se retirer en Afrique.

« L'illustre général accepta, par dévouement, « cette délicate mission, qui n'eut pas un meilleur « résultat que les précédentes. » Il revint à 3 heures et demie, déclarant que le chef de l'état-major prussien attendrait à 5 heures, à Frescaty, un général français..... pourquoi faire? Nous n'en savons rien, tellement nous avons été tenus officiellement dans l'ignorance de tout ce qui se passait autour de nous. Quant à moi, je ne me fais plus d'illusions sur le sort que nous réservent nos ennemis; ils nous tiennent; ils nous humilieront de la façon la plus impitoyable. Voici donc l'heure du sacrifice, sacrifice d'autant plus pénible, qu'il est loin d'être personnel; il enveloppe l'armée et la ville, il peut être la ruine du pays [1].

[1] Une des causes premières de nos malheurs, c'est l'ignorance profonde du plus grand nombre, en France, au sujet de l'organisatiou puissante des armées prussiennes. Voici ce qu'écrit encore aujourd'hui une feuille de Metz : « Ce n'est qu'une ag- « glomération d'ouvriers, de marchands, de pères de famille; « elle ne pourra pas soutenir le rude hivernage que lui fera « subir le peuple français; ils sont harcelés chaque jour et déjà

26 octobre. — *Avant-dernier conseil de guerre.* — Il a plu toute la journée hier, malgré les apparences de beau temps de la matinée ; il pleut encore aujourd'hui.

« fatigués de cette pénible campagne. » Que d'erreurs ! Ce n'est pas une agglomération, mais bien une réunion formidable d'hommes habitués à être enregimentés de tous temps, non que cela leur plaise plus qu'aux pères de famille français, appelés aujourd'hui à leur tour, mais parce que c'est la loi, qu'ils la respectent, et qu'ils savent l'importance que la victoire donnera à leur patrie. En second lieu, les troupes d'investissement autour de Paris et de Metz ne sont harcelées par personne ; elles ne sont pas exténuées de fatigue, car elles logent chez nos malheureux habitants et y vivent largement de leurs épargnes.

Connaît-on mieux notre propre situation ? Hélas, non ! et en voici le preuve : « Metz, » dit le même journal, « a 100,000 dé-
« fenseurs, Paris au moins 300,000, pouvant tenir facilement
« leurs cadres au complet en les recrutant dans le sein de son
« immense population. Eh bien ! que le reste de la France, qui
« présente encore 30 millions d'habitants, fasse seulement l'ef-
« fort de lever une armée de secours de 300,000 hommes, et
« nous sommes sauvés. Qu'ils se dirigent sur Metz ou sur Paris,
« et prenant les Prussiens à dos, ils leur feront facilement lever
« le siége. »

Ces idées erronées sont tellement répandues, que je crois devoir m'y arrêter un instant. Ce calcul nous donne bien 700,000 *hommes*, mais assurément pas 700,000 *soldats*, et encore moins trois armées : celles de Sedan et de Metz étaient seules en état de tenir la campagne ; on sait ce qu'est devenue la première ; les heures de la seconde sont désormais comptées. — Quant à l'armée de Paris, ce n'en est pas une ; elle défendra à merveille la capitale, si l'ennemi commet l'imprudence de l'attaquer, car tout homme de cœur derrière un rempart vaut un soldat, mais elle ne peut pas se présenter devant ses adversaires en masses organisées, et capables de tenir la campagne après avoir traversé leurs lignes. Aussi Paris subira-t-il notre sort, s'il ne lui vient du secours du dehors.

Ce secours pourrait s'organiser, si nous avions plusieurs mois de vivres encore dans Metz, car il faut du temps pour donner de la consistance aux jeunes gens rassemblés sur la Loire, sans

Le conseil de guerre se réunit ce matin. Il n'y a plus à compter sur de viriles résolutions; nul ne s'écriera dans cette assemblée des chefs de l'armée française les seules paroles, qui pourraient dénouer avec honneur la situation : « *Moriamur, et in media* « *arma ruamus!* » Nous n'avons pas de canons, pas de cavalerie, mais nous sommes plus de cent mille! Seulement il faudrait que les chefs de ces cent mille eussent la volonté de crier ce mot terrible : « *Moriamur.* » Il faudrait qu'un système énervant n'eut pas déshabitué, depuis de longues années, officiers et soldats, comme citoyens du reste, de la pensée du sacrifice pour la patrie.

Patrie, mot sacré, avec lequel on a fait vibrer les plus nobles cordes de notre cœur, au récit des exploits de ceux qui avaient bien mérité de ta reconnaissance, patrie, faudra-t-il donc te quitter pour l'exil, et ne plus pouvoir rien faire pour te défendre!

Le conseil se réunit donc, le 26 au matin, « pour « entendre le résultat de la mission du général Changarnier et prendre un parti définitif.

cadres suffisants, sans cavalerie, sans artilleurs expérimentés. Mais, après notre chute, les 200,000 hommes, qui nous bloquent, vont être libres d'aller entraver ce grand mouvement d'organisation; les armées de secours, imparfaitement formées, seront rejetées loin de la capitale, qui, restant livrée à elle-même, ne résistera qu'autant que dureront ses approvisionnements.

Ce n'est pas sans une vive douleur que je dépeins ainsi la gravité de notre situation; mais à quoi servent les illusions en ce moment; nous sommes vaincus parce que nous avons été mal engagés, parce que nos gouvernants et beaucoup de gouvernés se sont obstinés à nier l'excellente organisation de nos adversaires et à affaiblir la nôtre, déjà si inférieure. Regardons le mal bien en face, et, si nous le mettons à profit pour l'avenir, nous pourrons nous consoler un jour de nos sanglants désastres.

« Il fut convenu, *à l'unanimité*, non sans la plus « vive douleur, que M. le général de division Jarras, « chef d'état-major-général, serait envoyé au quar- « tier-général du prince Frédéric-Charles, comme « délégué par le conseil et muni de ses pleins « pouvoirs, pour arrêter et signer une convention « militaire, par laquelle l'armée française, vaincue « par la famine, se constituerait prisonnière de « guerre[1]. »

On trouvera encore trace de ce qui s'est passé dans le conseil par la lecture de la dépêche suivante, qui fut adressée, après la séance, au général Coffinières :

« Vous avez pris part, ce matin, au conseil des « commandants des corps d'armée et des chefs supé- « rieurs de services, que les circonstances m'ont fait « réunir; vous savez déjà qu'il a été reconnu unani- « mement, que la place de Metz et l'armée étaient « inséparables dans leurs intérêts comme dans leur « sort. Malgré vos observations sur mes décisions « antérieures, qui séparaient les vivres de l'armée et « ceux de la place, malgré vos réclamations sur les « devoirs qui résultent de vos fonctions, le conseil, « n'ayant égard qu'à la situation grave dans laquelle « nous sommes placés, s'est prononcé énergiquement « pour la mise en commun des vivres, encore exis- « tant tant dans la place que dans l'armée ; et cette « opinion, me paraissant juste et fondée, surtout en « présence des souffrances et des privations qu'en- « dure le soldat, je suis dans l'obligation de vous « ordonner de mettre à la disposition de l'intendant- « général de l'armée, pour le service des troupes

[1] *Rapport sommaire.*

« campées autour de Metz, les denrées qu'il vous « demandera. Ce haut fonctionnaire a pour mission « de s'assurer des quantités existantes dans les corps « d'armée et dans la place, et d'en faire ensuite une « répartition équitable entre tous, de manière à ce « que toutes les troupes, qu'elles appartiennent à la « place ou à l'armée, soient également pourvues. « Vous voudrez bien assurer la stricte exécution des « prescriptions de cette dépêche, dont vous m'accu- « serez réception.

Première conférence de Frescaty. — A 5 heures et demie, le général Jarras reçoit l'avis que sa conférence avec le chef de l'état-major de la 2e armée prussienne, le général de Stiehle, au sujet de la convention militaire, aura lieu le soir même au château de Frescaty. Il part immédiatement avec les deux officiers de l'état-major-général, qu'il a désignés pour rédiger les articles du protocole, à mesure qu'ils seront arrêtés par les deux plénipotentiaires. Les Prussiens, ayant déclaré, paraît-il, qu'ils n'entendaient pas séparer le sort de la place de celui de l'armée, et le conseil de guerre ayant accepté cette prétention, le général Jarras a mission de traiter pour l'une et pour l'autre.

Nous traversons la ville, et, sur la route de Nancy, entre les barricades des avant-postes, nous nous avançons à pied, par une tempête épouvantable, qui s'est élevée tout à coup au moment de notre départ du Ban-St-Martin. Un vent violent nous jette à la figure une grêle froide et éteint le fanal, porté par un de nos soldats; nous marchons comme des machines, la tête enveloppée dans nos capuchons, lorsque tout à coup le clairon ennemi répond aux appels du nôtre et le *Ver da!* de la sentinelle prussienne nous avertit que nous sommes parvenus à la barricade, placée sur le pont du chemin de fer. Nous le franchissons à grand'peine sur des planches, que la pluie a rendues glissantes, et nous tombons au milieu du poste ennemi. Rien de plus saisissant que cette arrivée d'officiers français, par une nuit noire, orageuse, près de ce groupe silencieux, discipliné, le fusil au bras, et éclairé par les vacillantes lueurs d'une lanterne, qui fait briller par intervalles le cuivre des casques et l'acier des armes. Et nous sommes les vaincus! et c'est là un des anneaux de cette chaîne de fer qui nous enveloppe, de toutes parts, et nous oblige à crier merci!

Enfin, nous arrivons à Frescaty, et, dès les premiers mots échangés entre les plénipotentiaires, je m'aperçois que nous ne sommes venus ici que pour entendre la loi du vainqueur. Le premier article établit, en effet, que les troupes du maréchal Bazaine sont prisonnières de guerre; le second, que Metz, avec tout ce que contient la forteresse, doit être remis entre les mains de nos ennemis. Toute la convention est là, et, si l'on ne s'était pas laissé acculer à la dernière distribution de pain, si l'on avait voulu agir avec énergie, on pouvait, avec le second article, obtenir pour le premier des conditions meilleures.

C'est, du reste, ce que l'on chercha à faire, en partie, en demandant les honneurs de la guerre, dont il n'était pas question dans le protocole, et la conservation de l'épée pour tous les officiers. Le général de Stiehle répliqua que le Roi s'était déjà prononcé à ce sujet, qu'il avait été irrité de certains faits, survenus à la suite de la capitulation de Sedan, et que, pour ce motif, il ne consentirait certainement pas à revenir sur sa décision.

« Il est vrai, lui répondait-on; nous sommes vos « prisonniers, car la faim nous oblige à nous rendre; « mais nous avons le pouvoir de demander tous les « adoucissements honorables possibles à la dureté du « premier article, car nous sommes les maîtres de « l'article 2. Il stipule, en effet, que la place vous « sera remise avec tout son matériel, que fusils, ca- « nons, aigles, drapeaux, etc., vous seront livrés. Si « vous ne modifiez l'article 1er, en stipulant dans le « cours de la convention ce que nous vous deman- « dons, qui nous empêche de faire sauter les forts, « de détruire nos affûts, de détériorer nos canons, de « casser nos fusils, de brûler nos poudres, de mettre « au feu nos drapeaux, et, cette destruction opérée, « d'ouvrir les portes et de vous dire : Entrez, vous « êtes les maîtres? Que ferez-vous alors[1], en face de « nos poitrines nues, sans défense? Vous n'oserez pas

[1] Les Prussiens auraient pu prendre cependant un parti très simple, paraît-il, mais auquel, je l'avoue, aucun de nous n'avait songé. Le voici, exposé avec une certaine forme dramatique, par le général prussien, auteur de la brochure : « *Der Krieg um* « *Metz.* »

« Si le maréchal, si son armée n'avaient pas tenu compte de « cet usage des nations civilisées, » (de livrer leurs armes et leurs drapeaux, en capitulant) « les vainqueurs n'auraient plus « été obligés, de leur côté, de se conformer aux règles ordi- « naires des belligérants. Le cercle de fer, n'ayant plus devant « lui que des soldats sans armes, se serait fait plus impénétrable « que jamais; *tout au plus* se serait-il ouvert, pour laisser passer « les habitants innocents de cette ville, et, en peu de jours, *la* « *faim aurait terminé son œuvre; elle aurait étouffé* dans un

« faire feu, l'humanité vous le défend, la civilisation « vous en demanderait compte! Vous traiteriez, « dit-on, nos hommes avec rigueur, vous mettriez « les officiers au régime des soldats, leur ôtant tout « ce qui est leur propriété. Eh bien! qu'en résulte- « rait-il? et où serait le beau rôle? »

« Vous refusez les honneurs de la guerre et le « maintien des épées aux officiers, en vous appuyant « sur un fait isolé, celui du général ***; nous n'avons « pas à le discuter, et, jusqu'à preuve contraire, « nous ne pouvons croire que ce chef, justement « estimé, ait pu se rendre coupable d'une action « déloyale. Quoi qu'il en soit, *suum cuique*, une « armée de plus de cent mille hommes ne peut « porter la peine de ce que vous croyez être une « faute.

« Et puis, disait-on encore, prenez garde d'exas- « pérer l'armée française; elle cède, vaincue par la « faim, mais elle a encore ses munitions, ses armes, « et elle n'a pas été entamée; nous ne savons même « pas trop comment se passera, au dernier moment, « cette dangereuse opération de la remise d'une « place et d'une armée comme celle que vous avez « devant vous. Il y a de l'émotion chez plusieurs; « il ne faudrait pas l'exciter davantage; vous voulez « arriver à nous imposer une humiliation toute gra-

« affreux silence toutes ces voix, qui s'élèvent aujourd'hui, pour « accuser le maréchal! »

Il nous semble, *jusqu'à un certain point*, regrettable que cette page glorieuse n'ait pas pu être attachée à l'histoire de la Prusse civilisée, pour l'honneur du XIXe siècle. Hâtons-nous d'ajouter que les défenseurs de Phalsbourg ont détruit leurs armes, et n'ont été l'objet d'aucune rigueur.

« tuite, nous ne la méritons pas, et elle peut avoir « de graves conséquences. »

Tout cela, répété à plusieurs reprises dans le cours de cette longue nuit, parut faire impression sur le général prussien : « Le Roi, répéta-t-il, a déclaré « formellement qu'il ne voulait pas laisser l'épée « aux officiers. Tout ce que je puis faire, c'est de « demander à S. A. R. le prince Frédéric-Charles « d'en référer à Sa Majesté, en l'appuyant, et je le « ferai. »

La convention fut alors écrite, avec deux rédactions pour les articles en litige. Dans le projet prussien, il était mis « que, voulant reconnaître le « courage de l'armée française, le Roi autorisait « les officiers qui voulaient s'engager à ne pas « servir, etc....., à rentrer chez eux, avec leurs « épées. »

On s'éleva avec raison contre cette sanction, soi-disant honorable, donnée au courage de l'armée : « Comment, disait-on au général de Stiehle, ce sont « les officiers qui, par divers motifs, bons pour un « petit nombre, rentreront chez eux et s'exposeront « ainsi à se trouver seuls non-combattants dans une « contrée, envahie par vos soldats, tandis que toute « la population se portera au-devant de vous pour « vous repousser, ce sont ces seuls officiers, que « vous récompensez par le port de leurs épées et la « conservation de leurs bagages et de leurs chevaux ! Et ceux, au contraire, qui accepteront résolument les difficultés et les angoisses de la captivité, loin des leurs, vous ne jugez pas nécessaire « d'honorer en eux le courage, dont l'armée fran-

« çaise a fait preuve! c'est une anomalie, et, encore « une fois, une humiliation toute gratuite. »

La rédaction française de l'article 3 demande, en conséquence, que les honneurs de la guerre soient accordés à l'armée, afin de reconnaître cette valeur de nos troupes. C'était plus logique.

On se sépara; la conférence avait duré jusqu'à 3 heures du matin. Jamais je n'oublierai ces six mortelles heures de nuit, pendant lesquelles j'ai éprouvé la plus grande douleur de ma vie. Il ne me semble pas permis de donner ici en détail cette longue conférence, pendant laquelle j'ai assisté à l'agonie de notre armée, de notre honneur militaire. Quel supplice dans cette salle, où j'ai entendu tomber goutte à goutte comme du plomb sur mon cœur de français tant de choses, que je ne puis redire! que de frémissements j'ai dû comprimer, en écrivant, sous la dictée du vainqueur, ces dures conditions, qui mettent le sceau à toutes nos infortunes, qui perdent, pour cette campagne, la cause de la France!

27 octobre. — Dans la matinée, le général de Stiehle écrit au commandant en chef français : « le « prince Frédéric-Charles est heureux de porter à la « connaissance du maréchal Bazaine que le Roi, « par télégramme, a autorisé le maintien de l'épée « ou du sabre pour tous les officiers [1] », il ajoute

[1] Nous devons peut-être au hasard cette concession, si rapidement obtenue. On avait compté au quartier-royal que la convention serait signée le 26; le général de Stiehle était muni de pleins pouvoirs à cet effet, mais le général Jarras ce jour-là n'avait pas encore les siens.

Le Roi, sans attendre la nouvelle de la signature, avait télé-

que la rédaction française de l'article 3, relative aux honneurs de la guerre, est approuvée par S. A. R.

C'est un léger adoucissement apporté à la douleur, que chacun ressent ce matin en apprenant ces funestes négociations, commencées seulement la veille, et déjà presque terminées. Sans compter ce qu'il y a de pénible à constater les faiblesses, que certains hommes montrent si bien à ces heures de crise, combien n'est-il pas affligeant de voir toute notre infanterie prisonnière, toute notre cavalerie détruite, tous nos canons, nos fusils et nos drapeaux devenus la proie de l'ennemi, qui en ornera ses musées, ou en armera ses remparts; nos places les plus fortes tombées en son pouvoir; la presque totalité des officiers de l'armée régulière en captivité; notre France envahie de toutes parts; Paris, bientôt affamé dans cette lutte, qui met en action un peuple entier, et le rue sur son voisin comme une nuée de sauterelles; l'anéantissement de notre puissance militaire poursuivie à outrance par nos adversaires; notre pays à terre, saigné, affaibli par son vainqueur au point de ne pouvoir reprendre des forces de longtemps! Quel tableau!

Signature de la convention. — A 6 heures du soir, le général Jarras se rend avec ses deux officiers au

graphié, *le 27 au matin*, à la Reine, la dépêche suivante, que nous trouvons dans tous les journaux : « Ce matin ont capitulé « l'armée de Bazaine et la place de Metz. L'armée et la garnison « mettent bas les armes aujourd'hui à midi. »

On comprend qu'après ce télégramme on avait quelques raisons pour ne pas nous refuser une satisfaction, bien simple d'ailleurs.

château de Frescaty. Cette fois, il est muni de ses pleins pouvoirs et signe avec le général de Stiehle le protocole et l'appendice que l'on peut voir ci-après[1]. Il n'y est point fait mention des honneurs de la guerre! Comment, après la concession, instamment demandée par nous, et accordée par nos ennemis, en est-on revenu, dans la deuxième séance, à la rédaction prussienne de l'article 3, et cela sur l'ordre du commandant en chef français! C'est ce que je ne veux pas dire ici. Je ne parlerai pas davantage de l'histoire des drapeaux ; elle me ferait abandonner la modération, que je me suis imposée dans tout ce récit.

Vers 10 heures et demie, le fiacre, qui emportait le chef d'état-major-général et ses deux officiers, traversait Metz ; çà et là quelques habitants, arrêtés devant une affiche, lisaient la proclamation du général Coffinières[2] ; sous une pluie battante, ils ne pouvaient ni s'agiter, ni se grouper d'une façon inquiétante pour l'ordre, et parmi eux nul ne se doutait que cette voiture contenait l'arrêt de l'armée et de leur ville.

28 octobre. — *Nous sommes prisonniers de guerre.* — Ce matin, nous nous sommes abordés la tristesse sur le visage, et la nouvelle s'est bientôt répandue que tout était consommé.

Pour moi, je suis comme un homme ivre ; écrasé de fatigue, la tête brisée, le cœur plus malade encore, j'ai peine à conserver un peu de calme, et il faut

[1] Voir *Supplément* (note IX).
[2] Voir *Supplément* (note X).

écrire, écrire toujours, pour tâcher de mettre un peu d'ordre dans cette débâcle du dernier jour. Quelle journée! elle est consacrée toute entière à la préparation du sacrifice, qui doit avoir lieu demain. Ah! je ne souhaite pas pareille infortune même à des ennemis! On ne sait pas assez tout ce qu'il y a de poignant, d'épouvantable dans cette douleur, bien que prévue depuis longtemps, hélas! par ceux qui voulaient ne pas être aveugles!

29 octobre. — *Metz est livré à l'ennemi*; *nos troupes quittent le camp et la place.* Le maréchal est déjà parti pour le quartier-général du prince Frédéric-Charles, après avoir adressé à ses troupes l'ordre du jour suivant :

« A l'armée du Rhin :

« Vaincus par la famine, nous sommes contraints « de subir les lois de la guerre en nous constituant « prisonniers. A diverses époques de notre histoire « militaire, de braves troupes commandées par Mas« séna, Kléber, Gouvion-Saint-Cyr ont éprouvé le « même sort, qui n'entache en rien l'honneur mili« taire, quand, comme vous, on a aussi glorieuse« ment accompli son devoir jusqu'à l'extrême limite « humaine.

« Tout ce qu'il était loyalement possible de faire « pour éviter cette fin a été tenté, et n'a pu aboutir. « Quant à renouveler un suprême effort pour briser « les lignes fortifiées de l'ennemi, malgré votre vail« lance et le sacrifice de milliers d'existences, qui « peuvent encore être utiles à la patrie, il eût été

« infructueux, par suite de l'armement et des forces « écrasantes, qui gardent et appuient ces lignes; « un désastre en eût été la conséquence.

« Soyons dignes dans l'adversité; respectons les « conventions honorables qui ont été stipulées, si « nous voulons être respectés comme nous le méri- « tons; évitons surtout, pour la réputation de cette « armée, les actes d'indiscipline, comme la destruc- « tion d'armes et de matériel, puisque, d'après les « usages militaires, places et armement devront faire « retour à la France, lorsque la paix sera signée.

« En quittant le commandement, je tiens à expri- « mer aux généraux, officiers et soldats toute ma « reconnaissance pour leur loyal concours, leur bril- « lante valeur dans les combats, leur résignation « dans les privations, et c'est le cœur brisé que je « me sépare de vous. »

Le Ban-Saint-Martin. — Hier soir et ce matin, tous les corps ont porté leurs armes (plus de 150,000) dans les forts, où les Prussiens viendront les prendre.

Je sors de Metz, et sur ma route je vois des régiments entiers se réunir désarmés et sac au dos, prêts à se rendre dans les lignes ennemies. Officiers et soldats portent sur leurs traits les marques d'un morne désespoir; avant de se séparer les uns des autres, et pour toujours peut-être, ils échangent de touchants adieux; les grades ont disparu, toutes les mains se cherchent, et plus d'un laisse tomber, en se mordant les lèvres, une larme furtive.

Ce matin encore, j'avais entendu résonner les sons belliqueux du clairon; ils semblaient presque défier l'ennemi avant son entrée dans la place. Tout est muet maintenant. Armes et clairons, tambours et drapeaux sont au pouvoir de nos vainqueurs. Ils occupent les ouvrages que nos soldats ont évacués, et nous sommes sans défense sous nos propres canons.

Ne pouvant pas contènir mon émotion, je presse mon cheval, et je m'avance, les yeux à demi-voilés, cherchant à ne plus rien voir de ce deuil de tout un pays. Mais au Ban-Saint-Martin, quel spectacle s'offre encore à ma vue ! La place est encombrée des chevaux et des voitures à livrer à l'ennemi ; la pluie, qui tombe sans interruption depuis plus de 48 heures, forme une épaisse flaque de boue. Le long des glacis de la place, s'acheminent, à travers la brume, les troupes de la garde; elles se dirigent, calmes et résignées, sur la route de Nancy, pour y défiler devant nos ennemis, et chercher ensuite un bivouac humide, en attendant leur envoi en Allemagne. Cette attitude de nos soldats si éprouvés, si affaiblis par leurs souffrances et par les intempéries, me paraît comme une consolation au milieu de tant de misères. Ils sont partis sans murmures, sans injures pour leurs chefs, exacts au dernier appel, et marchant avec ordre au fatal rendez-vous.

Et pendant ce temps, ô dur contraste ! l'un de nos officiers, envoyé en ville pour y remplir une pénible corvée, assistait au défilé, musique en tête, d'un régiment prussien, qui venait camper sur la Place d'armes.

Vers 2 heures, un coup de canon retentit. Il annonce la prise de possession par les Prussiens des forts et de la ville de Metz. Tout est fini !

Les Prussiens à Longeville. — Le soir venu, je me rendais à Longeville, lorsque je rencontre une forte colonne d'infanterie, et vois des hommes entrer dans toutes les maisons du village. Je m'approche et j'entends tout à coup des conversations allemandes. L'ennemi arrivait et se cantonnait chez les habitants, garnissant chambres et granges, tandis que nous avions, pendant un séjour de plus de deux mois, laissé tout simplement nos hommes, mal nourris, campés sous leur petite tente.

A travers les fenêtres éclairées de la mairie, j'aperçois un officier prussien, assis devant une table, et arrêtant avec le maire le logement de ses hommes, qui attendent patiemment leurs billets sur le seuil de la maison communale.

Dimanche, 30 octobre. — *Notre dernière journée à Metz.* — Il m'a fallu aller encore à Metz ce matin; l'entrée de la place par la porte de France m'a été bien douloureuse; deux soldats prussiens, le cigare à la bouche, y avaient remplacé nos sentinelles françaises : la ville était déjà encombrée d'ennemis, étonnés de se trouver mêlés à plusieurs des nôtres, restés en arrière et répandus dans les rues, dont le désordre est inexprimable.

Quant au camp, il présente un aspect lugubre; les voitures à livrer à l'ennemi sont toujours groupées dans le Ban-Saint-Martin. Attachés aux roues depuis 24 heures, les pauvres chevaux, harnachés, sellés, abandonnés par leurs conducteurs et par leurs nouveaux maîtres, sont réduits à mourir sur place. Quelques-uns parviennent à rompre leurs traits, et courent à l'aventure dans cette plaine désolée; plusieurs tombent. En voici un qui s'abat près de moi dans un fossé plein d'eau, qu'il n'a pas eu la force de franchir. Au passage de mes chevaux, plus heureux, le pauvre animal soulève un peu la tête, hennit tristement et retombe pour ne plus se relever.

Des paysans, des maquignons, des soldats s'emparent des chevaux, qui leur paraissent en moins mauvais état que les autres, et les conduisent en ville ou dans les fermes. Quant aux Prussiens, à qui on parlait hier de cette situation, par humanité et par honnêteté : « Que les bêtes meurent, » aurait dit leur commandant, « peu nous importe, mais que « les hommes les laissent là, et retournent à leurs « corps. »

Ils ont cherché en effet à rejoindre, non plus leurs drapeaux, livrés à l'ennemi, mais les hordes sans nom, qui jadis représentaient leur famille, et qui viennent de se rendre à un patient et prudent adversaire. C'est encore un long trajet pour des hommes qui n'ont pas reçu de vivres[1]; aussi, la faim les

[1] J'ai lu, dans une lettre du 2 novembre, publiée par la *Gazette du Weser*, la lettre suivante qui donnera une idée de l'état dans lequel se trouvaient nos hommes au moment de la reddition : « Il y a un camp de prisonniers français à Ars-Laquenexy, « entre Aubigny, Marsilly et Ars. Il faut avoir vu cette misère « pour s'en faire idée. Les premiers arrivaient mécontents « et fiers; mais un morceau de pain, et des plus petits, « déridait vite la plupart des fronts; ils n'avaient, dans les « derniers temps, à Metz, d'après leur aveu, qu'un tiers de la « ration de pain, et un peu de viande de cheval, sans sel. Nous « sommes, grâces à Dieu, dans des maisons, granges et écuries; « mais il a fallu laisser les pauvres soldats français sous leurs

aiguillonne à ce point que je les ai vus égorger et dépecer en un instant des chevaux à peine tombés.

Un peu plus loin, un tableau désolé s'offre à la vue de chacun de nous. Une petite voiture régimentaire a versé sur un pont ; les hommes ne se sont pas donné la peine de la relever, et le pauvre cheval tombé a été découpé, séance tenante, entre les brancards, qui, le lendemain encore, en présentaient attelé le squelette sanglant.

Partout, d'ailleurs, sur les routes, près des maisons, même au milieu du pont de la porte de France, on

« petits abris, dans la boue, malgré une pluie continuelle ; « aussi, l'on pense ce qu'ils doivent souffrir. Le premier « jour, plusieurs tombèrent sans vie sur la route ; après la pre- « mière nuit de bivouac, on dut retirer 110 cadavres de leur « camp. Ils crient tous famine, et si on leur donne un peu de « pain, ils le dévorent et en redemandent encore. Il est dou- « loureux de voir souffrir ainsi tous ces braves gens ; il est des « barbes grises qui pleurent, et crient à la trahison. Beaucoup « donnent leurs croix, leurs médailles pour avoir à manger. « D'autres cependant conservent dans ce malheur une noble « fierté : ainsi, un sergent major de chasseurs s'est approché de « moi, et, réduit à me demander du pain, a voulu absolument « me le payer ; après m'avoir remercié, il s'est retiré avec di- « gnité, pour satisfaire sa faim. J'avisai aussitôt un soldat fran- « çais, et je lui donnai la pièce de 1 franc, que je venais de recevoir, « et qui fut aussitôt convertie en denrées alimentaires auprès de « la vivandière. »

Tel est le dernier tableau de nos misères ; j'ai voulu le prendre à une plume ennemie.

Quant à relever ces attaques odieuses, qui représentent les officiers se gorgeant, pendant que le soldat mourait de faim, je les repousse avec dédain et dégoût, sans chercher à expliquer à qui ne veut pas entendre, comment, avec un peu d'argent et des provisions faites longtemps d'avance, l'officier a pu avoir jusqu'à la fin le strict nécessaire. J'ajouterai que bien des officiers ont cruellement souffert, malgré leurs sacrifices pécuniaires, à cause de leur âge et de leurs fatigues antérieures.

heurte des dépouilles de chevaux, et l'on est saisi par des odeurs repoussantes. Le camp, sans soins de propreté depuis trois jours, encombré de tous les débris, que laisse après elle une troupe nombreuse, abandonnant ses bivouacs, est presque impraticable. On enfonce jusqu'à la cheville dans une boue liquide. La nature elle-même semble avoir voulu rendre le spectacle plus lugubre encore : le ciel est noir, chargé de nuages ; la pluie tombe par torrents ; les dernières feuilles, jaunies par l'automne, s'abattent sous la violence du vent ; tout prend l'aspect de l'hiver, de la désolation et du deuil.

Quel deuil en effet pour cette belle cité, pour notre chère France ! Quel deuil de longtemps irréparable, et qu'aggraveront encore les suspicions de toutes sortes ! On paraît persuadé chez nous qu'il y a eu trahison du chef de l'armée ; un capitaine prussien aurait dit aujourd'hui à l'un des nôtres : « Vous « avez été trahis. » Je ne puis croire à une pareille folie, mais je répète ce que j'ai dit plus haut : l'imprévoyance, la folle confiance et les calculs trop personnels conduisent souvent dirigeants et gouvernants à des fautes, que le public, dans ses souffrances, est presque autorisé à taxer de trahison.

Mais pourquoi s'arrêter plus longtemps sur ce triste tableau ? N'a-t-on pas suffisamment compris tout ce que nous avons souffert, tout ce que nous allons souffrir encore chaque jour ?

Je termine donc . . . . . Mais, je ne ferme pas sans regrets ces pages douloureuses, écrites chaque jour pendant quatre mois.

En les commençant, je l'avoue, j'avais espéré, malgré bien des craintes, qu'il me serait permis de les tracer glorieuses pour nos armes, heureuses pour notre chère patrie!

Hélas! l'illusion n'a pas été de longue durée!

Les revers n'ont pas tardé à nous atteindre, et les catastrophes ont succédé aux catastrophes. Le gouvernement acclamé, il y a quelques mois à peine, par des millions de voix, a été entraîné dans la tourmente; les ruines se sont entassées sur les ruines, et nous, soldats formés expressément pour la défense du pays, nous sommes traînés en captivité au fond de l'Allemagne, tandis que Paris et la France luttent héroïquement contre l'étranger avec des armées improvisées. Quelle douleur pour des cœurs français!

Combien durera cette pénible crise? Dieu seul le sait! Mais j'espère fermement qu'après nous avoir replacés, par des épreuves bien douloureuses, il est vrai, dans la voie droite, que la société française avait abandonnée depuis plusieurs années, la Providence, lasse enfin de nous frapper, nous permettra de reprendre le rôle grand, généreux, et nécessaire à l'humanité, qu'elle a assigné de tous temps à notre belle patrie.

SUPPLÉMENT.

NOTE I.

Note du 23 juillet pour le ministre de la guerre[1].

L'Empereur a adressé au major-général de l'armée la note ci-après :

« Mon cher major-général, pour éviter de revenir sur des questions de détail, quoique d'une haute importance, je crois devoir esquisser ici, à grands traits, les branches de service, auxquelles vous devez veiller, afin de compléter l'organisation de l'armée. Sur plusieurs points, vous aurez à vous entendre avec le ministre de la guerre[2].

« 1° Organiser le service des ingénieurs du chemin de fer, etc.

[1] Il va sans dire que cette note ne fut pas exécutée ; elle ne pouvait l'être d'ailleurs. Elle est datée du 23 juillet ; douze jours plus tard, l'ennemi envahissait l'Alsace. L'auteur de cette savante compilation eut bien mieux fait d'employer son crédit à organiser, d'une manière permanente, pendant la paix, la plus grande partie de ces prescriptions, qu'il était absolument impossible à l'homme le plus actif de créer à la dernière heure.

[2] Le général Dejean, directeur du génie, nommé ministre de la guerre *par intérim*.

« 2° Celui des télégraphiers.

« 3° Service de remorquage sur les grandes voies fluviales.

« 4° Autoriser les chefs de gare à requérir les maires dans un rayon de deux lieues, pour charger et décharger.

« 5° Organiser la route d'étapes de l'armée, en y créant des fours de campagne, des magasins de vivres, de combustibles, du fourrage, des réserves de biscuit; y échelonner des ambulances ou des hôpitaux, pour les blessés, les malades ou les convalescents.

« Placer dans les villes principales, de préférence dans les places fortes, des dépôts d'ustensiles de campement, marmites, bidons, gamelles, pelles, pioches, haches.

« Des ateliers de réparation pour fusils; de confection de munitions; de réparation de voitures.

« Y réunir des approvisionnements de souliers, linge et chaussure, tentes, capotes, couvertures de laines, bissacs, selles, harnachements, musettes, entraves, besaces, fers, clous, bâts.

« Y installer des infirmeries pour les chevaux, des dépôts de médicaments et le service des vétérinaires.

« Y créer des hangars et faire désigner les lieux de campement.

« Déterminer les lieux de dépôt des prisonniers.

« Y instituer (aux étapes principales) des relais de chevaux de voiture, des dépôts de fourrage pour les convois.

« 6° Organiser par départements, arrondissements ou cantons les contributions ou réquisitions de vivres, sous l'autorité des sous-préfets, et indiquer les gares principales ou les postes fluviaux, où les denrées devront être versées par les habitants avec leurs charrois.

« 7° Prévenir l'encombrement des voies par lesquelles l'armée s'approvisionnera, en assignant des routes distinctes, quoique parallèles aux convois pour l'aller et le retour.

« 8° Organiser le service des estafettes de l'armée.

« 9° Nommer des commandants de place aux principales étapes. Leur recommander de n'envoyer aucun isolé à l'armée, mais de créer des détachements, commandés par des officiers ou sous-officiers, marchant en ordre, et comprenant des hommes d'un même corps d'armée.

« Les commandants de place s'attacheront à faciliter l'arrivée à l'armée des renforts de toute nature, armes, vivres, etc.

« L'armée étant un lieu de consommation, tout homme, qui y sera envoyé, devra venir, pourvu de tout.

« Les commandants des têtes de pont retranchées s'en assureront, et retiendront tout homme, non armé et équipé. C'est au passage des ponts, qu'on peut le mieux s'assurer de l'exécution de ces ordres.

« 10° Assurer la discipline des détachements, en donnant aux chefs des pouvoirs extraordinaires.

« 11° Monter les officiers sans troupes, régler leurs moyens de transport et la perception de leurs vivres.

« 12° Créer des commissions de remonte dans chaque corps d'armée, et sur les derrières.

« 13° Moyens de transport des ingénieurs civils, du « service télégraphique, aumôniers, imprimeurs, em- « ployés de la guerre, interprètes, officiers étrangers et « rédacteurs autorisés. Leur attribuer des ordonnances, « des vivres et des tentes.

« 14° Régler l'uniforme de tous les individus, appar- « tenant à l'armée : conducteurs auxiliaires, mécani- « ciens, télégraphiers, bateliers, aumôniers, ingénieurs, « interprètes, imprimeurs, fournisseurs aux vivres, pos- « tillons, courriers, guides.

« 15° Attribuer des secrétaires et plantons permanents « aux états-majors, régler leur mise en subsistance, et « la perception de leur solde, et maintenir, quand même,

« les cadres au complet dans les régiments, afin de ne « point les affaiblir par ces emprunts.

« 16° Attribuer des médecins et des vétérinaires aux « troupes de la réserve d'artillerie, de celle du génie, « des équipages de pont, du grand parc de chaque corps « d'armée et du grand-quartier-général.

« 17° Attribuer une forge de campagne à chaque « régiment de cavalerie, et à l'état-major de chaque corps « d'armée.

« 18° Augmenter des 2/3 la ration, attribuée aux che- « vaux des cavaliers d'ordonnance permanents.

NOTE II.

Composition de l'armée du Rhin le 13 *août* 1870.

Commandant en chef, S. Exc. le maréchal Bazaine.
Chef d'état-major-général, général de division Jarras.
Commandant de l'artill. de l'armée, gén. de div. Soleille.
Chef d'état-major de d'artillerie, col. Vasse-Saint-Ouen.
Commandant du génie de l'armée, gén. de div. Coffinières.
Chef d'état-major du génie, colonel Boissonnet.
Intendant-général de l'armée, intendant-général Wolff.
Médecin en chef, médecin-inspecteur Larrey.
Grand-prévôt, gén. de b. Arnaud de St-Sauveur.
Comm. du grand-quart.-g., gén. de b. Letellier-Blanchard.
Vaguemestre, colonel Potié.
Payeur en chef, M. Fourtier.

Officiers d'état-major du grand-quartier-général.

Lewal,	colonel.	Méquillet,	capitaine.
D'Andlau,	»	Vosseur,	»
Lamy,	»	De France,	»
Ducrot,	»	De Salles,	»
Nugues,	lieut.-colonel.	Jung,	»
De Kleinenberg,	»	Costa de Serda,	»
Ch. Fay,	»	Guioth,	»
Tiersonnier,	chef d'escadron.	Derrécagaix,	»
De l'Espée,	»	Foucher,	»
Vanson,	»	Lemoyne,	»
Le Pippre,	»	Campionnet,	»
La Veuve,	»	Tamajo,	»
Samuel,	»	Amphoux,	»
De Tscharner,	capitaine.	Gavard,	»
Fix,	»	De la Ferté,	»

1er CORPS. Maréchal de Mac-Mahon.

Chef d'état-major : Général de b. Faure, en remplacement du général Colson, tué le 6.

1re *division d'infanterie.*

Général de division Ducrot.
Lieutenant-colonel de Montigny, chef d'état-major.
1re brigade : général Wolff, 13e ch., 18e et 96e.
2e brigade : gén. de Postis du Houlbec, 45e, 1er zouaves.
Artillerie, 6e, 7e, 8e batt. du 9e régiment (8e à balles)[1].
Génie, 3e compagnie du 1er régiment.

2e *division d'infanterie.*

Général de division***[2].
Colonel Robert, chef-d'état-major.
1re brigade : général de Montmarie, 16e ch., 50e et 74e.
2e brigade : général Pellé, 78e, 1er tirailleurs algériens.
Artillerie, 9e, 10e, 12e batt. du 9e régim. (10e à balles).
Génie, 8e compagnie du 1er régiment.

3e *division d'infanterie.*

Général de division***[3].
Colonel Marel, chef d'état-major.
1re brigade : général Lheriller, 8e ch., 36e, 2e zouaves.
2e brigade : gén. Lefebvre, 48e, 2e tirailleurs algériens.
Artillerie, 5e, 6e, 9e batt. du 12e régiment (9e à balles).
Génie, 9e compagnie du 1er régiment.

[1] On désigne ainsi les mitrailleuses.

[2] Le général Douay (Abel), commandant cette division, a été tué le 4 août, à Wissembourg.

[3] Le général Raoult, commandant cette division, a été tué le 6 août, à Reichshoffen.

4e division d'infanterie.

Général de division de Lartigue.
Colonel d'Andigné, chef d'état-major.
1re brigade: gén. F. de Kerléadec, 1er ch, 56e, 3e zouav.
2e brigade : gén. Lacretelle; 87e, 3e tirailleurs algér.
Artillerie, 7e, 10, 11e batt. du 12e régim. (10e à balles).
Génie, 13e compagnie du 1er régiment.

Division de cavalerie.

Général de division Duhesme.
Colonel Gresley, chef d'état-major.
1re brigade : général de Septeuil, 3e hussards, 11e chass.
2e brigade : gén. de Nansouty, 2e, 6e lanc., 10e drag.
3e brigade : général Michel, 8e, 9e cuirassiers.

Réserve d'artillerie.

11e et 12e batteries du 6e régiment.
5e et 11e batteries du 9e régiment.
1re, 2e, 3e et 4e batteries du 20e régiment.
3e compagnie de pontonniers.
Détachement de la 4e compagnie d'ouvriers.

Réserve du génie.

2e compagnie de mineurs du 1er régiment.
1/2 de la 1re compagnie de sapeurs du 1er régiment.
Détachement de sapeurs-conducteurs du 1er régiment.

2e CORPS. — Général de division Frossard.

Chef d'état-major : général de b. Saget.

1re *division d'infanterie.*

Général de division Vergé.
Colonel Andrieu, chef d'état-major.
1re brigade : général Letellier-Valazé, 3e ch., 32e et 55e.
2e brigade : général Jolivet, 76e et 77e.
Artillerie, 5e, 6e et 12e batt. du 5e régiment (6e à balles).
Génie, 9e compagnie du 3e régiment.

2e *division d'infanterie.*

Général de division Bataille.
Lieutenant-colonel Loysel, chef d'état major.
1re brigade : général Pouget, 12e chass., 8e et 23e.
2e brigade : général Fauvart-Bastoul, 66e et 67e.
Artillerie, 7e, 8e et 9e batt. du 5e régiment (9e à balles).
Génie, 12e compagnie du 3e régiment.

3e *division d'infanterie.*

Général de division de Laveaucoupet.
Lieutenant colonel Billot, chef d'état-major.
1re brigade : général Doens, 10e chass., 2e et 63e.
2e brigade : général Micheler, 24e et 40e.
Artillerie, 7e, 8e et 11e batt. du 5e (11e à balles).
Génie, 13e compagnie du 3e régiment.

Division de cavalerie.

Général de division Marmier.
Lieutenant-colonel de Cools, chef d'état-major.
1re brigade : général de Valabrègue, 4e et 5e chasseurs.
2e brigade : général Bachelier, 7e et 12e dragons.

Réserve d'artillerie.

10e et 11e batt. du 5e régiment.

6e et 10e batt. du 15e régiment.
7e et 8e batt. du 17e régiment.
2e compagnie de pontonniers.
Détachement de la 3e compagnie d'ouvriers.

Réserve du génie.

2e compagnie de sapeurs du 3e régiment.
Détachement de sapeurs-conducteurs du 1er régiment.

3e CORPS. — Général de division Decaen.

Chef d'état-major, général de b. Manèque.

1re *division d'infanterie.*

Général de division Montaudon.
Colonel Folloppe, chef d'état-major.
1re brigade: général*** 18e chasseurs, 51e et 62e.
2e brigade: général Clinchant, 81e et 95e.
Artillerie, 5e, 6e et 8e batt. du 4e régiment (6e à balles).
Génie, 6e compagnie du 1er régiment.

2e *division d'infanterie.*

Général de division de Castagny.
Colonel du Martray, chef d'état-major.
1re brigade: général Nayral, 15e chasseurs, 19e et 41e.
2e brigade: général Duplessis, 69e et 90e.
Artillerie, 9e, 11e et 12e batteries du 4e régiment (12e à balles).
Génie, 10e compagnie du 1er régiment.

3e *division d'infanterie.*

Général de division Metman.

Lieutenant-colonel d'Orléans, chef d'état-major.
1re brigade : général de Potier, 7e chasseurs, 7e et 29e.
2e brigade : général Arnaudeau, 59e et 71e.
Artillerie, 5e, 6e et 7e batteries du 11e (5e à balles).
Génie, 11e compagnie du 1er régiment.

4e division d'infanterie.

Général de division Aymard.
Lieutenant-colonel de la Soujeole, chef d'état-major.
1re brigade : général de Brauer, 11e chasseurs, 44e et 60e.
2e brigade : général Sanglé-Ferrière, 80e et 85e.
Artillerie, 8e, 9e et 10e batteries du 11e rég. (8e à balles).
Génie, 12e compagnie du 1er régiment.

Division de cavalerie.

Général de division de Clérembault.
Lieuten.-colon., Jouffroy d'Abbans, chef d'état-major.
1re brigade : gén. de Bruchard, 2e, 3e et 10e chasseurs.
2e brigade : général de Maubranches, 2e et 4e dragons.
3e brigade : général de Juniac, 5e et 8e dragons.

Réserve d'artillerie.

7e et 10e batteries du 4e régiment.
11e et 12e batteries du 11e régiment.
1re, 2e, 3e et 4e batteries du 17e régiment.
4e compagnie de pontonniers.
Détachement de la 7e compagnie d'ouvriers.

Réserve du génie.

1/2 de la 1re compagnie de sapeurs du 1er régiment.
4e compagnie de sapeurs du 1er régiment.
Détachement de sapeurs-conducteurs du 1er régiment.

4e CORPS. — Général de division de Ladmirault.

Chef d'état-major, général de brigade d'Osmont.

1re *division d'infanterie.*

Général de division de Cissey.
Colonel de Place, chef d'état-major.
1re brigade : général Brayer, 20e chasseurs, 1er et 6e.
2e brigade : général de Golberg, 57e et 73e.
Artillerie, 5e, 9e et 12e batt. du 15e rég. (12e à balles).
Génie, 9e compagnie du 2e régiment.

2e *division d'infanterie.*

Général de division Grenier.
Lieutenant-colonel de Rambaud, chef d'état-major.
1re brigade : général Bellecourt, 5e chass. 13e et 43e.
2e brigade : général Pradier, 64e et 98e.
Artillerie, 5e, 6e et 7e batt. du 1er rég. (5e à balles).
Génie, 10e compagnie du 2e régiment.

3e *division d'infanterie.*

Général de division de Lorencez.
Lieutenant-colonel Villette, chef d'état-major.
1re brigade : général Pajol, 2e chasseurs, 15e et 33e.
2e brigade : général Berger, 54e et 65e.
Artillerie, 8e, 9e et 10e batteries du 1er rég. (8e à balles).
Génie, 13e compagnie du 2e régiment.

Division de cavalerie.

Général de division Legrand.
Colonel Campenon, chef d'état-major.
1re brigade : général de Montaigu, 2e et 7e hussards.
2e brigade : général de Goudrecourt, 3e et 11e dragons.

Réserve d'artillerie.

11e et 12e batteries du 1er régiment.
6e et 9e batteries du 8e régiment.
5e et 6e batteries du 17e régiment.
8e compagnie de pontonniers.
Détachement de la 5e compagnie d'ouvriers.

Réserve du génie.

2e compagnie de mineurs du 2e régiment.
Détachement de sapeurs-conducteurs du 2e régiment.

5e CORPS. — Général de division de Failly.

Chef d'état-major, général de brigade Besson.

1re *division d'infanterie.*

Général de division Goze.
Lieutenant-colonel Clappier, chef d'état-major.
1re brigade : général Saurin, 4e chasseurs, 11e et 46e.
2e brigade : général Nicolas, 61e et 86e.
Artillerie, 5e, 6e et 7e batteries du 6e rég. (7e à balles).
Génie, 6e compagnie du 2e régiment.

2e *division d'infanterie.*

Général de division de Labadie d'Aydrein.
Colonel Baudouin, chef d'état-major.
1re brigade : général Lapasset, 14e chass., 84e et 97e.
2e brigade : général de Maussion, 49e et 88e.
Artillerie, 5e, 7e et 8e batteries du 2e rég. (5e à balles).
Génie, 8e compagnie du 2e régiment.

3e *division d'infanterie.*

Général de division Guyot de Lespart.

Colonel Lambert, chef d'état-major.
1re brigade : général Abbatucci, 19e chass. 17e et 27e.
2e brigade : général de Fontanges, 30e et 68e.
Artillerie, 9e, 11e et 12e batt. du 2e rég. (9e à balles).
Génie, 14e compagnie du 2e régiment.

Division de cavalerie.

Général de division Brahaut.
Lieutenant-colonel Pujade, chef d'état-major.
1re brigade : général de Bernis, 5e huss. et 12e chass.
2e brigade : général de La Mortière, 3e et 5e lanciers.

Réserve d'artillerie.

6e et 10e batteries du 2e régiment.
11e batterie du 10e régiment — 11e batt. du 14e rég.
5e et 6e batteries du 20e régiment.
5e compagnie de pontonniers.
Détachement de la 1re compagnie d'ouvriers.

Réserve du génie.

5e compagnie de sapeurs du 2e régiment.
Détachement de sapeurs-conducteurs du 2e régiment.

6e CORPS. — Maréchal Canrobert.

Chef d'état-major, général de brigade Henri.

1re *division d'infanterie.*

Général de division Tixier.
Lieutenant-colonel Fourchault, chef d'état-major.
1re brigade : général Péchot, 9e chasseurs, 4e et 10e.
2e brigade : général Leroy de Dais, 12e et 100e.
Artillerie, 5e, 7e et 8e batteries du 8e rég. (8e à balles).
Génie, 3e compagnie du 3e régiment.

2e *division d'infanterie.*

Général de division Bisson[1].
Colonel du Fresnel, chef d'état-major.
1re brigade : général Noël, 9e et 14e.
2e brigade : général Maurice, 20e et 31e.
Artillerie, 10e, 11e et 12e batt. du 8e rég. (10e à balles).
Génie, 4e compagnie du 3e régiment.

3e *division d'infanterie.*

Général de division Lafont de Villiers.
Lieutenant-colonel Piquemal, chef d'état-major.
1re brigade : général de Sonnay, 75e et 91e.
2e brigade : général Colin, 93e et 94e.
Artillerie, 5e, 6e et 7e batteries du 14e rég. (7e à balles).
Génie, 7e compagnie du 3e régiment.

4e *division d'infanterie.*

Général de division Levassor-Sorval.
Colonel Melin, chef d'état-major.
1re brigade : général de Marguenat, 25e et 26e.
2e brigade : général de Chanaleilles, 28e et 70e.
Artillerie, 7e, 8e et 9e batteries du 10e rég. (9e à balles).
Génie, 11e compagnie du 3e régiment.

Division de cavalerie.

Général de division de Salignac-Fénelon.
Lieutenant-colonel Armand, chef d'état-major.

[1] On sait que le 9e de ligne est le seul des régiments de la division Bisson, qui ait pu arriver à Metz ; les trois autres, l'artillerie et le génie de la division sont restés au camp de Châlons, ainsi que la réserve d'artillerie, la réserve du génie et la division de cavalerie du 6e corps d'armée.

1re brigade: général Tilliard, 1er hussards et 6e chass.
2e brigade: général Savaresse, 1er et 7e lanciers.
3e brigade: général de Béville, 5e et 6e cuirassiers.

Réserve d'artillerie.

5e, 6e, 10e et 12e batteries du 10e régiment.
8e et 9e batteries du 14e régiment.
1re et 2e batteries du 9e régiment.
Détachement de la 6e compagnie d'ouvriers.

Réserve du génie.

14e compagnie de sapeurs du 3e régiment.
Détachement de sapeurs-conducteurs du 3e régiment.

7e CORPS. — Général de division Douay (Félix).

Chef d'état-major, général de brigade Renson.

1re *division d'infanterie.*

Général de division Conseil-Dumesnil.
Lieutenant-colonel Sumpt, chef d'état-major.
1re brigade: général Nicolaï, 17e chasseurs, 3e et 21e.
2e brigade: général Maire, 47e et 99e.
Artillerie, 5e, 6e et 11e batteries du 7e rég. (11e à balles).
Génie, 2e compagnie du 2e régiment.

2e *division d'infanterie.*

Général de division Liébert.
Colonel de Linage, chef d'état-major.
1re brigade: général Guiomar, 6e chasseurs, 5e et 37e.
2e brigade: général de la Bastide, 53e et 89e.
Artillerie, 8e, 9e et 12e batteries du 7e rég. (12e à balles).
Génie, 3e compagnie du 2e régiment.

3e *division d'infanterie.*

Général de division Dumont.
Lieutenant-colonel Duval, chef d'état-major.
1re brigade : général Bordas, 52e et 79e.
2e brigade : général ***, 82e et 83e.
Artillerie, 8e, 9e et 10e batt. du 6e rég. (10e à balles).
Génie, 4e compagnie du 2e régiment.

Division de cavalerie.

Général de division Ameil.
*** chef d'état-major.
1re brigade : général Cambriel, 4e hussards, 4e et 8e lanciers.
2e brigade : général Jolif-Ducoulombier, 6e hussards et 6e dragons.

Réserve d'artillerie.

7e et 10e batteries du 7e régiment.
8e et 12e batteries du 12e régiment.
3e et 4e batteries du 20e régiment.
7e compagnie de pontonniers.
Détachement de la 8e compagnie d'ouvriers.

Réserve du génie.

12e compagnie de sapeurs du 2e régiment.
Détachement de sapeurs-conducteurs du 1er régiment.

GARDE IMPÉRIALE. — Général de division Bourbaki.

Chef d'état-major, général de brigade d'Auvergne.

1re *division d'infanterie* (voltigeurs).

Général de division Deligny.
Colonel Ferret, chef d'état-major.
1re brigade: général Brincourt, chasseurs à pied, 1er et 2e voltigeurs.
2e brigade : général Garnier, 3e et 4e voltigeurs.

2e *division d'infanterie* (grenadiers).

Général de division Picard.
Colonel Balland, chef d'état-major.
1re brigade: général Jeanningros, zouaves, 1er grenad.
2e brigade, général Poitevin de Lacroix, 2e et 3e grenad.

Division de cavalerie.

Général de division Desvaux.
Colonel Galinier, chef d'état-major.
1re brigade : général Halna du Frétay, guides et chasseurs.
2e brigade: général de France, lanciers et dragons.
3e brigade: général du Preuil, cuirassiers et carabiniers.

Artillerie de la garde.

Régiment d'artillerie monté, 6 batt., dont 2 à balles.
Régiment d'artillerie à cheval, 6 batteries.
Escadron du train.

Génie.

8e compagnie du 3e régiment du génie.
10e compagnie du 3e régiment du génie.

Réserve de cavalerie.

1re *division de cavalerie.*

Général de division du Barail.

Chef d'escadron de Lantivy, chef d'état-major.

1re brigade: général Marguerite, 1er et 3e chasseurs d'Afrique.

2e brigade : général de Lajaille, 2e et 4e chasseurs d'Afrique.

Artillerie, 5e et 6e batteries du 19e régiment.

2e *division de cavalerie.*

Général de division de Bonnemains.

Lieutenant-colonel de Tugny, chef d'état-major.

1re brigade : générel Girard, 1er et 4e cuirassiers.

2e brigade: général de Braüer, 2e et 3e cuirassiers.

Artillerie, 7e et 8e batteries du 19e régiment.

3e *division de cavalerie.*

Général de division de Forton.

Colonel Durand de Villers, chef d'état-major.

1re brigade : général prince Murat, 1er et 9e dragons

2e brigade: général de Gramont, 7e et 10e cuirassiers.

Artillerie, 7e et 8e batteries du 20e régiment.

Réserve générale d'artillerie.

Général de brigade Canu.

13e *régiment.*

5e, 6e, 7e, 8e, 9e, 10e, 11e et 12e batteries.

18e *régiment.*

1re, 2e, 3e, 4e, 5e, 6e, 7e et 8e batteries.

Réserve générale du génie.

2e compagnie de sapeurs du 1er régiment (télégraphie).
1re compagnie de mineurs du 3e régiment.
1re compagnie de sapeurs du 3e rég. (chemins de fer).
Détachement de sapeurs-conducteurs du 3e régiment.

NOTE III.

ORDRE DE BATAILLE DES ARMÉES PRUSSIENNES,

VERS LE MILIEU DU MOIS D'AOÛT.

Commandant en chef, S. M. le roi de Prusse.

Chef de l'état-major général, général d'infanterie von Moltke.

Quartier-maître-général, lieutenant-général von Podbielski.

Inspecteur-général de l'artillerie, général d'infanterie von Hindersin.

Inspecteur-général du corps des ingénieurs, lieutenant-général von Kleist.

1re ARMÉE [1].

Commandant en chef, général d'infanterie von Steinmetz.

[1] Au milieu de septembre, le général von Steinmetz est nommé gouverneur de Posen, et rentre en Allemagne. Après la chute de Metz, le VIIe corps reste dans cette place et à Thionville ; les deux autres corps, avec le général von Manteuffel, continuent à former la 1re armée, qui opère vers Amiens et Rouen avec la 3e division de cavalerie, jusqu'à la fin de 1870.

Dans les premiers jours de janvier 1871, le général von Manteuffel remet le commandement de la 1re armée au général von Gœben, et va prendre, à Châtillon, celui de l'armée dite du Sud,

Chef de l'état-major, général-major von Sperling.
Quartier-maître-supérieur, colonel von Wartensleben.

Ier CORPS. — Général de cavalerie von Manteuffel.

Chef de l'état-major, lieutenant-colonel von der Burg.

1re *divis. d'infanterie*[1]. — Lieut.-général von Bentheim.

1re brigade: 1er grenadiers, 41e régiment d'infanterie.
2e brigade: 3e grenadiers, 43e régiment d'infanterie.
1er bataillon de chasseurs.
1er régiment de dragons.

2e *division d'infanterie.* — Général-major von Pritzelwitz.

3e brigade: 4e grenadiers, 44e régiment d'infanterie.
4e brigade: 5e grenadiers, 45e régiment d'infanterie.
10e régiment de dragons.

VIIe CORPS. — Général d'infanterie von Zastrow.

Chef de l'état-major, lieutenant-colonel von Unger.

13e *division d'infanterie.* — Général-major von Glumer.

25e brigade: 13e régiment d'infanterie, 73e fus.
26e brigade: 15e et 55e régiments d'infanterie.

destinée à opérer contre le général Bourbaki, en marche sur Belfort. Cette 5e armée comprendra les IIe, VIIe corps, venus de Paris et de Metz, ainsi que le XIVe corps, aux prises avec les nôtres sur les bords de la Lisane.

[1] Chaque division d'infanterie a quatre batteries de 6 pièces. La réserve d'artillerie, appelée *artillerie du corps*, comprend également une division de quatre batteries montées et, en outre, deux batteries à cheval. Les deux autres batteries à cheval du régiment d'artillerie de campagne de chaque corps d'armée sont attachées aux divisions de cavalerie.

7e bataillon de chasseurs.
8e régiment de hussards.

14e *division d'infanterie.* — Lieuten.-gén. von Kameke.

27e brigade : 39e fus. 74e régiment d'infanterie.
28e brigade : 53e et 77e régiments d'infanterie.
15e régiment de hussards.

VIIIe CORPS. — Lieutenant-général von Gœben.

Chef de l'état-major, colonel von Witzendorff.

15e *division d'infanterie.*—Lieuten.-gén. von Weltziehn.

29e brigade : 33e fus., 65e régiment d'infanterie.
30e brigade : 28e et 68e régiments d'infanterie.
8e bataillon de chasseurs.
7e régiment de hussards.

16e *division d'infanterie.*—Lieut.-gén. von Barnekow.

31e brigade : 29e et 69e régiments d'infanterie.
32e brigade : 40e fus., 70e régiment d'infanterie.
9e régiment de hussards.

CAVALERIE DE LA 1re ARMÉE.

1re *division.* — Lieutenant-gén. von Hartmann.

1re brigade : 2e cuirassiers, 4e et 9e ulans.
2e brigade : 3e cuirassiers, 8e et 12e ulans.

3e *division.* — Gén.-major von Grœben.

6e brigade : 8e cuirassiers, 7e ulans.
7e brigade : 5e et 14e ulans.

2e ARMÉE.

Commandant en chef, général de cavalerie prince Frédéric-Charles de Prusse.

Chef de l'état-major, général-major von Stiehle.

Quartier-maître-supérieur, colonel von Hertzberg.

IIe CORPS[1]. — Lieutenant-général von Fransecky.

Chef de l'état-major, colonel von Wichmann.

3e *division d'infanterie*. —Gén.-major von Hartmann.

5e brigade : 2e grenadiers, 42e régiment d'infanterie.
6e brigade : 14e et 54e régiments d'infanterie.
2e bataillon de chasseurs.
3e régiment de dragons.

4e *division d'infanterie*, lieuten.-gén. von Weyhern.

7e brigade : 9e grenadiers, 49e régiment d'infanterie.
8e brigade : 21e et 61e régiments d'infanterie.
11e régiment de dragons.

IIIe CORPS. — Lieutenant-général von Alvensleben 2te.

Chef de l'état-major, colonel von Voigts-Rhetz.

5e *division d'infanterie*. — Lieut.-gén. von Stulpnagel.

9e brigade : 8e grenadiers, 48e régiment d'infanterie.
10e brigade : 12e grenadiers, 52e régiment d'infanterie.
3e bataillon de chasseurs.
12e régiment de dragons.

[1] Après la chute de Metz, le IIe corps est envoyé devant Paris, puis, en janvier, à l'armée du Sud. La 2e armée ne comprend plus alors que les IIIe, IXe et Xe corps, dirigés sur la Loire, avec la 1re division de cavalerie, de la 1re armée.

6e *division d'infanterie.*—Lieut.-gén. von Buddenbrock.

11e brigade : 20e et 60e régiments d'infanterie.
12e brigade: 24e et 64e régiments d'infanterie, 35e fusil.
2e régiment de dragons.

IXe CORPS[1]. — Général d'infanterie von Manstein.

Chef de l'état-major, major Bronsart von Schellendorf.

18e *division d'infanterie.* — Lieut.-gén. von Wrangel.

35e brigade : 36e fusiliers, 84e rég. d'infanterie.
36e brigade : 11e grenadiers, 85e rég. d'infanterie.
9e bataillon de chasseurs.
6e régiment de dragons.

25e *division (Hessois)*[2].—Lt-gén. prince Louis de Hesse.

49e brigade : 1er et 2e rég. d'inf. — 1er bat. de chass.
50e brigade : 3e et 4e rég. d'inf. — 2e bat. de chass.
25e brig. de cavalerie : 1er et 2e régiments de Reiter.

Xe CORPS.— Général d'infanterie von Voigts-Rhetz.

Chef de l'état-major, major von Capriri.

19e *division d'infanterie.* — Lt-gl von Schwartzkoppen.

37e brigade : 78e et 91e régiments d'infanterie.
38e brigade : 16e et 57e régiments d'infanterie.
9e régiment de dragons.

1 La 17e division du IXe corps, fait partie du XIIIe corps. Le 36e fusiliers, qui lui appartient, a été mis dans la 18e division, pour y remplacer le 25e régiment d'infanterie, attaché à la 4e division de réserve.

2 La division hessoise a 6 batteries.

20e *division d'inf.* — Gén.-major von Kraatz-Koschlau.

39e brigade : 56e et 79e régiments d'infanterie.
40e brigade : 17e et 92e régiments d'infanterie.
10e bataillon de chasseurs.
16e régiment de dragons.

(*Nota*). Les trois corps d'armée et les trois divisions de cavalerie qui suivent, ont été détachés, après Amanvillers, de la 2e armée, pour constituer la 4e armée, dite de la Meuse, sous les ordres du prince royal de Saxe. (Chef de l'état-major, général-major von Schlotheim).

IVe CORPS[1]. — Général d'infanterie von Alvensleben Ier.

Chef de l'état-major, lieutenant colonel von Thile.

7e *division d'infanterie.* — Général von Schwarzhoff.

13e brigade : 26e et 66e régiments d'infanterie.
14e brigade : 27e, 67e et 93e régiments d'infanterie.
4e bataillon de chasseurs.
7e régiment de dragons.

8e *division d'infanterie.* — Lieut.-général von Schœler.

15e brigade : 31e et 71e régiments d'infanterie.
16e brigade : 86e fusiliers, 96e régiment d'infanterie.
12e régiment de hussards.

XIIe CORPS (Saxons). — Général prince royal de Saxe.

Chef de l'état-major, lieut.-colonel von Zezschwitz.

[1] Le 67e régiment d'infanterie, du IVe corps, a été attaché à la 1re division de réserve, et le 72e a été envoyé devant Longwy.

23e *division d'infanterie.* — Général-major ***.

45e brigade : 100e et 101e régiments d'infanterie.
46e brigade : 102e et 103e rég. d'inf., 108e fusiliers.

24e *division d'infanterie.* — Général-major Tauscher.

47e brigade : 104e et 105e régiments d'infanterie.
48e brigade : 106e et 107e régiments d'infanterie, 12e et 13e bat. chasseurs.

Division de cavalerie saxonne. — Génér.-maj. Zur-Lippe.

23e brigade : Reiter de la garde, 1er Reiter, 17e ulans.
24e brigade : 2e et 3e Reiter, 18e ulans.

CORPS DE LA GARDE. — Gén. de cav. prince de Wurtemberg.

Chef de l'état-major, colonel von Dannenberg.

1re *division d'inf. de la garde.* — Général-major von Pape.

1re brigade : 1er et 3e régiments à pied.
2e brigade : 2e et 4e régiments à pied.
Bataillon de chasseurs.

2e *division d'inf. de la garde.* — Gén.-maj. von Budritzki.

3e brigade : 1er et 3e grenadiers de la garde.
4e brigade : 3e et 4e grenadiers de la garde.
Bataillon de tirailleurs.

Div. de la cav. de la garde. — Lieut.-gén. von der Goltz.

1re brigade : gardes du corps ; cuirassiers de la garde.
2e brigade : 1er et 3e ulans ; hussards de la garde.
3e brigade : 1er et 2e dragons ; 2e ulans de la garde.

CAVALERIE DE LA 2e ARMÉE.

(Outre celle de la garde et la brigade hessoise).

5e *division.* — Lieutenant-général von Rheinbaben.

11e brigade : 4e cuirassiers, 13e ulans, 19e dragons.
12e brigade : 7e cuirassiers, 16e ulans, 13e dragons.
13e brigade : 10e, 11e et 17e hussards.

6e *division.* — Général-major Guillaume, duc de Mecklembourg-Schwerin.

14e brigade : 6e cuirassiers, 3e et 15e ulans.
15e brigade : 3e et 16e hussards.

3e ARMÉE.

Commandant en chef, gén. d'inf. Prince roy de Prusse.
Chef de l'état-major, lieutenant-gén. von Blumenthal.
Quartier-maître-supérieur, colonel von Gottberg.

Ve CORPS. — Lieutenant-général von Kirchbach.

Chef de l'état-major. — Lieuten.-colonel von der Esch.

9e *division d'infanterie.* — Gén.-maj. von Sandrart.

17e brigade : 58e et 59e régiments d'infanterie.
18e brigade : 7e grenadiers, 47e régiment d'infanterie.
5e bataillon de chasseurs.
4e régiment de dragons.

10e *division d'infanterie.* — Gén.-maj., von Schmidt.

19e brigade: 6e grenadiers, 46e régiment d'infanterie.
20e brigade: 37e fusiliers, 50e régiment d'infanterie.
14e régiment de dragons.

VIe CORPS. — Général de cavalerie, von Tumpling.

Chef de l'état-major, colonel von Salviati.

11e *division d'infanterie.*— Lieut.-général, von Gordon.

21e brigade: 10e grenadiers, 18e régiment d'infanterie.
22e brigade: 38e fusiliers, 51e régiment d'infanterie.
6e bataillon de chasseurs.
8e régiment de dragons.

12e *division d'infanterie.* — Gén.-major., von Hoffmann.

23e brigade: 22e et 62e régiments d'infanterie.
24e brigade: 23e et 63e régiments d'infanterie.
15e régiment de dragons.

XIe CORPS. — Lieutenant-général von Bose.

Chef de l'état-major, colonel Stein von Kaminski.

21e *division d'infanterie.*—Gén.-maj., von Schachtmeyer.

41e brigade: 80e fus., 87e rég. d'inf. (de Mayence)[1].
42e brigade: 82e et 88e régiments d'infanterie.
11e bataillon de chasseurs.
5e régiment de dragons.

22e *division d'infanterie.* — Lieut.-gén., von Gersdorff.

43e brigade : 32e et 95e régiments d'infanterie.

[1] Le 87e, de la garnison de Mayence, a remplacé dans le XIe corps le 34e fusiliers, qui fait partie du XIVe corps. Plusieurs régiments ont été ainsi détachés pour former des brigades de ligne, à côté des divisions de landwehr, et constituer ainsi des corps ou divisions de réserve. Nous lisons, par exemple, que le 25e, du IXe corps, se trouve devant Belfort avec la 1re division de réserve.

44e brigade : 83e et 94e régiments d'infanterie.
13e régiment de hussards.

1er CORPS BAVAROIS. — Général-d'inf. von der Tann.

Chef de l'état-major, colonel Diehl.

1re *division d'infanterie.* — Lieut.-gén. Stephan.

1re brigade : leib rég., 1er rég. d'inf., 2e et 9e bat. chass.
2e brigade : 2e et 11e rég. d'inf., 4e bat. de chasseurs.

2e *division d'infanterie.* — Général-major Schumacher.

2e brigade : 3e et 12e régiments d'inf., 1er bat. chass.
4e brigade : 10e et 13e régiments d'inf., 7e bat. chass.

2e CORPS BAVAROIS. — Gén.-d'inf., von Hartmann.

Chef de l'état-major, colonel von Horn.

3e *division d'infanterie.* — Lieut.-gén. von Walther.

5e brigade : 6e et 7e régiments d'inf., 8e bat. chass.
6e brigade : 14e et 15e régiments d'inf., 3e bat. chass.

4e *division d'infanterie.* — Lieut.-gén., von Bothmer.

7e brigade . 5e et 9e rég. d'inf., 6e et 10e bat. chass.
8e brigade : 4e et 8e rég. d'inf., 5e bat. chass.

Cavalerie bavaroise.

1re brigade : 1er et 2e cuirassiers, 3e chevau-légers.
2e brigade : 4e chevau-légers, 1er ulans.
3e brigade : 1er et 6e chevau-légers, 2e ulans.
4e brigade : 2e et 5e chevau-légers.

DIVISION WURTEMBERGEOISE[1]. — Lieut.-g., von Obernitz.

Chef de l'état-major, colonel von Suckow.

Infanterie. — Lieutenant-général von Obernitz.

1re brigade: 1er et 7e régiments d'inf., 2e bat. chass.
2e brigade. 2e, 4e, 5e et 6e rég. d'inf., 3e bat. chass.
3e brigade: 3e et 8e rég. d'inf., 1er bat. chass.

Cavalerie wurtembergeoise. — Général-major, von Scheler.

1er, 2e, 3e et 4e régiments de Reiter.

CAVALERIE DE LA 3e ARMÉE.

(Outre celles des États du Sud, indiquées ci-dessus).

2e *division.* — Lieut.-gén., zu Stolberg-Wernigerode.

3e brigade: 1er cuirassiers, 2e ulans.
4e brigade: 1er et 5e hussards.
5e brigade: 4e et 6e hussards.

4e *division.* — Gén. de cav., prince Albert de Prusse, (père).

8e brigade: 5e cuirassiers et 10e ulans.
9e brigade: 1er et 6e ulans.
10e brigade: 2e et 14e hussards.

[1] La division wurtembergeoise formait, dans le premier ordre de bataille, un corps d'armée avec la division badoise, sous les ordres du lieutenant-général von Werder. Après Reichshoffen, cette dernière division étant restée à Strasbourg, les Wurtembergeois ont marché, avec la 3e armée, vers Sedan et Paris. Ils ont été réunis, pendant quelques jours, à la 17e division sous la dénomination de XIIIe corps, au commencement de novembre; puis, la 17e division étant partie pour Orléans, ils ont été placés sous les ordres du général commandant le IIe corps.

CORPS PROVISOIRES.

XIIIe CORPS[1]. — Grand-duc de Mecklembourg-Schwerin.

Chef de l'état-major, colonel von Krenski.

17e *division d'infanterie.* — Gén.-maj. Schimmelmann, puis lieutenant-général von Tresckow.

33e brigade: 75e et 76e régiments d'infanterie.
34e brigade: 89e grenadiers, 90e fusiliers.
14e bataillon de chasseurs.

17e *brigade de cavalerie.* — Colonel von Rauch.

17e et 18e dragons, 11e ulans.

XIVe CORPS[2]. — Le général von Werder.

Chef de l'état-major, colonel von Leszczynski.

Brigade prussienne. — Général-major von der Goltz.

30e (Garnison de Mayence), et 34e fusiliers du (XIe corps).

BADOIS.

Division d'infanterie. — Lieutenant-gén. von Glumer.

1re brigade: 1er et 2e régiments d'infanterie.
2e brigade: 3e et 4e régiments d'infanterie.
3e brigade: 5e et 6e régiments d'infanterie.

Brigade de cavalerie. — Colonel von Willisen.

1er, 2e et 3e dragons.

[1] Voir la note qui précède, et, ci-après, la 2e division de landwehr.

[2] Ce corps a fait le siége de Strasbourg avec la landwehr de la garde, puis a été dirigé sur Dijon, pendant que la landwehr de la garde était envoyée à Saint-Germain, devant Paris.

Au mois de janvier, il entre dans la composition de l'armée du Sud, commandée par le général von Manteuffel.

DIVISIONS DE RÉSERVE ET DE LANDWEHR.

Garde. — Général-major, von Lœn.

1re brigade: 1er et 2e rég. de landwehr de la garde.
2e brigade: 1er et 2e id. gren. de la garde.

1re *division de réserve.* (IIe et IVe CORPS).—Général-major von Tresckow.

1re brigade: 1er et 2e rég. combinés avec les 14e, 21e et 54e.
2e brigade: 3e et 4e id. 26e, 61e et 66e.
Caval. de réserve: 2e hussards, 3e ulans, 2e dragons.

La 1re division paraît comprendre, en outre, des troupes de ligne prussienne (67e rég. d'inf., du IVe corps), elle fait le siége de Belfort[1].

2e *division de landwehr* (IIIe CORPS).—Général-major von Selchow.

3e brigade: 1er rég. avec les 8e et 48e, 2e avec les 12e et 52e.
4e brigade: 3e rég. avec les 20e et 60e, 4e avec les 24e et 64e.

Cette 2e division (de Brandebourg), arrivée devant Metz au commencement de septembre, formait d'abord le XIIIe corps avec la 17e division. A la fin de ce mois, tandis qu'une partie de la 17e division faisait le siége de Toul, la 2e division de landwehr attaquait Soissons, et était chargée, de plus, de surveiller les communications des armées de Paris, par Châlons et Reims. La 17e division ayant été envoyée devant Paris au commencement

[1] Au moment de la marche du général Bourbaki vers l'Est, il y a, aux environs de Belfort, outre cette 1re division de réserve : le XIVe corps, venu de Dijon ; la 4e division de réserve ; les régiments de landwehr, 7e et 47e. du Ve corps ; 10e et 50e du VIe ; le 84e du IXe ; et d'autres, sans doute encore.

de novembre, la division de landwehr de Brandebourg est retirée du XIIIe corps, et réunie aux troupes de landwehr du VIIIe corps, chargées de garder avec elle les lignes d'étapes des 3e et 4e armées.

3e *division de réserve.* (Ve CORPS)[1]. — Lieutenant-général von Kummer.

5e brigade : 1er et 2e rég. combinés avec les 6e, 18e et 46e.
6e brigade : 3e et 4e id. 19e, 58e et 59e.
Cavalerie de réserve : 3e hussards, 1er dragons.

La 3e division de landwehr, (gén.-major von Senden), réunie à une brigade d'infanterie de ligne, formée des 17e et 81e régiments d'infanterie, de la garnison de Mayence, et à plusieurs régiments de cavalerie de landwehr, constitue la division von Kummer, qui a fait partie de l'investissement de Metz. La brigade d'infanterie de ligne est actuellement dans le Nord de la France avec la 1re armée.

4e *division de réserve* (Ier CORPS). — Général-major. von Schmeling.

Cette division a fait le siége de Neu-Brisach et de Schlestadt. Elle a été ensuite dirigée sur Belfort, vers le XIVe corps. Elle est renforcée du 25e régiment d'infanterie prussienne (IXe corps).

Landwehriens du IVe corps

On a vu que deux régiments de landwehr de ce corps avaient concouru à la formation de la 1re division de réserve. De plus, au siége de Phalsbourg, se trouvaient les 31e et 71e régiments, chargés aussi d'assurer le service des lignes d'étape de la 3e armée.

[1] Ce V^e corps a, en outre, en France, les 7e et 47e régiments de landwehr.

Landwehriens du VIe corps.

On nomme le 67e régiment de landwehr à Fresnoy-la-Montagne; les 10e et 50e vers Belfort, et le régiment de landwehr combiné 23, 63.

Landwehriens du VIIe corps.

Des landwehriens du VIIe corps étaient à Pont-à-Mousson pendant le siége de Metz, et ont été envoyés sur les lignes d'étapes, de la 2e armée, en marche sur la Loire; c'est sur ces lignes que le bataillon de landwehr d'Unna, du 16e régiment, a été surpris à Châtillon par les Garibaldiens, avec le 5e régiment de hussards de réserve. Le 17e régiment d'infanterie est sur la ligne d'étapes de la 1re armée, avec le 3e dragons de réserve.

Landwehriens du VIIIe corps.

Ces troupes de landwehr, ont commencé le siége de Verdun, et ont été placées ensuite sous un même commandement, avec la 2e division de landwehr, pour garder les communications des armées de Paris. (On signale des bataillons des 28e, 68e; 25e, 65e; 69e régiments de landwehr).

Il résulte de ces renseignements que, outre toutes les troupes de ligne de l'Allemagne, soit dix-sept corps et demi, il y a encore en France : la landwehr de la garde et des régiments de landwehr des huit anciens corps prussiens. On a formé, avec ces derniers, trois divisions, dites *de réserve* (1re, 3e et 4e), organisées avec quatre régiments *combinés* d'infanterie à 3 bataillons, de la cavalerie de landwehr, de l'artillerie et des troupes de ligne.

La 2e division, dite de landwehr, n'a pas de régiment de l'armée active.

On parle, de plus, du 84e régiment de landwehr (IXe corps) et du 1er bataillon de chasseurs de réserve, qui s'est formé à Berlin, le 20 octobre, en même temps que le 2e bataillon s'organisait à Mayence.

Toutes les indications, relatives aux troupes de landwehr, non endivisionnées, sont puisées dans les journaux allemands, et dans les listes de pertes; elles sont donc naturellement incomplètes, mais elles suffisent à montrer, ainsi que nous nous le sommes proposé, la puissance d'une organisation, qui peut mettre en œuvre de telles ressources.

NOTE IV.

Il paraît nécessaire de grouper ici *quelques dépêches, qui ont été échangées, dans les derniers jours d'août, entre Paris et les deux armées des maréchaux de Mac-Mahon et Bazaine.* Elles aideront à faire mieux comprendre la situation.

Le 19 août, le maréchal Bazaine écrivait du Ban-Saint-Martin à l'Empereur, encore à Châlons, une dépêche dans laquelle il lui parlait de la bataille d'Amanvillers et de la position nouvelle, que son armée avait été obligée de prendre autour de Metz, après la journée du 18. Il disait que les troupes fatiguées de plusieurs jours de combat avaient besoin de deux à trois jours de repos, et il ajoutait :

« Je pense toujours encore m'avancer vers le Nord, « dans la direction de Montmédy. »

Cette dépêche, portée par des gardes des forêts, parvenait le 22 au général commandant à Verdun, qui l'envoyait, par voie télégraphique, le même jour à 8 heures du matin à l'Empereur au camp de Châlons ; de là, elle fut adressée à Reims, où l'armée venait de se transporter.

A la réception de cette dépêche, le maréchal de Mac-Mahon télégraphiait, le 22, à 11 heures et demie, au ministre qu'ayant reçu la dépêche du 19 du maréchal Bazaine il prenait ses dispositions pour se diriger vers Montmédy ; et il envoyait en même temps aux commandants de Verdun, de Montmédy et au maire de Longuyon une dépêche pour le commandant de l'armée de Metz, avec prière de la faire parvenir par cinq ou six émissaires, et de leur donner, pour les encourager à la porter, telle somme qu'ils demanderaient. Voici cette importante dépêche du 22, que le maréchal Bazaine reçoit le 30, et qui le détermine à livrer les combats de Sainte-Barbe.

« Reçu votre dépêche du 19 dernier. — Suis à Reims; « me porte dans la direction de Montmédy; serai après-« demain sur l'Aisne, où j'agirai selon les circonstances « pour vous venir en aide. »

Quant à la dépêche du maréchal Bazaine du 20 août, donnée à cette date dans mon texte, on voit par la publication des lettres prises à Saint-Cloud, qu'elle parvint à Longwy le 22 août, et en fut expédiée par le télégraphe à Reims, le même jour, à 4 heures 50 du matin; elle arriva donc au quartier-impérial quelques heures avant celle du 19, qu'elle confirmait d'ailleurs.

Ainsi le maréchal de Mac-Mahon, qui, le 20 août, écrivait du camp de Châlons au ministre: « Je ne sais « quelle direction prendra le maréchal Bazaine; je reste « donc dans mon camp, bien que je sois prêt à marcher, « jusqu'à ce que je sache s'il va au Nord ou au Sud, » le maréchal de Mac-Mahon, apprenant que le maréchal Bazaine doit se diriger vers les places du Nord, se dispose à se porter de ce côté, et en avertit le commandant en chef de l'armée de Metz par une dépêche, que celui ci du reste ne reçoit que le 30.

Cependant, le maréchal de Mac-Mahon, parvenu le 27 au Chêne-populeux, s'inquiète de ne pas recevoir de nouvelles du maréchal Bazaine, et de voir s'avancer sur lui l'armée du Prince royal; il envoie alors à Metz par le commandant supérieur de Sedan la lettre suivante, qui n'arriva sans doute pas à destination:

« Le maréchal de Mac-Mahon, parvenu au Chêne,

« prévient le maréchal Bazaine que l'arrivée du Prince « royal à Châlons le force à opérer, le 29, sa retraite sur « Mézières, et de là vers l'Ouest, s'il n'apprend pas que le « mouvement de retraite du maréchal Bazaine soit com- « mencé. »

Puis, le maréchal de Mac-Mahon rend compte ainsi au ministre de ses résolutions :

Le Chêne, 27 août.

« Les première et deuxième armées prussiennes, plus « de 200,000 hommes, bloquent Metz, principalement sur « la rive gauche. Une force évaluée à 50,000 hommes[1] « serait établie sur la rive droite de la Meuse, pour gêner « ma marche sur Metz. Des renseignements annoncent « que l'armée du Prince royal de Prusse se dirige aujour- « d'hui sur les Ardennes, avec 50,000 hommes[2]; elle « serait déjà à Ardeuil. Je suis au Chêne avec un peu « plus de 100,000 hommes. Depuis le 19, je n'ai aucune « nouvelle de Bazaine; si je me porte à sa rencontre, je « serai attaqué de front par une partie des 1re et 2e ar- « mées, qui, à la faveur des bois, peuvent me dérober « une force supérieure à la mienne; je serai attaqué en « même temps par l'armée du Prince royal de Prusse, me « coupant toute ligne de retraite. Je me rapprocherai « demain de Mézières, d'où je continuerai ma retraite, « selon les événements, vers l'Ouest. »

A cette nouvelle d'un projet de retraite de l'armée du

[1] C'était l'armée de la Meuse, nouvellement créée; avec trois corps d'armée et trois divisions de cavalerie, elle s'élevait à 90 ou 100,000 hommes.

[2] La 3e armée, comprenant cinq corps et demi et trois divisions de cavalerie avec celle des États du Sud, s'élevait à 150 ou 160,000 hommes, au total 240 à 260,000 hommes (au lieu de 100,000) pour les deux armées, qui s'approchaient du maréchal de Mac-Mahon.

maréchal de Mac-Mahon vers l'Ouest, le ministre de la guerre écrit au quartier-impérial la dépêche suivante, qui contraint le maréchal à marcher en avant et le jette au devant du désastre de Sedan :

Guerre à Empereur, Paris, 27 août.

« Si vous abandonnez Bazaine, la révolution est dans « Paris, et vous serez attaqué vous-même par toutes les « forces de l'ennemi. Contre le dehors, Paris se gardera. « Les fortifications sont terminées. Il me paraît urgent « que vous puissiez parvenir rapidement jusqu'à Bazaine. « Ce n'est pas le Prince royal de Prusse, qui est à Châ- « lons, mais un des princes frères du roi de Prusse[1], « avec une avant-garde, et des forces considérables de « cavalerie. »

« Je vous ai télégraphié ce matin deux renseigne- « ments, qui indiquent que le Prince royal de Prusse, « sentant le danger, auquel votre marche tournante « expose et son armée, et celle qui bloque Bazaine, aurait « changé de direction et marcherait vers le Nord. Vous « avez au moins trente-six heures d'avance sur lui, peut- « être quarante-huit. Vous n'avez devant vous qu'une « partie des forces qui bloquent Metz, et qui, vous « voyant vous retirer de Châlons à Reims, s'étaient « étendues vers l'Argonne. Votre mouvement sur Reims « les avait trompées. Comme le Prince royal de Prusse, « ici tout le monde a senti la nécessité de dégager « Bazaine, et l'anxiété avec laquelle on vous suit est « extrême. »

La recommandation ne paraît pas assez pressante, ou

[1] C'était probablement le prince Albert (père) commandant la 4e division de cavalerie, mais le maréchal de Mac-Mahon n'en avait pas moins, en marche sur ses derrières, toute l'armée du Prince royal, et le ministre de la guerre le confirme du reste par ce qui suit.

bien, le maréchal de Mac-Mahon a fait quelques observations; toujours est-il qu'on l'adjure encore par la dépêche suivante d'obtempérer aux instructions de la veille :

Guerre à maréchal de Mac-Mahon (urgent. — Faire suivre). Paris, 28 août.

« Au nom du conseil des ministres et du conseil privé, « je vous demande de porter secours à Bazaine, profitant « des trente heures d'avance, que vous avez sur le « Prince royal. Je fais partir le corps Vinoy (le 13e) sur « Reims. »

Le désastre de Sedan fut le triste résultat de cette marche vers le Nord, que le maréchal de Mac-Mahon hésitait tant à entreprendre. Le même jour, le maréchal Bazaine se laissait rejeter dans Metz et prévenait l'Empereur et le ministre de la guerre de notre insuccès par la dépêche suivante (cette dépêche, adressée le 1er septembre, fut envoyée en duplicáta le 3, puis expédiée de nouveau le 7) :

« Après une tentative de vive force, laquelle nous a « amenés à un combat, qui a duré deux jours, dans les « environs de Sainte-Barbe, nous sommes de nouveau « dans le camp retranché de Metz, *avec peu de ressources « en munitions d'artillerie de campagne, ni viande, ni « biscuit,* enfin un état sanitaire qui n'est pas parfait, la « place étant encombrée de blessés. Malgré les nombreux « combats, le moral de l'armée reste bon. Je continue à « faire des efforts pour sortir de la situation dans laquelle « nous sommes ; mais l'ennemi est très nombreux autour « de nous. Le général Decaen est mort. . . Blessés et « malades, environ 18,000. »

« J'ai toujours ignoré, ajoute le maréchal dans son *Rapport sommaire,* si cette dépêche était parvenue, car depuis cette époque, *je n'ai plus reçu aucune communication du gouvernement.* »

NOTE V.

EXTRAITS DU JOURNAL DU COMMANDANT DAVID,

DE L'ARMÉE DU MARÉCHAL DE MAC-MAHON.

« 4 août. — Il a plu toute la nuit. Le camp n'est plus qu'un lac de boue, quand, à 5 heures du matin, nous nous mettons en route pour Lembach. Le 1er bataillon se sépare de nous et se dirige sur Obersteinbach. Nous traversons Reichshoffen, Lembach, et nous nous installons sur une hauteur qui domine le village. On commence le café; mais le feu est à peine allumé que nous recevons l'ordre de partir en laissant les sacs au camp... Le ciel s'est éclairci, le canon tonne du côté de Wissembourg; à 1 heure et demie, il cesse de se faire entendre. Nous rentrons au camp et nous apprenons qu'un engagement a eu lieu près de Wissembourg. La malheureuse division Douay, placée en pointe près de la frontière, a été attaquée par 30 ou 40,000 hommes, aidés d'une puissante artillerie. Elle a été tournée; les 50e et 74e n'existent plus; les Prussiens s'avancent sur Climbach et Pfaffenbronn...

« 5 août. — Les bagages se sont trompés de route; les sacs de nos hommes avec leurs vivres sont sur les voitures, ce qui nous cause une grande anxiété. A 2 h., nous n'avions pas encore fermé l'œil, quand la division

Douai commence son mouvement de retraite au milieu de nous. Le spectacle qu'offre ce défilé est désolant.

« Déjà le bon sens commence à accuser la direction; il faut avouer qu'elle mérite bien plus de reproches encore qu'on ne lui en adresse. Comment, en effet, admettre que l'on puisse commettre la faute grossière de jeter en face d'une armée ennemie que l'on dit de 200,000 hommes une division en flèche, qu'il est absolument impossible de soutenir, si elle est attaquée?

« Après une longue marche, sous un soleil accablant, dans un pays tourmenté, tout le corps d'armée se trouve réuni sur les hauteurs qui entourent le village de Frœschwiller. On s'installe comme on peut, les vivres manquent comme toujours, et les sacs ne sont pas plus arrivés que les bagages. On prévoit pour le lendemain une bataille sérieuse, car les Prussiens s'avancent toujours. Notre artillerie a déjà lancé des obus sur leur avant-garde.

« La nuit se passe dans le plus grand calme, nos bagages sont enfin arrivés; nous couchons sous la tente et, à 11 heures, un orage, accompagné d'une pluie torrentielle, éclate sur le camp. Nous sommes mouillés jusqu'aux os; il nous est impossible de dormir, ainsi exposés à la pluie jusqu'à 6 heures du matin.

« 6 août. — Nous nous levons tout glacés et couverts de boue. Les vivres distribués la veille sont déjà dévorés, et c'est à peine si les hommes peuvent prendre le café! A 6 1/2 heures, nous recevons l'ordre de nous mettre sous les armes; le 45e, à la gauche du 1er zouaves, forme l'extrême gauche de la ligne de bataille, qui est établie sur les hauteurs entourant Froeschwiller.... A 8 heures, la bataille s'engage sur toute la ligne. . . . .

. « . . . Les Prussiens gagnent du terrain; leur artillerie laboure notre position ; Froeschwiller est en feu..... Le colonel me donne l'ordre de courir après les tirailleurs et de les ramener en arrière au pas de course. Ils débouchent déjà sur le plateau. Je les rallie et les dirige vers le bataillon qui vient de franchir la route de Frœschwiller à Reichshoffen. La fusillade et la mitraille sont d'une violence extrême. Nous avançons néanmoins en bon ordre, lorsque tout à coup une trentaine d'hommes du 18e, qui se trouvaient sur la route, fuient en poussant de grands cris et se jettent dans notre colonne. Celle-ci flotte un instant et suit bientôt le torrent des fuyards. Je me jette après eux avec D***; nous rappelons tout ce qui appartient au 45e. Mais la panique est trop grande; las de nos efforts, nous abandonnons les fuyards au milieu desquels un obus, en éclatant, vient apporter un nouvel élément de terreur..... La bataille est perdue, cela est évident, et déjà une masse de troupes a déserté le champ de bataille..... L'ordre de battre en retraite est donné..... Nous nous dirigeons vers un petit bois qui se trouve à gauche de Frœschwiller. Enfin nous y arrivons; les restes du bataillon s'éparpillent alors, sans qu'il soit possible de les retenir. Avec le colonel, le commandant C***, et une poignée d'hommes nous battons en retraite vers Reichshoffen. Le spectacle est alors navrant.

« Tous les corps confondus et débandés forment une cohue sans nom. Les projectiles sifflant au milieu de cette foule, y creusent des trouées sanglantes; le terrain que nous traversons est couvert de morts et de blessés. Ces derniers, les plus malheureux, nous supplient de ne pas les abandonner et de les emporter. Que faire? Le cœur déchiré, on détourne les yeux, on cherche à éviter un pareil spectacle; il se reproduit à chaque pas.

« Nous débouchons du bois par la vallée de Reichshoffen. Les canons, les mitrailleuses, des voitures, des affûts encombrent le chemin et se pressent pour passer le pont. Une batterie prussienne qui vient s'établir sur la hauteur nous lance ses obus.

« J'avais déjà vu la guerre, mais la guerre heureuse, entraînant la victoire à sa suite. Je n'avais pas idée de ce que peut être une défaite..... Enfin, nous débouchons dans le village de Reichshoffen, où l'encombrement est indescriptible, et nous nous éloignons vers Niederbronn. Généraux, officiers, soldats de tous corps, voitures et canons, tout est confondu....

« Le maréchal de Mac-Mahon arrive près de nous et nous désigne Saverne comme point de ralliement. La marche commence alors. La nuit arrive. Nous avons huit lieues à faire, et la fatigue est extrême. C'est alors que les réflexions amères commencent sur la façon dont nous avons été commandés et sur les résultats désastreux que notre défaite peut avoir pour la France.

« ... Nous nous disions, les larmes aux yeux : Il est inouï d'avoir disséminé ainsi sur une frontière de quarante lieues toutes les forces dont pouvait disposer le pays ; il était facile de prévoir cependant qu'en pareil cas deux armées ennemies devaient traverser comme un boulet ce faible réseau. On a trompé la France en déclarant qu'on était prêt, car nos réserves sont toujours arrivées manquant de tout, même de pièces de rechange pour les armes, et il n'a pas encore été possible de s'en procurer jusqu'à ce jour. Enfin l'intendance est restée entièrement au dessous de sa mission. Nous n'avons jamais été nourris à proprement parler; le pain même nous manque encore.

« ..... Enfin, le mal est fait, mais il n'est pas irréparable. L'Empereur peut, avec les autres corps, gagner une grande bataille, et alors les Prussiens seront jetés hors de la frontière.

« La route qui conduit à Saverne est tellement encombrée que l'infanterie est obligée de marcher dans les terres labourées. On est écrasé de fatigue et de sommeil; aussi des bandes de soldats se couchent dans les champs voisins, au risque de se faire tuer par la cavalerie prussienne.

« 6 août. — Au jour, nous faisons une halte dans les champs ; tout le monde dort malgré le froid et l'humidité ; puis nous reprenons notre route, laissant des hommes à chaque pas, et nous arrivons vers 10 heures du matin à Saverne.

« Nous traversons avec peine la ville encombrée, nous montons quelque peu la côte de Saverne et nous allons camper dans une petite prairie. La moitié des compagnies manque à l'appel, mais à chaque instant des hommes rejoignent. Les vivres font défaut comme d'habitude ; on distribue néanmoins une demi-ration de pain, et des provisions provenant de dons patriotiques : résultat final, 1/4 de vin par escouade.

« Et cependant, malgré notre défaite, la démoralisation n'est pas sensible chez nos soldats, et, s'ils avaient de quoi manger, ils chanteraient volontiers. Les braves gens ne sentent pas comme nous tout ce que notre défaite peut avoir de désastreux pour notre pays. Pauvres paysans sans éducation et sans instruction, le mot *patrie* ne fait vibrer aucune corde en eux !

« Ils ont la conscience d'avoir fait leur devoir ; ils sont prêts à recommencer, si on veut les nourrir à peu près, et ils ne songent pas à regarder plus loin. Voilà les vices d'un système de recrutement dans lequel toutes les classes de la société ne concourent pas également. La décadence des nations commence dès que ceux qui possèdent s'affranchissent, moyennant finance, des charges militaires.

« Si au moins la leçon que nous recevons pouvait profiter au pays !

« Dans l'affaire d'hier, nous avons perdu tous nos sacs, sauf ceux de mon bataillon, qui n'a pas donné. C'est encore à l'absurdité de nos généraux que nous devons d'être ainsi dépouillés des objets les plus indispensables en campagne. Selon moi, le soldat ne doit jamais quitter son sac pour combattre; car s'il est vainqueur, il ne peut pas poursuivre l'ennemi; s'il est vaincu, les sacs sont perdus.

« Eh bien! au moment où nous étions battus, où il n'était plus question que de protéger la retraite, on a donné l'ordre de déposer les sacs. Comment le soldat fera-t-il maintenant sa modeste cuisine? Quel abri aura-t-il contre la pluie?

« Le soir arrive . . . . On entend tout à coup la fusillade. Le marche de chaque régiment retentit, et les hommes se précipitent sur les faisceaux. On raconte que les Prussiens accourent, qu'ils nous tournent. Néanmoins en raisonnant un peu, on est conduit à penser que cela est impossible.

« On se remet en route . . . . A la sortie du long tunnel, un spectacle déchirant s'offre à mes regards. A chaque pas nous rencontrons des charrettes, sur lesquelles de pauvres gens qui fuient l'ennemi, ont entassé leurs objets les plus précieux. Les hommes conduisent, la tête basse; les femmes, tenant leurs enfants dans leurs bras, pleurent. Nous aussi, nous sentons de grosses larmes rouler sur nos joues, à l'aspect de tant de désolation, et ce sont les nôtres que la guerre ruine ainsi, quand, bien conduits, nous aurions pu les affranchir de tant de malheurs.

« J'ai passé une nuit affreuse. Que de réflexions amères j'ai faites sur la guerre et le cortége d'horreurs et de souffrances qui l'accompagnent. Puis, le sommeil s'est emparé de moi. J'ai continué à marcher comme un homme ivre, trébuchant à chaque pas, et me heurtant contre des hommes aussi endormis que moi. Dans mes rares moments de lucidité, j'ai vu des bandes de soldats, incapables de supporter plus longtemps la privation de sommeil, se coucher sur les tas de pierre ou dans les fossés pour y dormir. Comme j'aurais suivi leur exemple, si j'avais été soldat!

« A une heure du matin, nous arrivons dans un petit village près duquel la route de Phalsbourg gravit une côte. On nous arrête une heure sur cette route et chacun dort immédiatement à la place même où il s'est arrêté.

« 8 août. — L'heure écoulée, nous reprenons notre marche. Nous abandonnons la route de Phalsbourg et, conduits par un guide, nous nous engageons dans un chemin de chèvre qui franchit la montagne. Il fait nuit encore, on ne voit rien, et on se heurte à chaque pas à des pierres. Le silence est complet dans la colonne. On n'entend que le bruit monotone des quarts de fer blanc qui se heurtent contre le fourreau des sabres. Ce sentier est interminable; il traverse un petit village dont les habitants, effarés à la vue de tant de soldats, et ne sachant ce que cela veut dire, s'avancent sur leurs portes, des lanternes à la main.

« Enfin nous débouchons dans la plaine et nous prenons la route de Sarrebourg. L'aurore commence à paraître . . . . A 10 heures, la ville nous apparaît; déjà elle est encombrée. Des masses de troupes sont campées à l'entour.

« 9 août. — A 11 heures du matin, nous partons de Sarrebourg. Nous ne savons pas où l'on nous mène. Notre corps d'armée est entièrement désorganisé, et il est urgent de lui donner quelques jours de repos pour le refaire. Après une longue étape, nous parvenons à Blamont. Voici la pluie . . . . Nous recevons une nouvelle fort grave, ébruitée depuis la veille, celle de la défaite du général Frossard à Spickeren.

« 10 août. — Nous partons à 4 heures du matin. Le temps s'est éclairci ; il fait très chaud. A midi, nous atteignons Lunéville, que nous traversons dans toute sa longueur. Ce passage au milieu de la ville m'est triste. Certes, nous avons fait pour notre pays tout ce que nous pouvions, et, dès que nous serons réorganisés, nous ne demanderons qu'à prendre notre revanche ; mais, après une défaite, on ne devrait pas se montrer dans les villes ! . . . . La nuit arrive, et une véritable tempête se déchaîne sur le camp : le terrain sur lequel les hommes ont établi leurs tentes n'est plus que de la boue. A 4 heures cependant, il faut se mettre en route par un temps épouvantable. On arrive à 10 heures au petit village de Lorrey dans lequel la troupe est cantonnée et se sèche. Malheureusement toutes les cartouches, portées dans les étuis-musettes, sont hors de service. La pluie a réduit toutes les boîtes en bouillie et l'on se demande comment on pourrait lutter si les Prussiens paraissaient. Il est impossible de ne pas songer en ce moment que l'on a souvent proposé de transformer notre fusil en arme à cartouche métallique, et que l'on s'y est toujours obstinément refusé.

« 11 août. — A midi, on se remet en route ; nous passons sur le pont de Bayon la Moselle, qui est guéable sur plusieurs points. Nous allons nous installer à Saint-Remimont, petit village, dont les habitants nous accueillent avec beaucoup de bonne grâce. Les braves gens ne comprennent pas la situation, et quand, m'adressant à la bonne femme chez qui je suis logé, je lui dis que nous devons beaucoup la gêner : « Comment donc, me répond-« elle, avec vous nous sommes sûrs de ne pas être atta-« qués par les Prussiens . . . . . . » C'est malheureusement tout le contraire.

« 12 et 13 août. — Départ à 6 heures ; nous nous dirigeons vers Haroué, Neuville, toujours sans savoir où l'on nous conduit. A la sortie de Neuville, nous prenons une route qui nous mène au Sud, à 5 heures du soir, au petit village de Vandeléville, où nous sommes cantonnés et couchons, comme d'habitude, sur une botte de paille. Le lendemain matin, nous partons pour Neufchâteau.

« 14 août. — Chaleur extrême, longue étape ; à 5 heures, nous arrivons à Neufchâteau, où se trouve déjà tout le corps d'armée.

« 15 août. — On nous annonce que l'armée française, attaquée au passage de la Moselle, a repoussé les Prussiens en leur faisant éprouver de grandes pertes[1]. Déjà quelques trains emportent à Châlons des détachements.

« 16 août. — Nous partons à 8 heures, nous faisons 25 à 26 kilomètres et, arrivés au village de Manois, nous trouvons deux longs trains destinés à nous transporter à Châlons. Grande joie . . . . . . A 6 heures et demie l'embarquement est terminé et nous nous mettons en marche. Chemin faisant, les bruits alarmants se font de nouveau carrière. On prétend que les Prussiens sont à Blesmes, la voie coupée . . . etc. A 7 heures du matin nous sommes cependant à Châlons.

« 17 août. — Arrivée au camp . . . . . . On nous dit que le maréchal Bazaine a été attaqué, le 16, par l'armée du prince Frédéric-Charles, que la bataille a duré de 9 heures du matin à 9 heures du soir et que les Français ont campé sur les positions qu'occupaient leurs adversaires.

[1] Combat de Borny, du 14 août.

« Cette nouvelle n'est pas encore ce que nous désirons, mais enfin elle a une réelle importance, et j'essaie de m'endormir sans tente, sans couverture, sans mes bagages, en rêvant que le 1er corps entre à Berlin. Malheureusement, il fait froid; mon manteau ne peut couvrir mes jambes. Je suis gelé et lorsque le canon du camp annonce le réveil, je me précipite sur le premier feu qu'on allume pour essayer de me réchauffer.

« 18 août. — Nos bagages arrivent enfin . . . . . Nouveaux bruits contradictoires sur la bataille du 16. Que croire?

« 19 août. — Pas encore de nouvelles de la prétendue bataille. L'Empereur est au camp . . . . . . Nous ne recevons pas un journal. Le temps est triste, pluvieux, il fait un temps insupportable . . . . et l'on dit que la révolution aurait éclaté à Paris.

« Au moment où j'écris ceci, j'entends un grand bruit sur le front de bandière. C'est l'Empereur et le prince Impérial qui passent devant le 1er corps; l'Empereur a toujours le même air froid et impénétrable. Il s'éloigne au milieu des cris de : vive l'Empereur ! Je ne crie jamais, mais aujourd'hui, par pitié pour l'infortuné monarque, qui, en ce moment, doit être bien malheureux, je serais vraiment tenté de le faire.

« 20 août — Le temps s'est un peu remis au beau. La nuit arrive au milieu des occupations qu'entraîne notre réorganisation. On nous donne des cartouches, un sac pour deux hommes, car les magasins ne sont pas suffisamment approvisionnés pour nous fournir tout ce que nous avons laissé sur le champ de bataille de Frœschwiller. On nous fournit également en quantité suffisante des chemises et des souliers. Mais ce qu'il y a de plus extraordinaire, c'est qu'il y a des compagnies et même des régiments presque dépourvus d'officiers, et que l'on ne paraît pas songer à remplir les cadres. Le premier élément de réorganisation est cependant là.

« Vers 10 heures du soir, le camp est en émoi par suite de sonneries continuelles, et l'adjudant vient bientôt m'annoncer qu'on part le lendemain matin à 5 heures et demie, et qu'on va camper à 6 kilomètres à l'Ouest de Reims.

« 21 août. — Nous nous levons à 4 heures; je n'ai pas fermé l'œil, car, l'ordre ayant été donné de faire la soupe avant le départ, les cuisiniers ont fait un vacarme épouvantable pendant toute la nuit.

« Nous ne nous mettons cependant en marche qu'à 7 heures et demie, suivant une habitude déplorable, dont le résultat est de fatiguer inutilement le soldat et de le faire maugréer à juste titre, quand cela pourrait être si facilement évité. Mon bataillon est de garde au convoi qui, bien que réduit à sa plus simple expression par le départ pour Paris des cantiniers et des éclopés, contient encore 50 voitures ou charrettes pour la division. Nous marchons derrière le troupeau destiné à la nourriture de notre colonne. . . . . . . Les voitures de réquisition trop chargées n'avancent que peu ou point, malgré les chevaux de renfort qu'on leur fournit et nous ne pouvons plus prévoir l'heure à laquelle nous arriverons au bivouac. . . . . Les soldats sont mécontents et ils ont raison, car ils sont épuisés de fatigue et n'ont pas mangé de la journée. Enfin, à 11 heures du soir, nous arrivons au bivouac avec le convoi. Une petite tente de soldat et une botte de paille font le logement et le lit du commandant et de moi. Nous mangeons un morceau de pain, nous buvons une bouteille de champagne achetée en route, et nous dormons jusqu'au jour du plus profond sommeil.

« 22 août. — Je suis nommé chef de bataillon et au 45e ! . . . . Ma joie est donc grande. Je suis pour ainsi dire né au régiment ; j'y ai fait mes premières armes à 18 ans, en sortant de l'école ; j'y suis connu de tout le monde, et je l'aime un peu comme le clocher de mon village. Le bonheur est complet, car nous partons pour marcher en avant, et j'espère bien que, cette fois, nous chasserons les Prussiens hors de nos frontières.

« . . . . Nous partons pour Cormontreuil ; situé à 8 ou 10 kilomètres. Là, on nous raconte que le maréchal Bazaine a donné enfin de ses nouvelles et que tout va bien, que nous allons désormais lier nos mouvements aux siens. Ces nouvelles sont accueillies avec une grande joie.

« 23 août. — Le lendemain nous partons pour nous rendre à Saint-Hilaire-le-Petit. Il fait un temps affreux ; la pluie, qui a commencé à tomber avant notre départ, continue froide et pénétrante jusqu'à 11 heures, et nous transperce jusqu'aux os. Il n'y a vraiment pas matière à réjouissance, et cependant l'idée seule que nous cessons de reculer pour aller au devant de l'ennemi nous console de toutes nos misères.

« 24 août. — On ne part cette fois qu'à 7 heures du matin ; nous allons camper à Bignicourt, à 16 kilomètres. Nos soldats marchent déjà mieux par ce seul fait que nous marchons en avant.

« Cependant on tombe dans une nouvelle exagération. On bivouaque à côté de nombreuses meules de paille, et l'on prétend exiger que le soldat couche sur la terre nue. Pourquoi lui refuser ainsi le nécessaire ? Le froid et l'humidité de la nuit ne tarderont pas à lui donner la dyssenterie ; ce qu'il y a de plus grave, ce qu'on devrait redouter, c'est que nous ne soyons impuissants à faire exécuter de semblables ordres, et alors l'armée ne sera plus qu'un instrument sans force et sans valeur.

« 25 août. — Nous ne partons qu'à 8 heures, et nous arrivons de bonne heure à Attigny. J'ai enfin le temps d'écrire à mon père pour lui annoncer ma nomination. Comme tout le monde va être heureux dans ma famille ! Ma promotion, toute inespérée qu'elle était, ne m'a causé de joie qu'à cause du bonheur qu'elle apportera à ceux qui m'aiment.

« 26 août. — Départ à 6 heures. Nous longeons l'Argonne sur son revers occidental. Le pays paraît beau, mais il est attristé par un temps sombre et froid. Nous nous arrêtons à Neuville, où nous sommes saisis par un orage, suivi d'une pluie glacée qui dure jusqu'à 4 heures et demie.

« Nous nous trouvons, dit-on, très près des Prussiens ; à bientôt une bataille, et puisse-t-elle, comme j'en ai la conviction, être heureuse pour la France !

« 27 août. — L'ordre de départ ne nous arrive qu'à 2 heures du matin ; nous nous mettons en marche à 5 heures ; il a fait très froid toute la nuit ; cependant la matinée est belle. Le soleil éclaire la montagne, dont la base est encore plongée dans le brouillard. Toutes les hauteurs sont couvertes de troupes dont les armes brillent au soleil, et, comme de longs serpents multicolores, semblent ramper sur les pentes, et finissent par se perdre dans les brouillards des vallées.

« Nous devons être très nombreux. Les appréciations les plus diverses se donnent carrière. Ce qui paraît certain, c'est que notre armée contient au moins quatre corps, les 1er, 5e, 7e et 12e. Cela doit faire 120,000 hommes...... Quoi qu'il en soit, nous sommes en mesure de nous faire respecter !

« On raconte que, la veille, un nouveau combat a eu lieu entre l'armée de Bazaine et les Prussiens, que le 5e corps, qui fait partie de notre armée, est intervenu, que nous avons eu un succès et que le prince Frédéric-Charles a été tué!

« Je trouve qu'on envoie bien souvent ce prince dans l'autre monde. Je ne serais pas étonné que cette nouvelle fût encore un canard . . . . Pendant la halte, j'eus occasion de causer avec notre général de brigade, et je lui dis : Il est probablement fort heureux pour la France que nous ayons été battus à Spickeren et à Frœschwiller, car sans cela nous nous serions aventurés avec une armée de 200,000 hommes au plus sur l'autre rive du Rhin, et là, les masses effrayantes des Prussiens n'auraient pas manqué de nous entourer et de nous fermer à jamais le chemin de la France.

« Le général, comme tout le monde, semble partager cette opinion. Si, en effet, nos misères, nos défaites et nos souffrances ont servi à nous faire voir l'abîme dans lequel allait se plonger la patrie, nous n'avons plus une plainte, plus un regret à proférer.

« Aujourd'hui la France est envahie, mais elle donne le spectacle d'une énergie et d'une vitalité dignes d'une grande nation. Trompée sur les ressources dont elle pouvait disposer par les assurances coupables portées à la tribune, elle s'est relevée tout à coup et a improvisé ce qui lui manquait. L'armée de Bazaine lutte contre les masses prussiennes avec une ténacité qui lui assure une gloire impérissable. Paris est en état de défense et aujourd'hui Mac-Mahon vient apporter à Bazaine les moyens nécessaires pour écraser les envahisseurs !

« 28 août. — A minuit, l'ordre nous arrive de partir dès 5 heures. On est prêt à l'heure dite, et la pluie glacée, qui nous désole depuis si longtemps, tombe déjà. Le mouvement de la 2e division commence, puis elle revient sur ses pas, et l'on nous annonce que nous ne partirons probablement qu'à 11 heures, afin de nous diriger vers le Chêne populeux. . . . . . . On entend quelques coups de fusil.

« A 2 heures, on se met en route ; notre marche n'est qu'une série interminable d'à-coups, car nous avons devant nous une énorme quantité de voitures. Enfin, à 10 heures du soir, nous nous arrêtons dans une prairie, où nous bivouaquons à 3 kilomètres du Chêne. La pluie a cessé, mais l'obscurité est profonde, et, bien que campés près d'une forêt, nous ne pouvons faire de feu qu'avec du bois vert. Un repas, plus que médiocre, termine notre journée, et la pluie, qui tombe bientôt, dure toute la nuit, et rend notre position vraiment peu réjouissante.

« 29 août. — Nous partons à 6 heures du matin. La pluie a cessé, mais il fait froid. Nous trouvons des lignes interminables de voitures avant et après le Chêne populeux. Vers 4 heures, en longeant une hauteur, nous apercevons sur notre droite des obus, qui éclatent en l'air ; mais ils sont bien loin et le bruit de leur détonation est à peine sensible.

« Quelque temps après, nous rencontrons des régiments de marche, et enfin, en traversant le village de Raucourt, nous défilons devant l'Empereur. On dit partout que la grande bataille est pour demain ; alors que le ciel nous donne un beau soleil, une température agréable, et vive la France !

« J'ai oublié de dire que nous avons vu hier pour la première fois un bataillon de francs-tireurs, qui arrive de Paris. Il nous paraît bien organisé et composé presque d'anciens soldats. Il a la carabine à tabatière. Bonne chance aux francs-tireurs parisiens !

« 30 août. — Le jour commence par le beau soleil tant désiré; nous partons à 7 heures et, après des à-coups innombrables, nous franchissons la Meuse près de Rémilly.

« Je profite du moment de répit qui nous est accordé pour écrire à mon père . . . . Je ne sais même pas s'il a reçu la lettre dans laquelle je lui annonçais ma nomination.

« Vers 4 heures, on me donne l'ordre d'aller occuper militairement le village de Douzy, qu'on aperçoit devant nous. Son pont, sur le Chiers, est le seul qui puisse servir au passage de nos troupes et de nos bagages.

« Je pars avec mon bataillon, et chemin faisant, j'aperçois une grande quantité d'obus qui éclatent en l'air. Les batteries semblent se rapprocher de nous, et bientôt nous voyons déboucher d'un village, situé à 1 ou 2 kilomètres de Douzy, les bagages d'un corps d'armée.

« Je me place, pour défendre le pont, dans une position assez singulière, qu'on me force à prendre. Le 2e bataillon du régiment vient me rejoindre pour me soutenir, et nous restons ainsi jusqu'à 10 heures du soir. A ce moment, le combat a cessé; la plus grande » . . . . .

. . . .

. . . .

Ici, le journal s'arrête, le commandant David ayant été atteint d'une blessure grave, qui a nécessité l'amputation du bras droit.

Ce que je retire surtout de ce récit, c'est la connaissance des souffrances de cette partie de notre armée, dont les événements nous ont séparés dès le début de la campagne. J'y vois mêmes jugements sur l'administration et les chefs. J'y découvre, comme de notre côté, un singulier abus de bagages, ce qui fait que les convois n'arrivent pas, que les officiers couchent, par la pluie, à la belle étoile et n'ont rien à manger. Se décideront-ils, après cette nouvelle épreuve, à porter le nécessaire dans un petit sac, comme le faisaient jadis nos pères, et à avoir peu de choses sur un petit nombre de voitures en arrière ?

J'y lis encore une opinion que nous avons souvent émise entre nous à Metz, c'est que nous aurions encore été plus écrasés, si nous étions entrés en Allemagne, et cela par la faiblesse de notre armée, sans réserves organisées. J'espère enfin, comme le commandant David, que toutes ces souffrances, toutes ces humiliations ne seront pas perdues et que l'armée française ressuscitera de 1870 comme l'armée prussienne sortit de l'écrasement de 1806.

NOTE VI.

ÉTAT DES PERTES DES CINQ CORPS DE L'ARMÉE DU RHIN, ENFERMÉS DANS METZ (DU 14 AOUT AU 7 OCTOBRE).

AFFAIRES.	NUMÉROS DES CORPS D'ARMÉE.	OFFICIERS				SOUS-OFFICIERS & SOLDATS			
		tués.	blessés.	disparus.	Totaux.	tués.	blessés.	disparus.	Totaux.
COMBAT DE BORNY 14 août.	3e	23	122	1	146	260	2014	428	2702
	4e	19	35	"	54	75	470	161	706
	Total. . .	42	157	1	200	335	2484	589	3408
BATAILLE DE REZONVILLE 16 août.	2e	30	154	17	201	323	2282	2480	5085
	3e	14	35	"	49	73	548	127	748
	4e	39	131	30	200	152	1579	527	2258
	6e	44	135	21	200	482	3231	1745	5458
	Garde	18	117	25	160	170	1768	443	2381
	Cav. de rés.	"	21	"	21	7	43	38	88
	Art. de rés.	2	4	"	6	13	72	19	104
	Total. . .	147	597	93	837	1220	9523	5379	16122
DÉFENSE DES LIGNES D'AMANVILLERS. 18 août.	2e	3	24	"	27	57	342	195	594
	3e	16	79	15	110	206	1399	445	2050
	4e	45	184	17	246	450	3095	1016	4561
	6e	24	109	79	212	343	1477	2653	4473
	Total. . .	88	396	111	595	1056	6313	4309	11678

AFFAIRES.	NUMÉROS DES CORPS D'ARMÉE.	OFFICIERS				SOUS-OFFICIERS & SOLDATS			
		tués.	blessés.	disparus.	Totaux.	tués.	blessés.	disparus.	Totaux.
COMBAT DE SERVIGNY ET Ste-BARBE 31 août et 1er septembre.	Garde.	»	»	»	»	»	2	»	2
	2e	»	4	»	4	8	96	22	126
	3e	20	67	2	89	164	1448	422	2034
	4e	6	25	1	32	71	610	186	867
	6e	3	16	1	20	42	223	103	368
	Total. . .	29	112	4	145	285	2379	733	3397
COMBAT DE LAUVALLIER 22 septembre.	3e	1	7	»	8	12	96	4	112
COMBAT DE PELTRE ET DE LADONCHAMPS 27 septembre.	2e	1	3	»	4	28	158	18	204
	3e	»	6	»	6	8	82	»	90
	6e	1	»	»	1	7	66	1	74
	Total. . .	2	9	»	11	43	306	19	368
COMBAT DE BELLEVUE ET DE SAINT-REMY 7 octobre.	3e	»	4	»	4	12	99	1	112
	4e	»	4	»	4	10	136	16	162
	6e	2	15	»	17	13	206	53	272
	Garde	9	30	»	39	55	540	52	647
	Total. . .	11	53	»	64	90	981	122	1193
Total général. . .		320	1331	209	1860	3041	22082	11155	36278

Total pour les officiers et la troupe. . . 38138

NOTE VII.

Extraits du « *Rapport sommaire* sur les opérations de l'armée du Rhin » relatifs aux préliminaires, et à la séance du conseil de guerre, tenu à Metz, le 10 octobre 1870.

« Ne pouvant plus compter sur une armée de secours, et ayant eu connaissance de l'insuccès de la mission de M. Jules Favre, comme de la non-convocation de la Constituante, j'écrivis la lettre confidentielle ci-après, aux commandants des corps d'armée et aux chefs des armes spéciales :

« Ban-Saint-Martin, 7 octobre 1870.

« Le moment approche, où l'armée du Rhin se trou-
« vera dans la position la plus difficile peut-être qu'ait
« jamais dû subir une armée française. Les graves événe-
« ments militaires et politiques, qui se sont accomplis
« loin de nous, et dont nous ressentons le douloureux
« contre-coup, n'ont ébranlé ni notre force morale, ni
« notre valeur comme armée. Mais vous n'ignorez pas que
« des complications d'un autre ordre s'ajoutent journelle-
« ment à celles que créent pour nous les faits extérieurs.
« Les vivres commencent à manquer, et, dans un délai
« qui ne sera que trop court, ils nous feront absolument
« défaut. L'alimentation de nos chevaux de cavalerie et
« de trait est devenue un problème, dont chaque jour

« qui s'écoule, rend la solution de plus en plus impro-
« bable ; nos ressources sont épuisées, nos chevaux vont
« dépérir et disparaître.

« Dans ces graves circonstances, je vous ai appelés « pour vous exposer la situation et vous faire part de mon « sentiment. Le devoir d'un général en chef est de ne rien « laisser ignorer, en pareille occurrence, aux comman- « dants des corps d'armée placés sous ses ordres, et de « s'éclairer de leurs avis et de leurs conseils.

« Placé plus immédiatement en contact avec les « troupes, vous savez certainement ce que l'on peut « attendre d'elles, ce que l'ou doit en espérer. Aussi, « avant de prendre un parti décisif, ai-je voulu vous « adresser cette dépêche, pour vous demander de me « faire connaître par écrit, après un examen très mûri et « très approfondi de la situation, et après en avoir conféré « avec vos généraux de division, votre opinion person- « nelle et votre appréciation motivée.

« Dès que j'aurai pris connaissance de ce document, « dont l'importance ne vous échappera point, je vous « appellerai, de nouveau, dans un conseil suprême, « d'où sortira la solution définitive de la situation de « l'armée, dont S. M. l'Empereur m'a confié le comman- « dement.

« Je vous prie de me faire parvenir, dans les quarante- « huit heures, l'opinion que j'ai l'honneur de vous deman- « der, et de m'accuser réception de la présente dépêche. »

« Le 10 octobre, un conseil de guerre eut lieu au grand-quartier-général, dans lequel il fut décidé à l'unanimité que le général Boyer serait envoyé au grand quartier-général royal à Versailles, pour tâcher de connaître la situation réelle de la France, les intentions des autorités prussiennes au sujet d'une convention militaire, et les concessions qu'on pourrait en attendre dans l'intérêt de l'armée de Metz, comme dans celui de la paix.

« L'extrait du procès-verbal de ce conseil de guerre, concernant cette décision, était ainsi conçu :

« Après avoir rappelé les principaux traits de la situation, le maréchal Bazaine a ajouté que, malgré toutes les tentatives faites pour se mettre en communication avec la capitale, il ne lui était jamais parvenu aucune nouvelle officielle du gouvernement, qu'aucun indice d'une armée française, opérant pour faire une diversion utile à l'armée du Rhin, ne lui avait été signalé. De l'examen de nos ressources alimentaires de toutes sortes, il résultait qu'en faisant tous les efforts imaginables, en fusionnant les ressources de la ville avec celles de la place et de l'armée, en réduisant la ration journalière de pain à 500 grammes, en rationnant les habitants, en consommant les réserves des forts, et en réduisant le blutage des farines au taux le plus bas, sans compromettre la santé des hommes, il était possible de vivre jusqu'au 20 octobre inclus, y compris les deux jours de biscuit, existant dans les sacs des hommes.

« La ration de viande de cheval devait être élevée à 600 grammes d'abord, et poussée à 750 grammes, tous les chevaux étant considérés comme sacrifiés, vu l'impossibilité de les nourrir autrement que par un pacage presqu'illusoire, et la mortalité faisant chaque jour chez ces animaux des progrès effrayants.

« Il fut déclaré ensuite, que l'état sanitaire était gravement compromis dans la place, tant par l'accumulation de 19,000 blessés ou malades, que par le défaut de médicaments, de moyens de couchage, de locaux et d'abris, et par l'insuffisance du nombre des médecins.

« Les rapports du médecin en chef constatent que le typhus, la variole, la dyssenterie et le cortége des maladies épidémiques commençaient à envahir les établissements hospitaliers, et à se répandre dans la ville.

« L'affaiblissement causé par la mauvaise alimentation,

à laquelle on était réduit, ne pourrait qu'augmenter ces causes morbides. On constata que les ambulances et les hôpitaux étaient encombrés, que près de 2,000 malades ou blessés étaient encore recueillis chez les habitants, et la conclusion fut que, si un nombre considérable de blessés devait de nouveau être dirigé sur la place, il y aurait d'abord impossibilité de les installer, mais surtout danger immédiat pour la santé publique.

« Cet exposé de la situation de nos ressources et de l'état sanitaire étant connu de tous les membres du conseil de guerre, on passa à l'examen de la situation militaire.

« Après lecture faite en conseil des rapports des commandants de corps d'armée et de la place de Metz, la situation militaire se résuma dans les questions suivantes :

« 1° L'armée doit-elle tenir sous les murs de Metz, jusqu'à l'entier épuisement de ses ressources alimentaires?

« 2° Doit-on continuer à faire des opérations autour de la place, pour essayer de se procurer des vivres et des fourrages?

« 3° Peut-on entrer en pourparlers avec l'ennemi, pour traiter d'une convention militaire?

« 4° Doit-on tenter le sort des armes, et chercher à percer les lignes ennemies?

« La première question est résolue affirmativement, à l'unanimité, par cette raison que la présence de l'armée sous les murs de Metz y retient, en les immobilisant, 200,000 ennemis, et que, dans les conditions où elle se trouve, le plus grand service, que l'armée du Rhin puisse rendre au pays, est de gagner du temps et de lui permettre d'organiser la résistance dans l'intérieur.

« La deuxième question est résolue négativement à l'unanimité, en raison du peu de probabilités qu'il y a de trouver des ressources suffisantes pour vivre quelques jours de plus, et à cause des pertes que ces opérations occasionneraient, et de l'effet dissolvant, que leur insuccès pourrait avoir sur le moral des troupes.

« La troisième question est résolue affirmativement, à l'unanimité, à la condition toutefois d'entamer les ouvertures dans un délai qui ne dépassera pas quarante-huit heures, afin de ne pas permettre à l'ennemi de retarder le moment de la conclusion de la convention jusqu'au jour, et peut-être au-delà du jour de l'épuisement de nos ressources.

« Tous les membres du conseil de guerre déclarent énergiquement que les clauses de la convention devront être honorables pour nos armes et pour nous-mêmes.

« La quatrième question en amène une cinquième; le général Coffinières demande s'il ne serait pas préférable de tenter le sort des armes, avant d'entamer des négociations, le succès de cette tentative pouvant rendre les pourparlers inutiles, ou bien le résultat de nos efforts pouvant peser dans la balance à cause des pertes que nous aurions fait subir à l'ennemi.

« Cette question est écartée par la majorité, et il est décidé, à l'unanimité, que, si les conditions de l'ennemi portent atteinte à l'honneur militaire, on essayera de se frayer un chemin par la force, avant d'être épuisé par la famine et tandis qu'il reste la possibilité d'atteler encore quelques batteries.

» Il est donc convenu et arrêté :

« 1° Que l'on tiendra sous Metz le plus longtemps possible;

« 2° Que l'on ne fera pas d'opérations autour de la place, le but à atteindre étant plus qu'improbable;

« 3° Que des pourparlers seront engagés avec l'ennemi, dans un délai qui ne dépassera pas quarante-huit heures, afin de conclure une convention militaire honorable et acceptable pour tous;

« 4° Que dans le cas où l'ennemi voudrait imposer des conditions incompatibles avec notre honneur et le sentiment du devoir militaire, on tentera de se frayer un passage les armes à la main.

« Suivent les signatures :

Maréchal Canrobert, commandant le 6e corps.
Général Frossard, commandant le 2e corps.
Maréchal Le Bœuf, commandant le 3e corps.
Général de Ladmirault, commandant le 4e corps.
Général Desvaux, commandant la garde impériale.
Général Soleille, commandant l'artillerie de l'armée.
Général Coffinières, commandant supérieur de Metz.
Intendant Lebrun, intendant en chef de l'armée.
Maréchal Bazaine, commandant en chef de l'armée du Rhin. »

« L'autorisation demandée pour le général Boyer, qui avait été refusée le 11 octobre, fut accordée le 12, sur une dépêche télégraphique du Roi de Prusse.

« Cet officier-général se mit immédiatement en route pour Versailles, accompagné de deux officiers de l'état-major du prince Frédéric-Charles. »

NOTE VIII.

L'affiche suivante, concernant la nourriture et l'entretien des soldats prussiens, a été placardée à Strasbourg.

« *Délibéré à Strasbourg, le 1er octobre 1870, et concer-*
« *nant l'organisation du mode d'entretien des officiers, em-*
« *ployés et hommes, qui font partie de la garnison. Il a*
« *été arrêté ce qui suit :*

A. Officiers et employés.

1° Les officiers et employés seront logés et nourris par les habitants.

2° Ils ont droit :

a. Le matin, à un déjeûner, composé de café ou de thé, avec un petit pain.

b. A un second déjeûner, composé de bouillon et d'un plat de viande avec légumes.

c. A un dîner composé de soupe, de deux plats de viande avec légumes ou salade; dessert et café.

d. Pour la journée, à deux litres de *bon* vin de table, et à cinq *bons* cigares.

3° Selon le désir des officiers ou employés, le dîner pourra être porté à midi, et, dans ce cas, on leur servira un souper conformément à l'article 2 *b*, lequel remplacera le second déjeûner.

4° Si le propriétaire ne veut pas donner la nourriture en nature, il est libre de la leur faire donner, à ses frais, dans un des *bons* hôtels ou restaurants de la ville, autant que possible dans les environs de sa maison.

5° Pour les jours écoulés depuis l'entrée des troupes à Strasbourg jusqu'au 1er octobre inclusivement, il sera fait un arrangement en argent pour l'entretien des officiers ou employés, dont il sera présenté un règlement de compte spécial à la mairie.

B. Sous-officiers et soldats.

6° Les soldats, qui seront dans l'intérieur de la ville, et qui ne seront pas logés dans les casernes ou dans les postes, ont le droit de demander ce qui suit :

a. Un déjeûner composé de café.

b. Un dîner composé de soupe ; une livre de viande avec légumes (riz, gruau, haricots, pois, pommes de terre, etc.)

c. Soupe composée d'un plat chaud.

d. Pour toute la journée :

Une livre et demie (750 grammes) de pain, un demi-litre de vin ou un litre de bière, ou un décilitre d'eau-de-vie, plus cinq cigares, ou une quantité de tabac correspondante.

7° L'entretien des troupes logées dans les casernes ou dans les postes aura lieu par des impositions spéciales, qui seront mises à la charge de la ville.

8° Les mesures d'entretien, stipulées par les précédents articles, entrent en vigueur à partir du 2 octobre courant.

9° Monsieur le maire est invité, après en avoir pris connaissance, à les publier immédiatement.

De par le commandant supérieur,

Le chef de l'état-major,

De Lesczynski, lieutenant-colonel.

NOTE IX.

PROTOCOLE.

Entre les soussignés, le chef d'état-major général de l'armée française sous Metz, et le chef de l'état-major de l'armée prussienne devant Metz, tous deux munis des pleins pouvoirs de Son Exc. le maréchal Bazaine, commandant en chef, et du général en chef, S. A. R. le prince Frédéric-Charles de Prusse :

ARTICLE 1er.

L'armée française, placée sous les ordres du maréchal Bazaine, est prisonnière de guerre.

ARTICLE 2.

La forteresse et la ville de Metz, avec tous les forts, le matériel de guerre, les approvisionnements de toute espèce, et tout ce qui est propriété de l'État, seront rendus à l'armée prussienne dans l'état où tout cela se trouve au moment de la signature de cette convention.

Samedi, 29 octobre, à midi, les forts Saint-Quentin, Plappeville, Saint-Julien, Queuleu et Saint-Privat, ainsi que la porte Mazel (route de Strasbourg) seront remis aux troupes prussiennes.

A dix heures du matin de ce même jour, des officiers d'artillerie et du génie, avec quelques sous-officiers, seront admis dans lesdits forts, pour occuper les magasins à poudre, et pour éventer les mines.

ARTICLE 3.

Les armes, ainsi que tout le matériel de l'armée, consistant en drapeaux, aigles, canons, mitrailleuses, chevaux, caisses de guerre, équipages de l'armée, munitions, etc , seront laissés à Metz et dans les forts à des commissions militaires, instituées par M. le maréchal Bazaine, pour être remis immédiatement à des commissaires prussiens. Les troupes sans armes seront conduites, rangées d'après leurs régiments ou corps, et en ordre militaire, aux lieux qui sont indiqués pour chaque corps. Les officiers rentreront alors, librement, dans l'intérieur du camp retranché, ou à Metz, sous la condition de s'engager sur l'honneur à ne pas quitter la place, sans l'ordre du commandant prussien.

Les troupes seront alors conduites par leurs sous-officiers aux emplacements de bivouacs. Les soldats conserveront leurs sacs, leurs effets et les objets de campement (tentes, couvertures, marmites, etc.)

ARTICLE 4.

Tous les généraux et officiers, ainsi que les employés militaires ayant rang d'officiers, qui engageront leur parole d'honneur, par écrit, de ne pas porter les armes contre l'Allemagne, et de n'agir d'aucune autre manière contre ses intérêts jusqu'à la fin de la guerre actuelle, ne seront pas faits prisonniers de guerre ; les officiers et employés, qui accepteront cette condition conserveront leurs armes et les objets qui leur appartiennent personnellement.

Pour reconnaître le courage dont ont fait preuve pendant la durée de la campagne les troupes de l'armée et de la garnison, il est en outre permis aux officiers, qui opteront pour la captivité, d'emporter avec eux leurs épées ou sabres, ainsi que tout ce qui leur appartient personnellement.

ARTICLE 5.

Les médecins militaires, sans exception, resteront en arrière pour prendre soin des blessés; ils seront traités d'après la convention de Genève; il en sera de même du personnel des hôpitaux.

ARTICLE 6.

Des questions de détail, concernant principalement les intérêts de la ville, sont traitées dans un appendice ci-annexé, qui aura la même valeur que le présent protocole.

ARTICLE 7.

Tout article qui pourra présenter des doutes sera toujours interprété en faveur de l'armée française.

Fait au château de Frescaty, le 27 octobre 1870.

Signé : L. JARRAS. — VON STIEHLE.

APPENDICE.

Article 1er.

Les employés et les fonctionnaires civils, attachés à l'armée et à la place, qui se trouvent à Metz, pourront se retirer où ils voudront, en emportant avec eux tout ce qui leur appartient.

Article 2.

Personne, soit de la garde nationale, soit parmi les habitants de la ville ou réfugiés dans la ville, ne sera inquiété à raison de ses opinions politiques ou religieuses, pour la part qu'il aura prise à la défense, ou les secours qu'il aura fournis à l'armée ou à la garnison.

Article 3.

Les malades et les blessés, laissés dans la place, recevront tous les soins que leur état comporte.

Article 4.

Les familles, que les membres de la garnison laissent à Metz, ne seront pas inquiétées et pourront également se retirer librement avec tout ce qui leur appartient, comme les employés civils.

Les meubles et les effets, que les membres de la garnison sont obligés de laisser à Metz, ne seront ni pillés ni confisqués, mais resteront leur propriété. Ils pourront les faire enlever dans un délai de six mois, à partir du rétablissement de la paix, ou de leur mise en liberté.

ARTICLE 5.

Le commandant de l'armée prussienne prend l'engagement d'*empêcher que les habitants soient maltraités dans leurs personnes et dans leurs biens*[1].

On respectera également les biens de toute nature du département, des communes, des sociétés de commerce ou autres, des corporations civiles ou religieuses, des hospices et des établissements de charité.

Il ne sera apporté aucun changement aux droits, que les corporations ou sociétés, ainsi que les particuliers, ont à exercer les uns contre les autres, en vertu des lois françaises, au jour de la capitulation.

ARTICLE 6.

A cet effet, il est spécifié en particulier que toutes les administrations locales et les sociétés ou corporations, mentionnées ci-dessus, conserveront les archives, livres, papiers, collections et documents quelconques, qui sont en leur possession.

Les notaires, avoués et autres agents ministériels conserveront aussi leurs archives et leurs minutes ou dépôts.

ARTICLE 7.

Les archives, livres et papiers appartenant à l'État, resteront, en général, dans la place, et au rétablissement de la paix, tous ceux de ces documents concernant les portions de territoire restituées à la France, feront aussi retour à la France.

Les comptes, en cours de règlement, nécessaires à la justification des comptables ou pouvant donner lieu à des

[1] Comment accorder cet article avec l'ordre d'expulsion, dans les huit jours, donné aux familles polonaises, dès la fin de 1870?

litiges, à des revendications de la part de tiers, resteront entre les mains des fonctionnaires ou agents qui en ont actuellement la garde, par exception aux dispositions du paragraphe précédent.

ARTICLE 8.

Pour la sortie des troupes françaises hors de leurs bivouacs, ainsi qu'il est stipulé dans l'article 3 du protocole, il sera procédé de la manière suivante : Les officiers conduiront leurs troupes aux points et par les directions qui seront indiquées ci-après. En arrivant à destination, ils remettront au commandant de la troupe prussienne la situation d'effectif des troupes qu'ils conduisent; après quoi, ils abandonneront le commandement aux sous-officiers, et se retireront.

Le 6e corps et la division de cavalerie de Forton suivront la route de Thionville jusqu'à Ladonchamps.

Le 4e corps, sortant entre les forts Saint-Quentin et Plappeville, par la route d'Amanvillers, sera conduit jusqu'aux lignes prussiennes.

La garde, la réserve générale d'artillerie, la compagnie du génie et le train des équipages du grand quartier-général, passant par le chemin de fer, prendront la route de Nancy jusqu'à Tournebride.

Le 2e corps, avec la division Laveaucoupet et la brigade Lapasset, qui en font partie, sortira par la route, qui conduit à Magny-sur-Seille, et s'arrêtera à la ferme de Saint-Thiébaut.

La garde nationale mobile de Metz et toutes les autres troupes de la garnison, autres que la division Laveaucoupet, sortiront par la route de Strasbourg jusqu'à Grigy.

Enfin, le 3e corps sortira par la route de Sarrebruck jusqu'à la ferme de Bellecroix.

Fait au château de Frescaty, le 27 octobre 1870.

Signé : L. JARRAS. — VON STIEHLE.

NOTE X.

« Habitants de Metz,

« Il est de mon devoir de vous faire connaître loyalement notre situation, bien persuadé que vos âmes viriles et courageuses seront à la hauteur de ces graves circonstances.

« Autour de nous est une armée, qui n'a jamais été vaincue, et qui s'est montrée aussi ferme devant le feu de l'ennemi que devant les plus rudes épreuves. Cette armée, interposée entre la ville et l'assiégeant, nous a donné le temps de mettre nos forts en état de défense et de monter sur nos remparts plus de 600 pièces de canon; enfin, elle a tenu en échec plus de 200,000 hommes.

« Dans la place, nous avons une population pleine d'énergie et de patriotisme, bien décidée à se défendre jusqu'à la dernière extrémité.

« Si nous avions du pain, cette situation serait parfaitement rassurante; malheureusement il n'en est point ainsi.

« J'ai déjà fait connaître au conseil municipal que, malgré la réduction des rations, malgré les perquisitions faites par les autorités civiles et militaires, nous n'avions de vivres assurés que jusqu'au 28 octobre.

« De plus, notre brave armée, déjà si éprouvée par le feu de l'ennemi, puisque 42,000 hommes en ont subi les atteintes, souffre horriblement de l'inclémence exceptionnelle de la saison, et des privations de toutes sortes. Le conseil de guerre a constaté ces faits, et M. le maréchal commandant en chef a donné l'ordre formel, comme il en a le droit, de verser une partie de nos ressources à l'armée.

« Cependant, grâce à nos économies, nous pouvons résister encore jusqu'au 30 courant, et notre situation ne se trouve pas sensiblement modifiée.

« Jamais, dans les fastes militaires, une place de guerre n'a résisté jusqu'à un épuisement aussi complet de ses ressources, et n'a été aussi encombrée de blessés et de malades.

« Nous sommes donc condamnés à succomber, mais ce sera avec honneur, et nous ne serons vaincus que par la faim.

« L'ennemi, qui nous investit péniblement depuis plus de 70 jours, sait qu'il est près d'atteindre le but de ses efforts ; il demande la place et l'armée, et n'admet pas la séparation de ces deux intérêts. Quatre ou cinq jours de résistance désespérée n'auraient d'autre résultat que d'aggraver la situation des habitants. Tous peuvent d'ailleurs être bien convaincus que leurs intérêts privés seront défendus avec la plus vive sollicitude.

« Sachons supporter stoïquement cette grande infortune, et conservons le ferme espoir que Metz, cette grande et patriotique cité, restera à la France.

« Metz, le 27 octobre 1870.

Le général commandant supérieur,

« (*Signé*) : Coffinières. »

TABLE.

MOIS DE JUILLET.

MOIS D'AOUT.

MOIS DE SEPTEMBRE.

MOIS D'OCTOBRE.

SUPPLÉMENT.

FIN.

Journal du Lt Colonel, Ch. Fay.

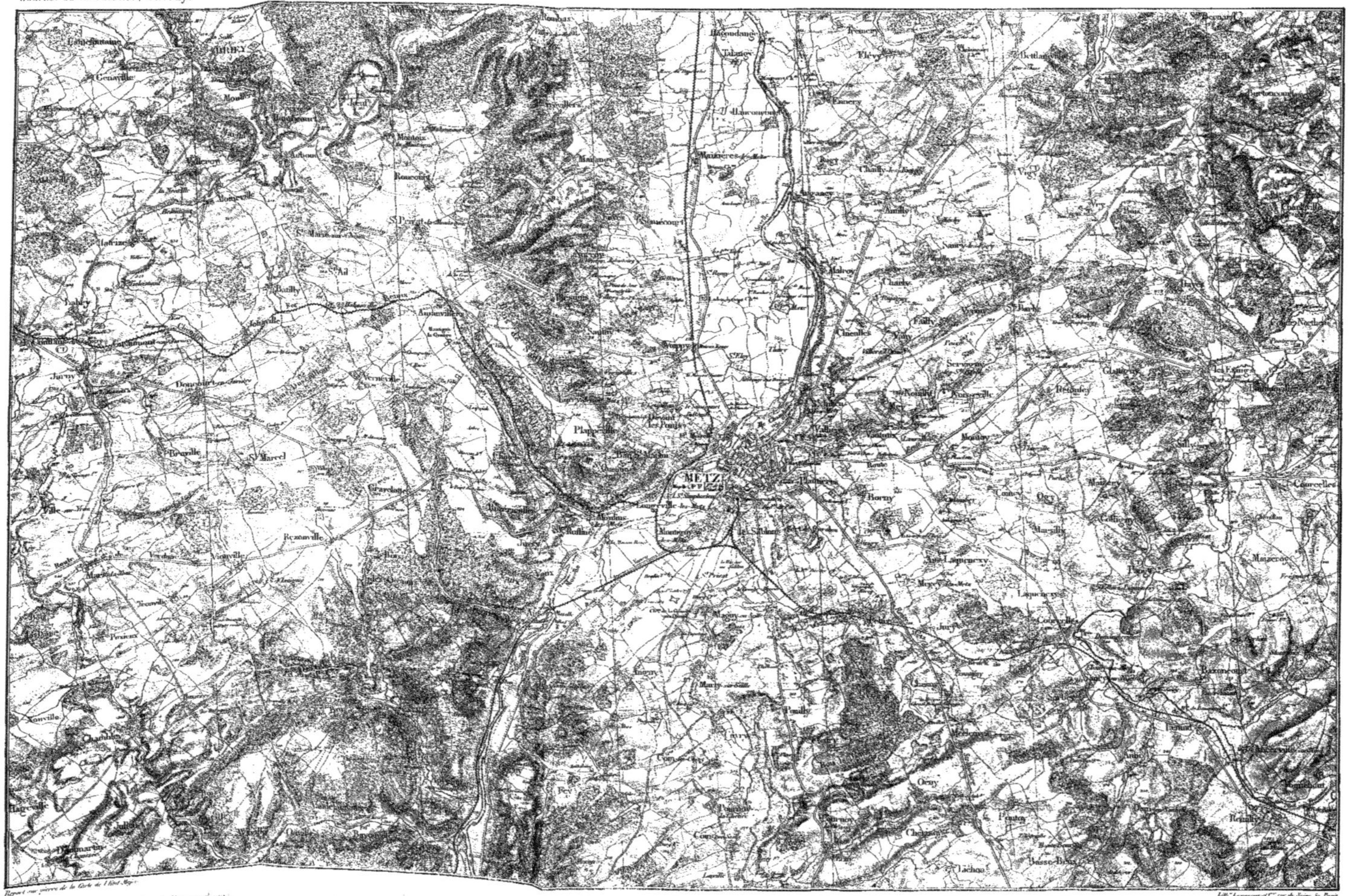

ENVIRONS DE METZ

METZ

Report sur pierre de la Carte de l'Etat-Major

Lith. Lemercier et Cie rue de Seine 57, Paris

NOTA : Le chemin de fer de Metz à Kénas
… en exploitation en 1870

Echelles Métriques (1/80,000).

www.ingramcontent.com/pod-product-compliance
Ingram Content Group UK Ltd.
Pitfield, Milton Keynes, MK11 3LW, UK
UKHW022326190726
13856UKWH00001B/244

9 782011 739810